Der Leser und Betrachter findet hier ein Stück Natur- und Sozialgeschichte ganz besonderer Art. Ordish beschreibt über vier Jahrhunderte hinweg die Symbiose von Bewohnern, Tieren und Pflanzen im Garten eines englischen Hauses auf dem Lande.

1555 baute Richard Barton, ein wohlhabender Farmer in Kent, ein Haus für seinen Sohn John und dessen Braut Mary Halstead. Der Autor ist der gut dokumentierten Geschichte ihres Gartens nachgegangen: Er zählt für die mehr als 400 Jahre – von 1556, als John und Mary ihren Garten anlegten, bis zum heutigen Tag – 464 verschiedene Arten von Tieren, Vögeln, Insekten und Pflanzen auf, die auf den fünf Morgen von Bartons End blühten und gediehen, starben und wieder verschwanden.

Der Garten von Bartons End war nie etwas anderes als ein vergleichsweise kleines Stück Land rings um ein bescheidenes Landhaus. Seine Besitzer gehörten nie zu den aristokratischen Gartenliebhabern, die den Stilwechsel englischer Gärten so stark beeinflußt haben. Dennoch verweisen Erscheinungsbild und Nutzung dieses Bürgergartens auf die Entwicklung englischer Gartenbaukunst: vom einfachen Kräutergarten in wildwachsender Umgebung über Zierbeete mit importierten Modeblumen und gestutztem Heckenwerk zurück zur Idee einer «natürlichen Gartenlandschaft» im 18. Jahrhundert, zu Kräuterrabatten und viktorianischen Sträuchern.

Dem Autor gelingt es, zahlreiche Grundideen der Naturgeschichte und Ökologie am konkreten Beispiel verständlich zu machen und Grundmuster der Wechselwirkung zwischen Natur und Mensch aufzuzeigen.

insel taschenbuch 1143
George Ordish
Geschichte eines Gartens

George Ordish

Geschichte eines Gartens

vom 16. Jahrhundert bis
zur Gegenwart
Aus dem Englischen von
Matthias Müller
Mit Zeichnungen von
Alison Claire Darke
Insel Verlag

Meinem Enkel Martin Dockery II

insel taschenbuch 1143
Erste Auflage 1989
Insel Verlag Frankfurt am Main
Die englische Originalausgabe erschien 1985 unter dem Titel
The Living Garden im Verlag The Bodley Head, London
Hinweise zu dieser Ausgabe am Schluß des Bandes
Vertrieb durch den Suhrkamp Taschenbuch Verlag
Umschlag nach Entwürfen von Willy Fleckhaus
Druck: Nomos Verlagsgesellschaft, Baden-Baden
Printed in Germany

1 2 3 4 5 6 – 94 93 92 91 90 89

Vorwort

1959 schrieb ich ein Buch mit dem Titel *Das Lebende Haus*, in dem ich ein für die Region des Weald in der Grafschaft Kent typisches Farmhaus beschreibe sowie das mannigfaltige Leben, das sich in ihm abgespielt hat von seiner Erbauung im Jahr 1555 an bis zum heutigen Tag.

Die Farm wurde Bartons End genannt, weil Richard Barton, ein wohlhabender Farmer, 1555 für seinen zweiten Sohn, John Barton, ein Haus baute, im Hinblick auf Johns bevorstehende Heirat mit Mary Halstead im Jahr 1556. Im Verlauf der Jahre wurde das Haus von sehr unterschiedlichen Lebewesen bewohnt: es gab Milben, Insekten, Würmer, Spinnen, Schnecken, Vögel, Kröten und Säugetiere – Katzen, Hunde, Mäuse, Fledermäuse – und Menschen. In dem vorliegenden Buch wird nun die Entwicklung des zum Haus gehörenden Gartens in ähnlicher Weise beschrieben: im Garten war das Leben noch mannigfaltiger, da dort neben den zahlreichen Tieren auch noch unzählige Pflanzen lebten.

Der Garten wurde 1556 angelegt und war damals nicht viel mehr als ein Beet neben der Haustür, auf dem einige Heilkräuter angepflanzt wurden. Im Laufe der Jahrhunderte hat er sich zu einem prächtigen, gepflegten Garten entwickelt, der sich über fünf Acres [etwa zwei Hektar] erstreckt und zu dem ein Obstgarten sowie ein kleiner Teil des ursprünglichen Wäldchens gehören. Selbstverständlich hat er im Verlauf seiner Geschichte viele Veränderungen durchgemacht, denn seine zwanzig aufeinanderfolgenden Eigentümer behandelten ihn sehr unterschiedlich. Einige pflegten, andere vernachlässigten ihn, wieder andere gaben das Grundstück gänzlich auf. Auch ihre gärtnerischen Neigungen, ihre gesellschaftliche Stellung und schließlich der Geld- oder Zeitaufwand – mehr oder weniger das gleiche –, den sie für das Gärtnern aufbrachten, beeinflußten das Gartenleben. Die Bewohner des Hauses (und des Gartens) werden im Anschluß an dieses Vorwort tabellarisch aufgeführt, zusammen mit einigen Informationen über die wichtigsten Entwicklungen im Garten in den vier Jahrhunderten.

Dieses Buch ist also die Geschichte von den biologischen Veränderungen des Gartens von Bartons End und von deren Auswirkungen auf die dortigen Lebensbedingungen. Wir werden schildern, wie die Menschen mehr oder weniger intensiv und mit mehr oder weniger Wissen dort im Garten wirkten. Obwohl der Garten von Menschenhand angelegt und gepflegt wurde, beeinflußte das Leben dort umgekehrt auch hin und wieder den Menschen, wie sich im Verlauf der Geschichte zeigen wird.

Im Prinzip wird die Geschichte des Gartens chronologisch erzählt, doch jedes Kapitel behandelt ein bestimmtes Gartenthema, so daß zu Anfang gelegentlich vorgegriffen und später auf Früheres zurückgegriffen wird.

Bezüglich der Benennung der Pflanzen und Tiere habe ich im Text die populären Namen verwendet, nur dort nicht, wo Mißverständnisse entstehen könnten – in diesen Fällen wird zusätzlich noch der wissenschaftliche Name genannt. [Wenn nur der wissenschaftliche Name aufgeführt wird, bedeutet das, daß das Deutsche – oft im Gegensatz zum Englischen – keinen populären für die fragliche Spezies kennt. – Anm. d. Ü.]

Zahlreichen Autoren, lebenden wie verstorbenen, bin ich für viele Informationen zu Dank verpflichtet, desgleichen vielen Büchereien und Forschungsinstituten, vor allem der Penzance (Morrab) Library, der Penzance Public Library, der British Library und den Forschungsinstituten von East Malling und Henry Doubleday. Einer Reihe von Personen möchte ich hiermit für ihre Unterstützung bei der Vorbereitung des Manuskripts danken, darunter John und Kay Charlton, Edna Orton, Caroline White und Barbara Plank. Schließlich danke ich meiner Frau für ihre Hilfe beim Durchsehen und bei der Korrektur des Manuskripts.

Nancledra, 1984 George Ordish

Dank des Übersetzers

Ich danke Brigitte Mentz für ihre Unterstützung bei der Fertigstellung des Manuskripts. Mein Dank gilt auch der Stadtbücherei Berlin-Neukölln, die mir mit ihren gutsortierten Beständen die Arbeit sehr erleichtert hat.

Matthias Müller

Die Natur ist voller Wunder, lieber Cousin;
Uns wird nur der Einblick in einen sehr kleinen
Teil gewährt; es besteht also wenig Hoffnung,
daß wir ihre Prinzipien einmal gänzlich verstehen
oder all ihre Geheimnisse enthüllen könnten.

J.-J. Rousseau

DIE MENSCHEN

John Barton ⚭ 1556 Mary Halstead
*1537 †1599 — *1537 †1610

John *1557 †1558

Jane *1558 †1632

Elizabeth *1559 †1559

Thomas Barton *1560 †1629

Fünf weitere Kinder

Thomas Barton ⚭ 1584 Elizabeth Standish

Mark Barton ⚭ 1604 Margaret Stead
*1585 †1631 — *1586 †1645

Sechs weitere Kinder

Zwei Kinder im Säuglingsalter gestorben

Elizabeth Barton ⚭ 1626 Robert Onway
*1608 †1688 — *1605 †1660

Mark Onway ⚭ 1648 Prudence Sefton
*1627 †1665 an der Pest

Zwei Töchter

James Onway *1652 verkauft den Besitz 1689 an einen Kaufmann im Ruhestand

Prudence *1654

Joseph Munroyd ⚭ 1689 Ruth Breadman
*1640 †1705 — *1665

Isaac Munroyd ⚭ 1711 Anne Cobb
*1690 †1752 — *1691

Zwei weitere Kinder

Charles Munroyd ⚭ 1752 Susannah Aylesford, eine Erbin
*1716 †1764 — *1729 †1800

Zwei weitere Kinder

Charles *1752 †1752

George Munroyd ⚭ 1784 Sophia Holberg
*1754 †1808 — *1760 †1809

Susannah

Charlotte Munroyd
*1786 †1817

Unverheiratet. Besitz wird 1818 von Erbengemeinschaft entfernter Verwandter an einen Veteranen der Napoleonischen Kriege verkauft.

ZEIT		DER GARTEN
1556 – 1599	1556	Ein kleines Beet mit Heilkräutern vor der Haustür angelegt.
	1557	Beet mit Blumen, Pferdeeppich, Veilchen usw. eingefaßt.
	1558	Baumstümpfe werden entfernt; der Garten wird erweitert.
	1559	Eine größere Fläche Land gerodet; es wird Gemüse angepflanzt und eine neumodische Pflanze aus Flandern – der Hopfen.
	1580	Taubenschlag wird gebaut und Tauben gezogen. Der Long-walk für Bogenschießen angelegt.
1599 – 1629	1600	Beete werden mit Brettern begrenzt. Obstgarten entwickelt sich. Neue Pflanzen aus Holland.
	1605	Rhabarber gepflanzt.
	1620	Versuche mit Gemüse.
	1625	Blumen im Gras.
1629 – 1631		
1631 – 1660	1632	Himbeeren und Stachelbeeren angebaut.
	1650	Erfahrene Gärtner werden eingestellt.
	1658	Nachtigallen werden begrüßt.
1660 – 1665	1660	Obstgarten in optimalem Zustand.
1665 – 1705	1665	Versuche im Besprechen von Bäumen.
	1670	Neue Blumen eingeführt.
	1680	Cousin Barton aus Neu England schickt diverse Samen, Feuerbohnen.
	1685	Versuche mit Kartoffeln.
	1698	Viele importierte Pflanzen eingesetzt.
	1700	Die Munroyds halten ihren Gärtner in Ehren.
1705 – 1752	1720	Wachholder gepflanzt.
	1725	Wicken gepflanzt.
	1748	Baumverschnitt versucht.
	1750	Große Weiterentwicklung des Gartens. Viele Blumen, Gemüse und neue Früchte eingeführt.
1752 – 1764	1754	Magnolien gepflanzt.
	1758	Gewächshaus gebaut.
1764 – 1808	1764	Verschiedene Tiere im Garten. «Capability» Brown lehnt es ab, den Garten zu entwerfen.
	1766	Grandiose Gartenpläne werden aufgegeben.
	1768	Neue Pfirsiche gezogen.
1808 – 1817		

DIE MENSCHEN

John Hackshaw ⚭ 1797 Caroline Harris
*1770 †1833

William Hackshaw ⚭ 1819 Emily Hempstead
*1798 †1852

Drei Söhne

Zwei Töchter

Alfred Hackshaw
*1822 †1898
hat nichts für die Landwirtschaft übrig, läßt sich in Venedig nieder. Beim Tod seines Vaters verpachtet er die Farm an:

David Hackshaw ⚭ 1844 Victoria Kristen
*1823

Oscar Hackshaw
*1845

Emmanuel Burrows ⚭ Marjory Rummer
und in der Folge an:

William Daker
1899 wird die Farm ohne Haus von Oscar Hackshaw, Neffe und Erbe von Alfred Hackshaw, verkauft. Das Haus bleibt 10 Jahre lang unbewohnt.

Der Besitz wird zu einem geringen Preis von einem Künstler gekauft (1909):

Robert Dunchester ⚭ 1903 Myfanwy Evans
*1870 †1949 — *1884 †1956

Robert F. Dunchester
*1910 †1958
⚭ 1935 Louise Cavanagh (1)
⚭ (2) James Endicott
keine direkten Nachkommen

Sloane Dunchester ⚭ 1935 Thomas Frazer
*1912 †1958 — *1914

Phillip Frazer ⚭ 1962 Desirée Barton von Duxbury, Mass.
*1937 — *1939
keine direkten Nachkommen

Caroline
*1939
keine direkten Nachkommen

Myfanwy II
*1942
⚭ 1967 Giles Thompson

Phillip Thompson
*1969

Caroline
*1971

Sloane Myfanwy III
*1974

ZEIT		DER GARTEN
1818 – 1833	1830	Mähmaschine für Rasen.
1833 – 1852	1840	Moderne Erdbeeren gepflanzt.
1853 – 1869	1853	Garten wird vernachlässigt, bis auf Gemüsebeet. Riesenkartoffeln «White Elephant» angebaut.
1869 – 1899	1870	Ausgedehnte Brennesselflächen werden von William Daker stehengelassen, da sie, wie er betont, die Brutstätte besonders schöner Schmetterlinge sind.
1899 – 1909		Der Garten werwildert, bis auf einen kleinen Flecken.
1909 – 1949	1910	Ein altmodischer Sphairistikè-Platz angelegt (Vorläufer des Lawn Tennis). Der Garten wird allmählich wiederhergestellt.
	1915	Gemüse ersetzt Blumen in vielen Beeten.
	1920 – 25	Der Garten wird wiederhergestellt
	1940 – 45	Rasen wird umgegraben, Gemüse und Kartoffeln angebaut.
1949 – 1958	1950	Garten wiederhergestellt.
1958 – 1984	1960	Garten wird geteilt.
	1965	Erhebliche Verschönerung des Gartens, als der Besitz ein Seniorenheim wird. Einige erhöhte Beete werden angelegt, um den Heimbewohnern die Gartenarbeit zu erleichtern. Verwendung von Herbiziden.
	1979	Ein Wassergarten und ein Naturgarten entstehen aus dem alten Bombenkrater.

Hinweis

Die hochstehenden Buchstaben im Text beziehen sich auf die Anmerkungen, S. 253–257, die hochstehenden Ziffern auf die Bibliographie, S. 258–261.

1. Kapitel

Der Garten entsteht

1556–1599

Der Weald von Kent, wo Richard Barton im 16. Jahrhundert sein Land bestellte, ist ein ehemals üppig bewaldetes Tal, das zwischen den hohen Hügelketten der North Downs und dem Ashdown Forest liegt. Nördlich davon ist das Einzugsgebiet des Medway, der, durch den Beult und zahlreiche Nebenflüsse verstärkt, in die Themsemündung fließt. Der Rother fließt in südliche Richtung und mündet in den Ärmelkanal unterhalb von Rye, damals noch Küsten- und Hafenstadt. Westlich der hohen weißen Felsen von Dover senkt sich das Land allmählich bis zu den tiefliegenden üppigen Schafweiden von Romney Marsh und steigt dann wieder zu den South Downs an.

In späteren Zeiten wurde Kent als der Garten Englands bezeichnet, wegen der weißrosa Pracht seiner Obstbaumblüte und den Ranken seiner Hopfengärten. In den *Pickwick Papers* von Charles Dickens charakterisiert Mr Jingle Kent gegenüber Mr Pickwick folgendermaßen: «Kent, Sir – kennt doch jeder – Äpfel, Kirschen, Hopfen und Frauen.» Doch als der in diesem Buch beschriebene Garten im Herzen dieser begünstigten Grafschaft erstmals angelegt wurde, sah die Landschaft noch etwas anders aus. Die ersten Obstgärten entstanden gerade erst, und Hopfen wurde noch nicht angebaut, da seine Verwendung bei der Bierherstellung verboten war.

Die Flüsse waren wichtig, nicht nur für die Bewässerung, sondern auch als billige Verkehrswege, denn die Straßen waren schlecht und ihre Benutzung war kostspielig. So konnte zum Beispiel ein Lastpferd etwa 120 Kilo tragen, ein einspänniger Pferdewagen auf einer schlechten Straße an die

1,5 Tonnen, doch ein Lastkahn, der von einem einzigen Pferd vom Treidelpfad aus gezogen wurde, beförderte 20 oder gar 30 Tonnen. Primitive Schleusen, sogenannte *staunces*, ermöglichten kleinen Booten, von einem Flußabschnitt zum andern zu gelangen.

Ursprünglich war der Weald dichtbewaldet. Vom urzeitlichen Menschen, dessen Aktivitäten sich auf höheres Gelände beschränkten, wurde er kaum genutzt. Das stetige Anwachsen der Bevölkerung und die Weiterentwicklung der Landwirtschaft hatten zur Folge, daß der Wald immer mehr abgeholzt wurde, weil man zunehmend produktive Farmen anlegte. Um 1555, zu der Zeit, als Bartons End gebaut wurde, waren nur noch einige Flecken des ursprünglichen Waldes übriggeblieben. Die Eisen- und Glasindustrie benötigte Kohle, die Schiffsbauer brauchten Holz, die Bauern Häuser und Land, und alle Schichten der Bevölkerung Heizmaterial für ihre Wohnungen. All das beschleunigte den Zerstörungsprozeß noch zusätzlich, und auch für Bartons End wurde ein Stück des alten Waldes gerodet. Dem technischen Fortschritt in der Tudorzeit fielen schließlich auch noch die restlichen Waldgebiete des Weald, bis auf wenige kleine Fleckchen, zum Opfer.

Aus gerodetem Wald wurde wertvolles Ackerland, das zunächst nach dem gemeinschaftlichen System der offenen Mehrfelderwirtschaft genutzt wurde. Jeder Bauer besaß eine Reihe von Parzellen auf jedem der drei Felder seines Dorfes. Diese Parzellen wurden gemeinschaftlich bearbeitet – ein System, das Fortschritt behinderte, da keiner für sich allein sein Land verbessern konnte, zerstückelt wie es war. Erst als die offenen Felder, zumeist in gegenseitigem Einverständnis, eingehegt wurden und aus den Parzellen des einzelnen Bauern umzäunte Felder entstanden, waren landwirtschaftliche Verbesserungen möglich, Voraussetzung für die Entstehung des «modernen» Farmbetriebes. Die Barton-Familie gehörte zu den Pionieren dieser Entwicklung, und um 1555 gab es in ihrer Gegend keine offene Flur mehr, nur noch einige gemeinschaftliche Weideflächen. Im großen und ganzen waren die Bauern von Kent wohlhabender, risikofreudiger und unabhängiger als die Mehrheit der Engländer.

Richard Barton war ein fortschrittlicher Bauer und ein guter Vater. Er bemühte sich, für jeden seiner Sprößlinge Vorsorge zu treffen: für die Mädchen Mitgift und Ehe – die gewöhnlich von den Eltern arrangiert wurde, ohne daß man die direkt Betroffenen groß zu Rate zog –, Bartons Farm für den ältesten Sohn und irgendeine Laufbahn oder Landzuteilung für die übrigen Jungs.

Richard Barton war stolz auf seine prächtige Farm und darauf, daß er ein *Man of Kent* war, also östlich des Medway geboren, im Unterschied zu den *Kentish Men,* die auf der anderen Seite des Flusses geboren waren. Die *Men of Kent* behaupteten, daß sie nie von den Normannen erobert worden seien. Nach der Schlacht von Hastings waren ihre Vorfahren, mit grünen Zweigen bewehrt, Wilhelm dem Eroberer entgegenmarschiert und hatten mit ihm ein Abkommen ausgehandelt, demzufolge sie ihre Angriffe gegen den Eroberer einstellen würden, wenn sie dafür alle ihre alten Bräuche und Privilegien behalten könnten, zu denen auch *Gavelkind* gehörte. *Gavelkind* war ein Erbschaftssystem, nach dem der Grundbesitz eines Mannes zu gleichen Teilen unter seinen Söhnen aufgeteilt wurde – ein Brauch, der dazu führte, daß die Farmen in immer kleinere Einheiten zerstückelt wurden. Richard wollte verhindern, daß sein prächtiger Besitz nach seinem Tod aufgesplittert wurde, und gab eine beträchtliche Summe Geld für Notargebühren aus, um ein ausgeklügeltes Testament aufsetzen zu lassen, in dem er verfügte, daß seine Farm, Bartons, ungeteilt an seinen ältesten Sohn, Richard Pearce, gehen solle.

Richards zweiter, achtzehnjähriger Sohn, John Barton, kehrte nach achtjähriger Abwesenheit im Frühjahr 1555 heim. Seine Eltern hatte er seit fünf Jahren nicht gesehen. Er hatte die vorangegangenen acht Jahre bei einem Onkel in der Nähe von Guildford verbracht. Bei den wohlhabenderen Familien war es damals üblich, die Kinder von zu Hause wegzuschikken und von Fremden oder Verwandten großziehen zu lassen. Der Onkel, Barnaby Barton, und seine Frau schenkten dem Jungen viel Liebe und eine gute Erziehung. John konnte lesen und schreiben, entwickelte eine besondere Zuneigung zu Büchern, wenn seine Lateinkenntnisse auch gering waren, und konnte rechnen, was sich in seinem späteren Leben als sehr wertvoll erweisen sollte.

Richard Barton bot John an, einen Farmer aus ihm zu machen. Er sagte, John müsse für seine zukünftige Farm jedes Stückchen Land nutzen, das er dem Ödland und dem Wald abringen konnte, eine mühevolle Aufgabe, die der junge Mann sehr ernst nahm. Der Aufbau einer eigenen Farm wurde seine Hauptbeschäftigung. Er ertrug es kaum, sich irgendeiner Tätigkeit zu widmen, die ihn diesem Ziel nicht näherbrachte. Natürlich half sein Vater ihm dabei, und John griff neue Ideen aus den Fachbüchern seiner Zeit auf. Der Garten, der schließlich fast durch Zufall entstand, sollte dann auch eine Quelle des Wohlstandes und der Freude werden.

Richard Barton arrangierte auch die Heirat seines Sohnes mit der Tochter eines Nachbarn, Mary Halstead, und baute ihnen ein Haus, das Bartons End genannt wurde, weil es am Rand des Familienbesitzes stand. Die beiden jungen Leute kannten sich schon von Kindestagen an und waren mit dem Vorschlag ihrer Eltern einverstanden. Im Jahr 1556, als das Haus, das Richard Barton für sie baute, fertiggestellt war, heirateten sie und feierten das Ereignis mit einem großen, fröhlichen Festmahl und mit all der bukolischen Ausgelassenheit jener Zeit.

Das Gebäude, das unweit einer kleinen Straße stand, war ein typisches kentisches Farmhaus. Ein solider Rahmen aus Eichenstämmen bildete das Gerüst für die Mauern und Zwischenwände aus Flechtwerk und Lehm. Das Haus hatte ein Strohdach und einen großen, zentralen Ziegelschornstein mit zwei Rücken an Rücken stehenden Kaminen. Der größere, der mit einem Backofen verbunden war, stand in der Eingangshalle, der kleinere beheizte das Wohnzimmer.

Auf den Feldern, die nach und nach der Wildnis abgerungen wurden, wurden die üblichen Feldfrüchte angebaut, Weizen, Gerste, Hafer und Bohnen. Der junge John war fortschrittlich wie sein Vater und experimentierte mit neuen Pflanzen, mit Weißklee oder Wiesenklee, der Luzerne, weißen Rüben und Kohl, die sich alle als sehr einträglich erwiesen. Der Einsatz von Pferden statt Ochsen für die Pflügarbeit bedeutete einen weiteren Schritt nach vorn. Es wurde auch Milch erzeugt, doch die Erträge waren nicht hoch. Sie hielt sich nicht gut und wurde zum größten Teil zu Butter und Käse verarbeitet. Allerdings wußten die Milchmägde, daß die Milch länger hielt, wenn man die Tröge und Eimer gut reinigte und in die Sonne stellte. Das Licht sterilisierte die Gefäße.

Als John Barton anfing, seine Farm aufzubauen, brach für England gerade das Goldene Zeitalter an. Es hatte ein vorausblickendes, fortschrittliches Volk und mußte noch nicht die Last eines entfernten Imperiums tragen. Das Land war sehr dünn besiedelt. Damals lebten in England nur vier Millionen Menschen, Kent war allerdings schon dichter besiedelt als viele andere Regionen. 80 % der Bevölkerung lebten auf dem Land, und der Boden von Kent war, was die Bartons betraf, produktiv. Kent exportierte sogar Getreide. Im Jahr 1558, zwei Jahre nach dem Bau von Bartons End, wurde die sehr fähige Prinzessin Elizabeth zur Königin gekrönt, und unter ihrer Herrschaft gedieh England zunehmend.

Das herrschende Klassensystem wurde von fast allen ohne Auflehnung akzeptiert. Der Landedelmann, der wohl wußte, daß die sozial Tieferstehenden ihren Platz in der Gesellschaft kannten, beriet sich freimütig mit ihnen über aktuelle Fragen oder darüber, wie eine Sache am besten anzugehen sei. Sein Sohn und der Sohn des Bauern gingen zusammen auf die örtliche Grammar School, wenn sie hinreichende Eignung bewiesen, und beide bezogen Schläge, wenn ihnen eine falsche Konkordanz unterlief.

Die Bartons waren Protestanten, und in der Zeit, wo John Bartons Haus gebaut wurde, hielt sich die Familie in der Lokalpolitik sehr zurück. Während der Regierungszeit der katholischen Mary Tudor, die den Thron im Jahr 1553 bestieg, hatten die Bartons auch allen Grund, sich möglichst unauffällig zu verhalten, denn die Königin mochte Protestanten nicht. Mit ihrer Schwester Elizabeth, die ihr auf dem Thron folgte, hatte England wieder eine protestantische Herrscherin.

Die Angehörigen des *East Anglia*-Zweigs der Barton-Familie waren Puritaner, und einige fühlten sich selbst noch unter der reformierten Kirche von England so unterdrückt, daß sie in die Niederlande auswanderten. Dort waren sie willkommen, und sie konnten ungehindert ihre Religion ausüben. Sie führten ein gemeinnütziges Leben, doch waren sie nicht sehr glücklich, da sie entdeckten, daß ihre Kinder zu Holländern wurden, die nichts mehr über England wußten. Später veranlaßte das einige, sich den Auswanderern anzuschließen, die auf der Mayflower oder auf nachfolgenden Schiffen nach Amerika segelten, wo sie in Neu England Kolonien gründeten. Wie wir noch sehen werden, spielten die Beziehungen der kentischen Bartons zu ihren Verwandten auf dem Festland und in Amerika später eine Rolle bei der Entwicklung ihres Gartens.

Die Bartons und die Halsteads waren aufgeschlossene Menschen, bereit, die neuen Ideen der Elizabethanischen Zeit in die Praxis umzusetzen. Die Halsteads hatten nicht nur ihren Söhnen, sondern auch ihren Töchtern eine Schulbildung ermöglicht, da sie der Meinung waren, daß, in welchem Lebensbereich auch immer, Wissen der Schlüssel zum Erfolg war. Wenn die Königin Latein und Griechisch sprach, warum sollten dann nicht auch ihre Töchter wenigstens ein bißchen lesen und rechnen können? Alle Welt sollte sehen, daß sie die Kinder von freien Grundeigentümern waren und nicht etwa die von dummen Bauern.

John und Mary Barton machten sich die neue Denkweise zu eigen und versprachen sich eine große Zukunft, vorausgesetzt, sie konnten moderne Ideen übernehmen. Der Badonismus, die Lehre von der Erkenntnisgewinnung durch Experiment und Untersuchung der Wirkungsprinzipien der Natur, war damals in aller Munde.

Sie lasen die in jener Zeit gängigen Fachbücher über Landwirtschaft und

Gärtnerei. Johns Stütze war Fitzherberts *Boke of Husbandrie,* die fünfte Ausgabe (1552),[31] und Mary bevorzugte William Turners *New Herball* (1551).[69] Turners Buch war gut illustriert, klar geschrieben und nannte die Namen von Pflanzen auf «Griechisch, Latein, Holländisch, Französisch, auf Apotheker-Latein und manchmal auf Italienisch». Es überstieg natürlich bei weitem Marys Möglichkeiten, die beinahe 500 aufgeführten Pflanzen zu kultivieren, und sie schätzte auch die ständigen Verweise auf die klassischen Autoren nicht, da sie der Meinung war, daß das, was irgend jemand vor 1000 Jahren und mehr als 1000 Meilen weit entfernt einmal für gut befunden hatte, nicht unbedingt auch das beste in der neuen Zeit der Aufklärung sein mußte, in der sie lebten. Aber sie schätzte Turners Buch, weil es schon im Titel den alteingesessenen Auffassungen jener Zeit einen harten Schlag versetzte: «... mit den Vorzügen einiger Kräuter und mit diversen Aufdeckungen von nicht geringen Fehlern, die Männer von nicht geringem Wissen in den letzten Jahren im Umgang mit Kräutern begangen haben».

Kräuterbücher waren beliebte Werke: kurz vor John Bartons Tod las Mary John Gerards *Herball,*[35] das im Jahr 1597[a] erschien. Gerards Buch behandelte mehr als 3000 Pflanzen und war zum großen Teil aus dem Werk eines belgischen Autors namens Dodoens abgeschrieben worden. Es war mit einem Haufen zusammengewürfelter Bildtafeln aus den Niederlanden illustriert, so daß manche Abbildungen mit falschen Bezeichnungen versehen waren. John, Mary und ihr Sohn Thomas hatten an dem *Herball* vor allem auszusetzen, daß es kaum Auskunft gab über das Ziehen der Pflanzen und daß es die Verwendung von Materialien empfahl, die teuer und schwer erhältlich waren. Man sollte seine eigenen Heilmittel anbauen können, dachte Mary, und sie behauptete, daß sie eben dies während der letzten 40 Jahre getan hatte. Den Anspruch des Buches auf Gelehrtheit und seine großtuerische Zurschaustellung von klassischem Wissen fand sie höchst ärgerlich. Außerdem hatte Mary mindestens zwei Fehler bei der Benennung der Bilder entdeckt.

Nützlicher als Gerards *Herball* fand Mary das erste englisch geschriebene Buch über Gärtnerei, Thomas Hylls[b] *A Most Brief and Pleasante Treatyse of teachinge howe to dress, sowe and set a Garden* (Eine höchst kurze und angenehme Abhandlung über die richtige Art, einen Garten zu düngen, zu besäen und zu bepflanzen) (1563). Das Werk, das als ein «Buch für die Einfachen und der Schrift Unkundigen» bezeichnet wurde (wie die der Schrift Unkundigen es lesen sollten, wird nicht erwähnt), sprach Mary an, weil es viele brauchbare Beobachtungen aus erster Hand enthielt, die ihr beim Anlegen ihres Gartens sehr halfen, wenn auch einige Informationen von Plinius und ähnlichen Autoren bezogen wurden. Das Buch wurde recht populär und hatte im Jahr 1603 bereits die neunte Auflage erreicht. 1566 erschien ein Buch von Hyll, in dem er, sehr zu Marys Freude, den blinden Glauben an die Macht der Astrologie über das Wachstum der Pflanzen angriff und das sich *Anti-prognosticon contra inutiles astrologorum praedictiones Nostradami*[45] nannte. Hyll ging es hauptsächlich um eine Kritik an dem Astrologen Nostradamus, doch führte er auch einige Beobachtungen auf, die die Bartons ebenfalls sehr vernünftig fanden. Zum Beispiel waren sie auch der Meinung, daß bei der Aussaat der Zustand des Bodens wichtiger war als die Position der Sterne – wie manche Autoren meinten.

Ein weiteres Buch, das Mary nützlich und ansprechend fand, erschien 1573, Thomas Tussers *Five Hundreth good Pointes of Husbandry, united to as many of good Housewifery.*[70] Sein Reiz bestand in den gereimten Couplets, die brauchbare, praktische Ratschläge gaben. Die Bartons verdankten dem Buch ihr prächtiges Erdbeerbeet: sie hatten den Wald sorgfältig nach besonders starken Pflanzen durchsucht.

> Weib, raus in den Garten, ein Beet pflanz mir bald
> Von Erdbeerwurzeln so fein
> Wie sie draußen wachsen, unter Dornen im Wald
> Gut gewählt und gepflückt, soll'n die besten sie sein.

Das langwierige Studium, das notwendig war, das Wissen von «Wirken und Wirkungen» der Pflanzen in den Kräuterbüchern zu meistern, überforderte den Durchschnittsmenschen und diente dazu, die Privilegien des Arzt- und Apothekerberufes zu schützen. Die Bücher stützten sich auch viel zu sehr auf klassische Autoren, auf Astrologie und auf die Lehre von den Merkmalen, letztere noch ein Relikt aus dem Mittelalter. Die Lehre vertrat den Standpunkt, daß eine Pflanze, die eine bestimmte Ähnlichkeit mit irgendeinem Organ des menschlichen Körpers hat, gleichzeitig auch das Heilmittel für eine Krankheit dieses Organs sein muß. So mußte zum Beispiel der Aufrechte Augentrost, der auf den oberen beiden seiner insgesamt vier Blütenblätter zwei dunkle augenähnliche Flecken hat, zwangsläufig gut gegen Sehfehler sein. Das heißt natürlich nicht, daß nun alle Kräuterheilmittel wirkungslos waren. Viele, vor allem jene mit harntreibenden und laxativen Eigenschaften, waren durchaus wirkungsvoll. Marys erste gärtnerische Versuche fanden auf diesem Gebiet statt: bei der Herstellung ihrer Kräuterheilmittel folgte sie zunächst den damals herrschenden Auffassungen, und im Laufe ihres Lebens nutzte sie zunehmend ihre eigene Erfahrung mit Arzneiverabreichung an Familienmitglieder, Freunde, Bedienstete und Nachbarn.

Die Pflanzen und Samen für ihr erstes Kräuterbeet besorgte sich Mary von ihren Eltern, von Freunden und von reisenden Hausierern und sammelte sie auf Gemeindeland und im Wald. Nach einem Jahr Arbeit wuchsen auf ihrem Beet schon Gurkenkraut oder Boretsch, Kerbel, Schnittlauch, Koriander, Schlüsselblumen, Kreuzkümmel, Dill, Aufrechter Augentrost, Fenchel, Fingerhut, Stechginster, Majoran, verschiedene Sorten von Minze, einschließlich Polei-Minze, ferner Petersilie, Mohn, *purcelaine* (Kohlportulak, ein früher Ankömmling aus Amerika), Gartenraute, Salbei, Bohnenkraut, Thymian und Veilchen.

Es hatte Mary beträchtliche Mühe gekostet, diese vielfältige Sammlung anzulegen, und um darauf aufmerksam zu machen, beschloß sie, ihr Beet mit Veilchen einzufassen, die auch medizinischen Nutzen hatten. Das veranlaßte sie, auch noch andere einfache Blumen zu pflanzen, die zumeist rein dekorativ waren, wie etwa Pferdeeppich, Kamille, Ringelblume und Primel, obgleich sich nur die Kamille und die Primel zum Einfassen eigneten. Zusammen mit ihren Mägden unternahm sie viele Ausflüge in den Wald, um Pflanzen, meistens Veilchen, aufzuspüren, die größere Blüten, kräftigere Farben und einen stärkeren Duft hatten. Ab und zu konnte man im Freiland auch Veilchen mit weißen Blüten finden. Diese weißen Veilchen grub Mary stets aus, da sie eine hübsche Einfassung für ihr Kräuterbeet ergaben. Indem sie weißblütige Pflanzen auswählte, half sie bei der Erhaltung dieser rezessiven Art. Es ist gut möglich, daß in der freien Natur eine Pflanze mit größeren oder andersfarbigen Blüten gegenüber solchen mit kleineren Blüten keinen Überlebenswert hat und daß sie so den Kampf um Platz, Licht und Nahrung nicht unbedingt übersteht. Doch in der Nähe von Bartons End hatten die Pflanzen mit den Eigenschaften «Größe», «kräftigere Farbe» und «stärkerer Duft» das, was man als versteckten Vorteil bezeichnen könnte. Sie gefielen Mary Barton, die sie sammelte, sie auspflanzte und Ableger von ihnen nahm. Mit der Zeit entstand eine ganz schöne Nachfrage für *Barton Whites* unter ihren Freunden, und diese Veilchenabart überlebte dank ihrer Anziehungskraft auf Gärtner.

Anfangs hielt John Barton Marys Blumenränder für vergebliche Mühe.

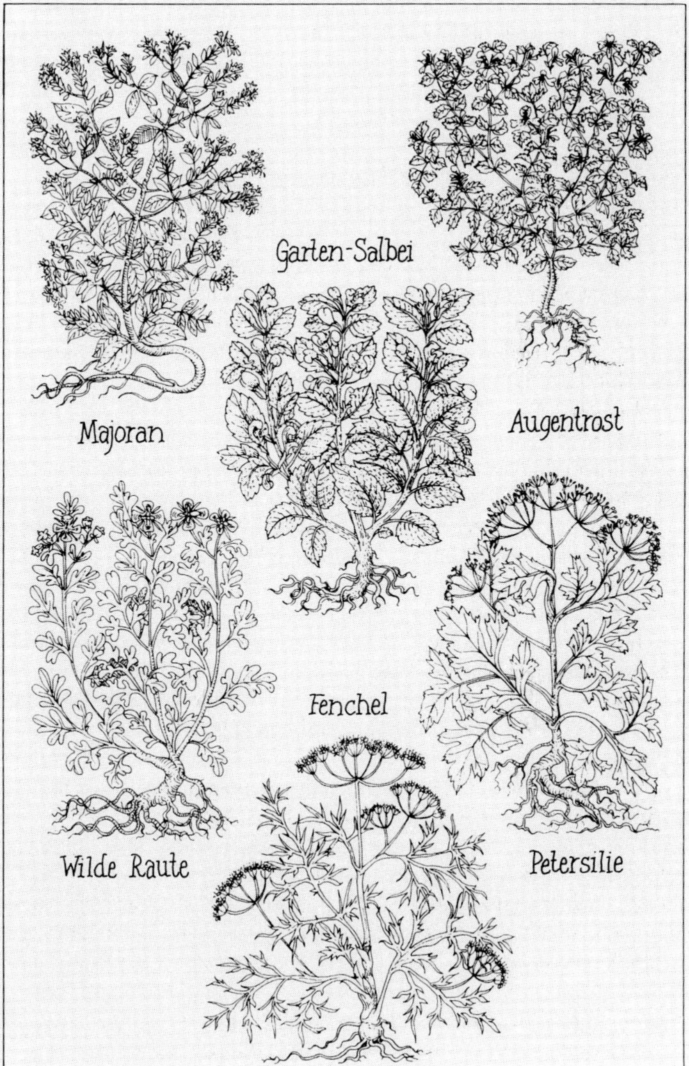
Garten-Salbei
Majoran
Augentrost
Fenchel
Wilde Raute
Petersilie

Er war ein zweitgeborener Sohn und würde nichts von der Farm seines Vaters erben: es lag an ihm, eine neue Farm auf dem Land zu gründen, das sein Vater ihn der Wildnis und dem Wald abringen ließ. Er war der Meinung, jeder solle mithelfen, dieses Hauptziel zu erreichen, statt Zeit damit zu verschwenden, Kräuter und Blumen zu pflanzen, nur weil sie hübsch aussahen. Mary konnte ihn von dieser Haltung abbringen, als sie auf den Wert der Duftkugeln oder Pomander hinwies, die sie herstellen würde und die man damals als ein sicheres Spezifikum gegen die Verbreitung von Krankheiten betrachtete. Der Pomander war eine leichte Bastkugel oder eine leere Orangenschale, die mit aromatischen Kräutern und Blumen gefüllt war und oft auch noch mit Gewürznelken, einem exotischen und teuren Importprodukt, gestopft wurde. Bei Marys Pomander spielten getrocknete aromatisierte Veilchen und Gartennelken eine wichtige Rolle – sie ersetzten die zu teuren Gewürznelken.

Mary wollte sich nicht damit zufriedengeben, die weißen Veilchen nur für ihre Beetränder zu benutzen, und so legte sie ein eigenes Beet für sie an und entfernte jedes Jahr alle blaublühenden Pflanzen. Sie pflanzte Ringelblumen, Primeln und Kamille, ein schönes, süßduftendes Kräutergewächs, das auch nützlich war und als Aufguß gegen Verdauungsbeschwerden und Gliederkrämpfe diente. Später benutzte man Kamille auch für die Anlage eines ausgedehnten Rasens. Pulverisierte Kamillenblüten wurden für Kompressen verwendet und auf Wunden, Verbrennungen und Schwellungen aufgelegt.

Unter Marys Blumen gab es auch noch andere, die medizinische Eigenschaften hatten. Dem Mitte des letzten Jahrhunderts wirkenden Gärtner G. W. Johnson zufolge war der Pferdeeppich der «Helfer des Menschen» und diente dazu, viele Leiden zu kurieren. Die blanchierten Stengel wurden auch in Salaten verwendet und schmeckten so ähnlich wie Sellerie.

Die eigentlichen medizinischen Kräuter, zu denen auch einige Zierpflanzen gehörten, hatten in kundigen Händen ein riesiges Anwendungsspektrum. Als harntreibende Mittel hatte Mary Kerbel, Fenchel, Stechginsterblüten, Petersilie, Gartenraute und Bohnenkraut, und alle diese Pflanzen, bis auf Gartenraute und Stechginster, wurden auch in der Küche verwendet. Zum Stechginster gab es ein altes Sprichwort: «Wenn der Stechginster nimmer blüht, hat das Küssen ein End.» Der Stechginster blüht das ganze Jahr über. Aufgrund seiner gelben Farbe hielt man ihn für ein gutes Mittel gegen Gelbsucht, ein weiteres Beispiel für die Merkmaltheorie. Fenchel erwies sich als besonders wertvoll, wenn er zusammen mit Fisch gekocht wurde, da er «das phlegmatische Temperament verzehrt, das den Fischen eigen ist», und von dem es hieß, daß es den Körper plage. Für Mary war «ungefenchelter» Fisch eine fast ebenso dubiose Speise wie rohes Obst: so mußte man zum Beispiel äußerst vorsichtig sein, wenn man frische Erdbeeren aß. Die Kunde über die Gefährlichkeit des Verzehrs von frischem Obst, durch höchste klassische Autorität belegt, wurde wahrscheinlich allgemein verbreitet, um Kinder, Bedienstete und Fremde, die durch einen Obstgarten kamen, davon abzuhalten, Obst zu pflücken und zu essen.

Marys Kräutergarten hatte auch einige Laxative, wie etwa den Roten Hornstrauch, Veilchen und Flachs. Veilchen wurden auch für Parfum und Pomander benutzt.

Viele Präparate wurden zur Schönheitspflege verwendet. Zum Beispiel förderten Schlüsselblumen, das Gewürzkraut der Venus, die Schönheit und stellten sie wieder her, wenn sie verlorengegangen war. Eine aus den Blüten hergestellte Salbe beseitigte Falten und bei Sonnenbrand die unerwünschte Rötung der Haut. Salbei färbte das Haar schwarz. Minzen regten den Appetit an sowie die Fleischeslust (genau wie das Stiefmütterchen) und den Zorn und sollten cholerisch veranlagten Menschen nicht verabreicht werden. Die Gartenraute wiederum verhinderte *«schmutzige»* Gedanken. Die Gartenraute war ein nützliches Heilkraut, fast ein Allheilmittel. Angeblich stimulierte sie Urin und Monatsfluß, war ein Gegenmittel gegen Gifte und brachte, wie auch die Minze, Heilung, wenn man von einem tollwütigen Hund oder von einer Schlange gebissen worden war. Sie durfte nie schwangeren Frauen gegeben werden, und Hexen benutzten sie als Abtreibungsmittel.

Arzneien, die Wunden, Geschwüre und Prellungen heilten, wurden oft verlangt, und Mary verschrieb Dill und Polei-Minze, die auch den Geburtsvorgang erleichterte. Minze war zu vermeiden, da sie die Wunden offenhielt. Schwangeren und stillenden Müttern wurden Bohnenkraut und Fenchel empfohlen, während man Frauen, die sich ein Kind wünschten, mit einer Salbeikur die Empfängnis erleichtern konnte. Gehirn und Denkfähigkeit wurden durch Majoran und Salbei angeregt, die auch den Magen wärmten, Niesreiz erzeugten, Ohrenschmerzen linderten und sich zu einem parfümierten Eau de Toilette verarbeiten ließen.

Das Kräuterbeet mit seinem Rand von hübschen Blumen wurde sorgfältig gepflegt und erweitert. Es fand große Bewunderung bei den Nachbarn und Farmarbeitern und wurde mit den *knottes* oder erhöhten Blumenbeeten verglichen, die die Gärten des Landadels zierten. Im Jahr 1558, als sie ihr erstes Kind wenige Monate nach der Geburt wieder verloren hatte und bereits zum zweiten Mal schwanger war, entschloß Mary sich endlich, ihren Garten zu vergrößern, wobei sie sich von zweien ihrer Mägde helfen ließ, Nell und Dorothy, die inzwischen ebenso begeisterte Gärtnerinnen waren wie ihre Herrin. Ihr Ziel war es, «Streukräuter» für die Fußböden des Hauses anzupflanzen sowie Rosen, aus denen sie Rosenwasser machen wollten.

Es ist ein Irrtum, wenn man glaubt, unseren Vorfahren hätten die vielen unangenehmen Gerüche jener Zeit nichts ausgemacht. Sie rührten nicht nur von der Farm her, sondern auch von den Plumpsklos, den schlechtgewaschenen Menschen und von den Haus- und Hoftieren. Als eine Maßnahme gegen diese Geruchsbelästigungen wurden die Abtritte gewöhnlich außerhalb des Hauses errichtet. Seife, die man durch Kochen von Fett und Pottasche herstellte, fand hin und wieder Anwendung, doch hauptsächlich benutzte man Gegengerüche, um gegen die schlechten Düfte anzugehen, und zwar, indem man einen Pomander bei sich trug und an ihm schnüffelte, wann immer ein unangenehmer Geruch die Luft erfüllte, oder indem man süßduftende Pflanzen zog, die man im Haus verstreuen konnte. Wo man heute Teppiche auslegt, streute man früher Kräuter.

Um genügend Kräuter zu bekommen, brauchte Mary mehr Land. Mit ihrem Mann, der insgeheim stolz auf ihre Bemühungen mit den Heilkräutern war, war sie übereingekommen, daß sie und ihre Mädchen so viel Land, wie sie wollten, urbar machen konnten, solange sie nicht die Hilfe der Männer und Pferde dafür in Anspruch nahmen.

Bartons End war auf zwei Acres [etwa 8100 m^2] Land erbaut worden, Land, das von unterholzreichem Wald gewonnen wurde, eine gute Quelle für Stangen, Zaungeländer und Gitter. Das Untergehölz bestand aus Haselnuß, Esche und Eßkastanie, der Nutzholzbestand aus Eichen und Eschen und einigen Ulmen. Die Bäume auf diesem Gelände hatte man gefällt und beim Hausbau für die tragenden Balken verwendet. Auch das Untergehölz war heruntergeschnitten worden, doch die Stümpfe hatte man nur auf dem eigentlichen Hausareal im Umkreis von einigen Metern entfernt und auf einem für einige Außengebäude vorgesehenen Gelände. Mary konnte ihren Garten nur auf Gelände erweitern, auf dem sich diese kräftigen Baumstümpfe befanden. Das Entfernen von Baumstümpfen war eine sehr mühsame Arbeit und ist es noch heute, obwohl wir Maschinen haben, die den größten Teil der Rodungsarbeit besorgen.

Im Frühjahr 1558 nahm Mary sich einige der Stümpfe vor, die dem Haus am nächsten standen. Jeden Montag stattete sie ihnen einen Besuch ab und rieb oder schnitt alle Wurzelwildtriebe ab. Sie behauptete, daß diese Behandlung, wenn sie sie nur lange genug fortsetzte, die Stümpfe schließlich abtöten würde, was sich dann tatsächlich als richtig herausstellte. Doch ein toter Stumpf war ein ebenso großes Hindernis wie ein lebender, da es sehr lange dauerte, bis er völlig verrottet war, und so überlegte sie sich etwas anderes. Sie beschloß, die Stümpfe auszubrennen. Das ist recht schwierig, da sie normalerweise feucht sind und große feuerbeständige Wurzeln haben, die sich durch das Erdreich ziehen, so daß die Flammen etwas Unterstützung brauchen.

Ein wichtiges Erzeugnis jener Zeit, das hauptsächlich vom Pferd geliefert wurde, war Salpeter, Kaliumnitrat. Salpeter kristallisierte sich aus dem Urin der Tiere und wurde im Boden unter Pferde- und Kuhställen gefunden. Er war sehr begehrt für die Herstellung von Schießpulver. Die Salpetermänner der Königin hatten das Recht, jedes Grundstück zu betreten, die Erde in den Ställen umzugraben, den Salpeter herauszuholen und ihn mitzunehmen, und niemand konnte es ihnen verwehren. Die Erde wurde mit Wasser gewaschen, dann durchgesiebt, die Lösung wurde gekocht, konzentriert und abgekühlt. Dabei kristallisierte sich der kostbare Salpeter heraus.

Die Produktion von Nitrat, einem wichtigen Pflanzennährstoff, im Boden ist ein Beispiel dafür, wie in einem Lebensraum verschiedene Lebensformen miteinander verbunden sind, denn es entsteht durch die Aktivität von Bakterien. Organische Stickstoffverbindungen, wie etwa Proteine und Harnstoff (Carbamid), liefern, wenn sie in den Boden gelangen, Nahrung für viele Arten von Bakterien, und der Stickstoff, den sie enthalten, wird in Ammonium (NH_3) umgewandelt. Eine andere Bakterienart (Nitrososomas) wandelt dann das Ammonium in Nitrit (NO_2) um, dem jetzt wiederum eine weitere Art (Nitrobacter) ein zusätzliches Sauerstoffatom hinzufügen kann, wodurch dann Nitrat (NO_3) entsteht. Das Nitrat verbindet sich seinerseits mit im Boden enthaltenen Kaliumsalzen und auch noch mit anderen Elementen, um schließlich das Kaliumnitrat zu ergeben, das bei den Pflanzen und den Nitratmännern gleichermaßen begehrt ist. Das Kalium im Boden stammte hauptsächlich von Holzasche. Die Bartons wußten, daß das Besprenkeln der Stallböden mit Asche sie alkalisch hielt und die Bildung von Salpeter förderte.

Kaliumnitrat fördert bei Pflanzen sehr stark das Wachstum. Der Stoff wird von der Pflanze absorbiert, und seine drei Elemente (KNO_3), Kalium, Stickstoff und Sauerstoff, verbinden sich mit Kohlenstoff, der aus dem

Kohlendioxyd (CO_2) in der Luft und aus anderen Elementen gewonnen wird, und bilden gemeinsam pflanzliches Gewebe. Nitrate werden in Sprengstoffen verwendet, zum Beispiel in Schießpulver, weil sie bereitwillig ihren Sauerstoff abgeben (der Gewichtsanteil von Sauerstoff bei Kaliumnitrat beträgt 48%), und das führt zu einer so schnellen Reaktion, daß eine Explosion stattfindet. Nitrate unterstützen auch jeden Verbrennungsprozeß.

Mary hatte beobachtet, wie Lunten hergestellt wurden, indem Schnur mit einer Salpeterlösung getränkt und anschließend getrocknet wurde. Sie beschloß, obwohl es verboten war, etwas Salpeter aus der Erde unter dem Stall ihrer beiden Pferde zu sammeln. Als sie das besorgt hatte, ließ sie sich von Thomas Claridge, Nells Vater, mit Hilfe einer Bohrkurbel – zu jener Zeit ein teures und kostbares Werkzeug – Löcher in einige Baumstümpfe bohren. Der Mann half ihr, weil er die Idee interessant fand und halbwegs damit rechnete, daß die Stümpfe explodieren und das Haus in Brand stekken würden. Er könnte darüber wachen, daß seiner Tochter nichts passierte, und wäre auch gleich an Ort und Stelle, falls es irgendein aufregendes Feuerwerk gab. Die Salpeterlösung wurde bei trockenem Wetter in die Löcher gegossen und während der folgenden paar Tage immer wieder nachgefüllt.

Schließlich war der große Augenblick da. An einem trockenen Nachmittag hatte Mary zur Sicherheit einige Eimer Wasser aufstellen lassen und auch dafür gesorgt, daß die allgegenwärtigen langstieligen Rechen griffbereit waren. Sie wurden benutzt, um brennendes Stroh von Dächern zu ziehen, und zählten in jener Zeit zu den wichtigsten Geräten der Brandbekämpfung. Über einem behandelten Stumpf wurde ein kleines Feuer entfacht. Das darunterliegende Holz zischelte ein wenig, und allmählich brannte das Feuer am Stumpf herunter und innerhalb weniger Stunden auch die Hauptwurzeln entlang. Das Nitrat speiste das Holz mit Sauerstoff und verhinderte so, daß das Feuer ausging. Der verbrannte Boden war danach krümelig, porös und voller wertvoller mineralischer Düngestoffe.

Mittendrin kam John Barton dazu, ziemlich erstaunt über das, was da passierte. Sein erster Impuls war, den «alten» Thomas (er war mindestens 45) zurechtzuweisen, daß er so etwas überhaupt zugelassen hatte, doch schließlich, angesichts des großen Erfolgs des Unternehmens, kam er zu der Einsicht, daß die Frauen doch gar nicht so dumm waren. Die Vorstellung, daß sein Salpeter durch die Geschicklichkeit und den Unternehmungsgeist seiner Frau verwendet worden war, um seinen Garten zu erweitern, erfüllte ihn mit Genugtuung.

Anfang Juli waren die Stümpfe auf einem guten Achtelmorgen Land gerodet, und als nächstes mußte es bepflanzt werden. Es war für Streukräuter, hauptsächlich Kamille, vorgesehen, doch man fand nicht genug Jungpflanzen, um die Fläche auch nur annähernd zu bedecken, so daß die drei Frauen sich auch auf das Sammeln von Thymian verlegten. In jenem Sommer war um das Haus herum in einem Umkreis von 200 Yards [etwa 180 Meter] kaum mehr eine Thymianpflanze zu finden. Mary und ihre Mägde hatten sie alle für ihren neuen Rasen eingesammelt.

In jener Zeit benutzte man für Rasen manchmal andere Pflanzen als Gras, oft wurden Kamille und Thymian verwendet. Heute sind Kamillerasen wieder modern. Sie sind zwar kurzlebiger als Rasensode, brauchen aber nicht gemäht zu werden und duften aromatisch, wenn man auf ihnen geht.

Das Entfernen der Thymianpflanzen aus dem Gelände in der Umgebung von Bartons End hatte beträchtliche Auswirkungen auf die Ökologie dieser Gegend. Zum Beispiel ernährten sich mindestens sechs Arten von Raupen der Lepidopteren (Schmetterlinge und Falter) von Thymian. Zwei von ihnen ernährten sich ausschließlich von dieser Pflanze, eine weitere Art nur von Thymian und seinem nahen Verwandten, Majoran. Das waren der Schwarzgefleckte Bläuling und die beiden Spannerarten *Eupithecia constricta* und *Acidalia ornata.* Die anderen drei Arten hatten eine größere Palette von Nährpflanzen. Der Schwarzgefleckte Bläuling war früher in Kent keine Seltenheit, doch schon im frühen 17. Jahrhundert kam er in dieser Gegend nicht mehr vor. Bis vor kurzem war er noch im Südwesten Englands zu finden, doch jetzt ist er leider im ganzen Land ausgestorben. Sowohl menschliches Tun als auch seine komplizierte Lebensgeschichte haben dazu geführt, daß es soweit kam.

Der Schwarzgefleckte Bläuling hatte eine seltsame Beziehung zu bestimmten Ameisensorten. Das Schmetterlingsweibchen legte im frühen Sommer seine Eier einzeln auf Thymianblüten ab. Die jungen Raupen waren aggressiv. Wenn zwei zufällig aufeinandertrafen, kämpften sie, und wer unterlag, wurde vom Sieger aufgefressen, wodurch der Spezies kostbare proteinreiche Nahrung erhalten blieb, die dem Thymian mit soviel Mühe abgenommen worden war. Gegen Mitte August, nach der zweiten Häutung, waren die Raupen 3 mm lang, und dann schienen sie für den Entomologen plötzlich von der Bildfläche zu verschwinden. Nie hatte man

Schwarzgefleckter Bläuling auf Thymian und Ameise mit Raupe

jemals Larven im vierten Häutungsstadium oder Puppen gefunden, doch im folgenden Jahr tauchten die erwachsenen Schmetterlinge des Schwarzgefleckten Bläulings wieder auf. Um 1912 fand der große Entomologe F. W. Frohawk heraus, was da eigentlich passierte. Der erwachsene Schmetterling legte Eier auf Thymianpflanzen ab, die in der näheren Umgebung eines Ameisennestes wuchsen, das von einer der zwei ziemlich aggressiven Ameisenarten, *Myrmica scabrinodis* und *M. laevinodis,* bewohnt wurde. Gegen Ende des dritten Häutungsstadiums hatte sich bei den Raupen eine spezielle Honigdrüse entwickelt, deren Absonderungen den Ameisen sehr schmeckte. Wenn eine wandernde Ameise eine Raupe im vierten Häutungsstadium fand, gab diese das Honigsekret ab, das die Ameise aufleckte, und gewöhnlich endete die Sache damit, daß die Ameise die Raupe in ihr Nest trug. Die Raupe erleichterte ihr den Transport, indem sie eine zusammengekauerte Stellung einnahm. Wenn sie erst einmal im Nest war, ernährte sich die Raupe von Ameisenlarven, unbehindert von den Wächterinnen und Brutpflegerinnen, die sich durch das köstliche Honigsekret dazu verführen ließen, ihre Pflichten zu vernachlässigen. Das war eine erstaunliche Umkehrung ihres gewohnten Verhaltens. Normalerweise waren die Larven der größte Schatz der Ameisen, den sie auch erbittert verteidigten. Ein derartiges Verhalten ähnelt auf eigentümliche Weise der Drogensucht des Menschen: die betörende Substanz war jedes Opfer wert.

Den Winterschlaf verbrachten die Raupen im Nest, und im Frühjahr fingen sie wieder an, sich von den Jungen ihrer Wirte zu ernähren, bis sie schließlich ausgewachsen waren. Dann verpuppte sich die Raupe, wobei sie sich an der Decke eines Nestgangs verankerte, ohne jemals in irgendeiner Weise von den Ameisen belästigt zu werden. Nach ungefähr drei Wochen (es war dann Mitte Mai) schlüpfte der Schmetterling aus. Er kroch – ein etwas feuchtes und zerknittertes Geschöpf – durch die Gänge des Nests, wo er an die zehn Monate verbracht hatte. Das fertige Tier war mit losen, wächsernen Schuppen bedeckt, die sich lösten und Ameisenkiefer verklebten, falls irgendeine Ameisenwächterin genauer untersuchen wollte, was das für ein seltsames Wesen in ihrem Nest war. Schließlich erreichte der Schmetterling einen Nestausgang und schlüpfte ans Tageslicht, kletterte einen Stengel hoch, pumpte seine Flügel auf, trocknete sie auf die übliche Weise und setzte dann seinen gewohnten Lebenszyklus fort.

Die Aktion der Damen, die Gegend um Bartons End aller Thymianpflanzen zu berauben, war ein Schritt in der Kette der Ereignisse, die zum Aussterben des Schwarzgefleckten Bläulings in Kent führten. Wenn, wie bei der Landwirtschaft und beim Gartenbau, eine einzige Pflanzenart auf eine begrenzte Fläche konzentriert wird, wird den Tieren, die sich von dieser Pflanze ernähren, dadurch gewöhnlich das Leben erleichtert, weil ihre Jungen nicht lange nach ihrer speziellen Wirtspflanze suchen müssen, sondern sie gleich nebenan finden. Bei Marys Thymianpflanzen verhielten sich die Dinge jedoch anders. Das lag daran, daß die Thymianpflanzen zwar umgesetzt worden waren und gut gediehen, doch die Roten Ameisen blieben, wo sie waren. Der Lebenszyklus des Schmetterlings war unterbrochen.

Die vielen Eier wurden auf die zahlreichen Thymianblüten von Marys neuem Rasen abgelegt. Die jungen Raupen gediehen, und, vollgestopft mit guter Nahrung, erreichten sie das dritte Häutungsstadium, fielen zu Boden, und ihre Honigdrüsen sonderten den Ameisenköder ab. Doch die Ameisennester waren zumeist weit entfernt. Nur sehr wenige Ameisen kamen durch den Thymian. Ein Großteil der erwartungsvollen Raupen vertrocknete und starb oder wurde von Vögeln und anderen Feinden gefressen. Einige wenige Raupen wurden von anderen Ameisenarten in die Nester getragen, doch nur die erwähnten Roten Ameisen sagten dem Schwarzgefleckten Bläuling zu, und selbst wenn ein paar Raupen es schafften, in einem «fremden» Nest zu überleben, entwickelten sie sich zu zwergwüchsigen Schmetterlingen mit nur dürftiger Fortpflanzungsfähigkeit.

Die Roten Ameisen spielten die Schlüsselrolle in der Existenz des Schwarzgefleckten Bläulings. Gab es keine Roten Ameisen, konnte es auch keinen Schwarzgefleckten Bläuling geben.

Für den Schwarzgefleckten Bläuling war die Sammelaktivität der Frauen von Bartons End ungünstig, für die Rote Gartenameise jedoch nicht. Da die Thymianpflanzen zum größten Teil aus der Umgebung entfernt worden waren, waren die Ameisen auch nicht mehr der Versuchung des Honigsekrets ausgesetzt. So überlebten die Ameisenlarven, die sonst von den Raupen gefressen worden wären, und die Zahl der Nester wuchs. Nebennester wurden in der Nähe gebildet, doch als sie den Thymianrasen des Gartens erreicht hatten, gab es dort nur noch wenige Exemplare des Schwarzgefleckten Bläulings. Es war zu spät. In jedem Gebiet müssen Schmetterlingsweibchen und -männchen in einer bestimmten Anzahl vorhanden sein, wenn die Geschlechter sich begegnen, sich paaren und die Art erhalten sollen. Die für die Paarung erforderliche Populationsdichte zu erreichen, ist ein Kunststück in angewandter Ökologie. Selbst wenn es in einer Gegend zahlreiche Exemplare einer Schmetterlingsart gibt, wundert man sich, daß es den Geschlechtern überhaupt gelingt, sich zu paaren. So kann es geschehen, daß sich ein Kohlweißlingmännchen und -weibchen bei ihrem Balzflug minutenlang zwischen Blattwerk umflattern, und oft enden diese Paarungsmanöver dann damit, daß die beiden Kandidaten einander verlieren.

Ameisen sind auf seltsame Weise anfällig für Drogenabhängigkeit. In dem Wald, der an Bartons End grenzt, gab es ein großes Waldameisennest, und am Rande des Barton-Grundstückes entstanden Nebennester. Das Nest, ein Kegel aus zerbrochenen Zweigen und Kiefernnadeln, wuchs in dem Maße, wie die Ameisen gediehen. Dieser Erfolg erregte die Aufmerksamkeit eines Büschelkäfers *(Lomechusa cava)*, eines Tiers, das als Parasit von Waldameisen lebt. Eines Tages folgte ein junges erwachsenes Weibchen dieser Käferart einer nahrungsuchenden Waldameise in deren Nest. Es wurde sofort von einer Nestwächterin gestellt. Der Käfer war auf diese Herausforderung vorbereitet und verspritzte aus einer Drüse am After eine übelriechende Substanz, so daß die Ameise ihren Angriff umgehend abbrach. Der kleine, 6 mm lange Käfer drang schnell in das Nest ein, blieb an einer breiten Stelle stehen, verhielt sich dann etwa eine Stunde lang ganz still und nahm auf diese Weise ein bißchen Nestgeruch an, ein Signal, das die Ameisen respektieren. Dann begann *Lomechusa* seine Anwesenheit zu verkünden, indem er eine süße, narkotische und für die Waldameisen höchst anziehende Flüssigkeit absonderte, die sich auf seinem Rücken über einige, Trichome genannte, Haarbüschel ausbreitete. *Lomechusa* bot die Flüssigkeit zunächst einer Ameise mit einem relativ leeren Kropf an. Schon bald fraß sie gierig von der Absonderung des Käfers. Vorbeikommende Ameisen wurden vom Käfer angelockt und streichelten seinen Kopf mit ihren Fühlern, um das faszinierende Sekret hervorzulocken. Nur wenn er eine Zeitlang alleinblieb, gab es für den Käfer noch einige gefährliche Augenblicke. Da er den Nestgeruch noch nicht gänzlich angenommen hatte, konnte es passieren, daß er, auf sich allein gestellt, von einem aggressiven Nestbewohner angegriffen wurde. Der Schutz des Käfers bestand darin, daß er von einigen bereits süchtigen Ameisen begleitet wurde. Nach zwei Tagen wurde der *Lomechusa* überhaupt nicht mehr angegriffen: Er hatte inzwischen den erforderlichen Koloniedufr angenommen und wurde überall begrüßt. Der Käfer folgte einer Brutpflegerin in die Brutkammer und ernährte sich dort, wie die Raupe des Schwarzgefleckten Bläulings, vom kostbaren Schatz des Nests, von den jungen Ameisenlarven. Berauscht von den Absonderungen auf den Trichomen des Käfers, hinderten die Arbeiterinnen und Brutpflegerinnen ihn nicht daran. Nun begann der Käfer auf einem Haufen Ameiseneier seine Eier abzulegen, und die Brutameisen säuberten und pflegten sie auf die gleiche Weise, wie sie ihre eigenen Eier versorgt hatten.

Nach dem Schlüpfen ernährten sich die *Lomechusa*-Larven von den Ameiseneiern, und je stärker sich die Käfer vermehrten, desto mehr wurden die Ameisen Sklaven des Sekrets. Sie vernachlässigten zunehmend ihre Jungen, hörten auf, nach Nahrung zu suchen, das ins Nest gebrachte Material zu sortieren und das Nest zu säubern. Die Königin, die nicht mehr gefüttert wurde, starb, dann ging das ganze Nest ein und mit ihm die Nahrungsquelle des *Lomechusa.* Das Nest starb, weil das Sekret den Arbeiterinnen den Antrieb genommen hatte, rettende Notstandsmaßnahmen einzuleiten, um eine neue Königin zu bekommen. Wenn die Königin eines Nestes stirbt, machen die Ameisen normalerweise eine Arbeiterin durch Spezialfütterung zur Königin oder überfallen ein anderes Nest und rauben eine junge Königin. Das Sterben des Nestes schien den inzwischen ausgewachsenen Käfern, Nachkommen des ursprünglichen Eindringlings, nichts auszumachen. Sie spazierten einfach hinaus und sahen sich nach einer anderen Kolonie um, die auf ihren Schwindel reinfallen würde.

Es gab jedoch einen Faktor, der verhinderte, daß der *Lomechusa*-Käfer sich so sehr vermehrte, daß er die Waldameise, und damit sich selber, für immer vernichtete. Und zwar war das die Tatsache, daß die Brutpflegerinnen vom *Lomechusa* so besessen wurden, daß sie die Käfereier, -larven und -puppen genauso behandelten wie ihre eigenen. Das machte den Eiern und den Larven nichts aus, doch den Puppen gefiel es gar nicht. Ameisenpuppen werden kurz vor dem Schlüpfen quer durch das Nest zu günstigen Stellen getragen, um dort sorgfältig gepflegt und gesäubert zu werden, und wenn es Zeit ist zu schlüpfen, helfen die Ameisen den Schlüpfenden oft dabei, indem sie die Puppenhülle aufschneiden. Doch die *Lomechusa*-Puppen mochten diese Behandlung gar nicht. Sie mußten strikt in Ruhe gelassen werden, ohne Hilfe aus ihren Hüllen schlüpfen und sich selbständig durch den Boden nach draußen arbeiten. So pflegten die Ameisen unabsichtlich viele ihrer Parasiten zu Tode und bewahrten sich somit vor dem Aussterben. Ein beträchtlicher Teil der *Lomechusa* wurde also gewissermaßen durch zuviel Zuneigung getötet.

Da sie im Jahr 1558 soviel Mühe darauf verwendet hatten, die Baumstümpfe zu roden, waren Mary und ihr Team entschlossen, das neue Land zu bepflanzen. Man hatte nicht genug Kamillenpflanzen oder -samen finden können, um die ganze Fläche zu bedecken, und in der näheren Umgebung des Hauses gab es keine Thymianpflanzen mehr. Es kam ihnen albern vor, die restliche Fläche einfach mit Gras zu bepflanzen und dafür Samen vom Heuschober zu verwenden, und so legten sie als nächstes Beete mit Minze an. Sie sammelten Pflanzen an den Ufern eines nahegelegenen Baches, an feuchten Ödlandstellen und in den Gärten von Freunden und Verwandten. Sie entdeckten bald, daß es mindestens zwei Minze-Arten gab, die wilde und die rundblättrige. Sie legten für jede Art ein eigenes Beet an, da sie glaubten, daß sie unterschiedlich zu verwenden seien, und auf jeden Fall waren es hübsche Pflanzen. Sie schnitten die Wurzeln in etwa 10 cm lange Stücke und pflanzten sie in den vorbereiteten Boden ein. Bald hatten sie ein sehr vielversprechendes Beet, und dann wurde auch noch eine dritte Sorte gepflanzt, Pfefferminze, die alsbald Material für die neue Destillationskammer des Hauses lieferte. Pfefferminzöl wurde als wertvolle Medizin sehr geschätzt. Das Öl wirkte wie ein örtliches Betäubungsmittel und hat so manche Zahnschmerzen lindern können, bis ein Barbier gefunden werden konnte, der die Ursachen des Schmerzes entfernte. Es wurde auch benutzt, um die Verdauung zu fördern und Krämpfe zu lindern. Doch das gerodete Land war noch immer nicht voll, und im Hinblick auf Marys Begeisterung für ihre neue Destillationskammer kamen als nächstes Rosenbeete dran, die Material für die Herstellung von Rosenwasser liefern sollten. Zu dem Zeitpunkt waren Rosen beliebte Blumen, und es war nicht so schwer, sich mit ihnen auszukennen und sie zu pflanzen, im Gegensatz zu heute, wo wir mindestens 250 verschiedene Arten haben, endlose Kreuzungen, Tausende von Sorten, doch wenig Übereinstimmung unter Züchtern bezüglich wissenschaftlicher und populärer Namensbezeichnungen.

Zuerst sammelte Mary wilde Rosen im Wald und an Hecken. Unter ihnen befanden sich auch schon Kreuzungen und Kulturflüchtlinge. Zunächst hatte sie hauptsächlich Heckenrosen *(Rosa canina)* und Essigrosen *(R. gallica),* damals eine Besonderheit wegen ihrer gefüllten Blüte. Interessanterweise ist die *R. alba,* die Weiße Rose, eine Kreuzung zwischen der roten *gallica* und der weiß-rosa Heckenrose, und die weiße Färbung dominierte bei den Nachkommen.

Die jungen Frauen gruben Pflanzen bei den Hecken und im Wald aus, nahmen und zogen eine große Menge Ableger. Die Pflanzen wurden an etwa 1,80 m hohen Pflöcken und Drähten und in ebenso breiten Reihen zu Hecken gezogen. Kurz nachdem sie die ersten drei Rosenhecken angelegt hatte, erhielt Mary eine Kostbarkeit aus dem Garten ihrer Schwiegermutter, eine gutgewachsene Pflanze der Damaszenerrose. Diese Art war im Mittelalter von den Kreuzrittern aus dem Nahen Osten mitgebracht worden. Mary betrachtete sie als einen großen Schatz, da sie stark duftete und eine gefüllte Blüte mit nach innen gekrümmten Blütenblättern hatte, mit einem grünen Auge oder Zentrum. Rosenwasser war sehr gefragt, und große Mengen von Blütenblättern waren erforderlich, um es herzustellen: 6 Pfund [knapp 3 Kilo] waren nötig, um eine Gallone [4,5 Liter] zu imprägnieren. Der Aufguß wurde benutzt, um Speisen zu würzen, um Hände und Mund angenehm duften zu lassen und als Stärkungsmittel in der Medizin. Heute wissen wir natürlich, daß die Hagebutten der Heckenrose reich an Vitaminen sind, und es ist sehr wahrscheinlich, daß Rosenwasser, indem es einige dieser Elemente lieferte, den Winterspeiseplan der Bartons anreicherte. Rosenwasser wurde sogar benutzt, um die Keimung von Samen zu fördern – Thomas Hyll vertrat die Ansicht, daß Samen vor dem Säen in aromatisiertes Wasser getunkt werden sollten. Wahrscheinlicher ist, daß das Wachstum eher durch das Wasser und weniger durch die Spuren aromatischer Öle gefördert wurde. In seinem *Herball* faßte Gerard die «Vorzüge» destillierten Rosenwassers zusammen: es stärkte das Herz, erfrischte den Geist, war gut für alle Leiden, die eine sanfte Kühlung erforderten, es kurierte Augenschmerzen und führte Schlaf herbei. Dazu verlieh es Kuchen und *junkets,* einer Art Quarkspeise mit Sahne, einen guten Geschmack. Ein weiterer Vorteil, der den Benutzern jener Zeit unbekannt war, war auch, daß es in seinem destillierten Zustand keimfrei war, also sehr geeignet, einen Schnitt oder eine Wunde auszuwaschen.

Marys ausgedehnte Rosenbeete erlaubten ihr, beträchtliche Mengen an Rosenwasser herzustellen, und sie verkaufte es an örtliche Apotheker und Nachbarn. John Barton sah zunehmend wirtschaftliche Möglichkeiten in der Gärtnerei, vor allem nach dem Besuch eines Verwandten aus Den Haag im Jahr 1562. Dieser Cousin brachte nicht nur ein kleines Faß des modischen Getränks *biere* mit, sondern auch Exemplare jener verbotenen Pflanze, des Hopfens, der für die Herstellung der Mischung verwendet wurde. Heinrich VIII. hatte ein Gesetz erlassen, das die Verwendung von Hopfen in Ale verbot, doch es wurde in der Praxis kaum befolgt. Den Bartons und ihren Arbeitern erschien *biere* als eine erhebliche Verbesserung gegenüber Ale, egal was der alte König dazu sagen mochte. Die Anhänger des «guten alten englischen Ale» warfen den Bauern vor, sie würden dem Ale Hopfen beimischen, um damit über die geringe Menge Gerste hinwegzutäuschen, die sie verwendeten. Es wäre interessant zu erfahren, wie die «Real ale»-Fans von heute auf hopfenfreies Ale reagieren würden!

Das Trinken von Ale und Bier war im 16. Jahrhundert ein wichtiger Faktor bei der Erhaltung einer guten Gesundheit in Städten und Dörfern, weil die örtlichen Brunnen oft durch Abwässer verunreinigt wurden. Ale, das im Herstellungsprozeß gekocht werden mußte, konnte man unbesorgt trinken. Auch wenn es infolge der Aktivitäten der Essigbakterien vielleicht schon zu gären anfing, war es unwahrscheinlich, daß es gefährliche Protozoen oder pathogene Bakterien enthielt.

Johns Vater, Richard Barton, braute Ale für die ganze Familie und fing 1565 an, Hopfen zuzusetzen, hauptsächlich aus Mary Bartons Anbau. Sie hatte die beiden aus den Niederlanden mitgebrachten Pflanzen ausgepflanzt, und in der ersten Saison war sie erstaunt, wie unterschiedlich sie waren. Die eine produzierte Hopfen und die andere nur einen Haufen winziger Blüten. Doch nachdem sie sie nun einmal ausgesetzt hatte, jede auf einen kleinen Hügel, in den drei lange Pfähle gesteckt worden waren, beschloß sie, beide Pflanzen, die nutzlose wie die nützliche, zu behalten. Hopfen ist nämlich zweihäusig: männliche und weibliche Blüten werden auf verschiedenen Pflanzen gebildet. Wenn keine männliche Pflanzen in einen Hopfengarten gesetzt werden, wird zwar Hopfen produziert, doch ist er fruchtlos und leichter im Gewicht. Wenn in einem Garten die eine oder andere männliche Pflanze steht, dann wird der Hopfen befruchtet, er wird schwerer und ergibt, wie manche behaupten, besseres Bier. Die Holländer waren damals wie auch heute noch große Gärtner, und der holländische Cousin der Bartons, der diesen Unterschied kannte, hatte eine männliche und eine weibliche Pflanze mitgebracht. Das Interesse der Bartons für den Hopfen veranlaßte Mary, vorsichtig einige der Schößlinge, die im Frühjahr hervorkamen, umzusetzen, und im Sommer 1568 hatte sie bereits ein Dutzend Hopfenhügel unter Kultur, alle weiblich bis auf einen.

Richard Barton mochte das gehopfte Bier. Er zog dieses bittere Getränk dem ziemlich süß und schal schmeckenden Ale vor und entdeckte darüber hinaus, daß das gehopfte Gebräu viel besser hielt als Ale und daß er nicht so oft brauen mußte. Es ist auch tatsächlich so, daß das gelbe Hopfenharz, das auf den «Blütenblättern» (botanisch sind es keine Blütenblätter, sondern Deckblätter) zu finden ist, konservierende Eigenschaften hat. Er war sehr zufrieden mit seiner klugen Schwiegertochter und versprach, ihr einen

Hopfen

Gärtner zur Verfügung zu stellen, damit sie ihre interessante Arbeit fortsetzen konnte. Bald hatte man einen separaten Hopfengarten angelegt: er wurde für die Familie alsbald zu einer Quelle beträchtlichen Wohlstandes und existiert auch heute noch, allerdings ist er nicht mehr Teil des Gartens. Im späten 16. Jahrhundert wurde Hopfen so beliebt, daß ein Buch über Hopfenanbau veröffentlicht wurde – *A Perfite Platforme of a Hoppe Garden* von Reynolds Scot.[65] Es war ein durch und durch praktisches Werk. Es beschrieb die beste Methode, Hopfen anzubauen, und verzichtete auf jegliche Astrologie und auf Hinweise auf die Klassiker, die die Autoren jener Zeit so unwiderstehlich fanden. Es gab weitere Auflagen in den Jahren 1576 und 1578, obwohl das Gesetz von Heinrich VIII. noch nicht aufgehoben war.

Praktische Gärtner zu Marys Zeit begannen allmählich, den «Merkmalen» und dem Tierkreis als Richtlinien für ihre Kunst zu mißtrauen; schon einmal deswegen, weil es schwierig war, sich all die verschiedenen Planeten und Konstellationen zu merken, die eine große Sammlung von Pflanzen bestimmten. Doch werden viele Anbauer gezögert haben, gegen einige ziemlich einfache Regeln zu verstoßen. So sollte man zum Beispiel bei abnehmendem Mond nicht säen: das würde mit Sicherheit Ärger geben, denn sie waren überzeugt, daß mit zunehmendem Mond auch der Sämling wachsen würde. Merkwürdigerweise kann es wirklich günstiger sein, bei zunehmendem Mond zu säen. Lunare Rhythmen wirken sich auf das Magnetfeld der Erde aus, das seinerseits Wachstum beeinflußt. Darüber hinaus verursacht die Anziehungskraft des Mondes nicht nur Ebbe und Flut im Meer, sondern hat auch Auswirkungen auf das Wasser überall auf der Erde. Der Mond beeinflußt auch die Atmosphäre, «so daß es statistisch wahrscheinlich ist, daß es direkt nach Vollmond oder Neumond stark regnet».[8]

Eine weitere Volksweisheit, die möglicherweise eine wissenschaftliche Basis hat, bezieht sich auf die Tageszeit, zu der Heilkräuter gepflückt werden sollen. Die alten Apotheker waren fest davon überzeugt, daß sich die erwünschte Ingredienz in ihrer Pflanze bei zunehmendem Mond oder aufgehender Sonne verstärkte, und man hat jetzt festgestellt, daß dies, was die Wirkung der Sonne betrifft, tatsächlich manchmal der Fall ist. Zum Beispiel ist der Alkaloidgehalt des Schlafmohns morgens höher als am übrigen Tag.

Aber es scheint doch etwas übertrieben, wenn vorgeschrieben wird, wie bestimmte Pflanzen zu pflücken seien, etwa nackt, mit dem Gesicht zur Mittagssonne, wie es sogar heutzutage von Kräutersammlern mit einem Hang zur Magie empfohlen wird. Aber was das Säen von Samen betrifft, ist an dieser Regel unter Umständen etwas dran. Es sollte nicht gesät werden, wenn der Boden zu kalt ist, und bei kaltem Wetter wird man wahrscheinlich vom Säen Abstand nehmen, wenn der Säer für diese Aufgabe nackt zu sein hat![8]

Mary Barton hatte sich bald den Ruf einer geschickten Gärtnerin erworben, die selbstgepflanzte Kräuter zur Kurierung jeglichen Leidens liefern konnte. Sie stellte fest, daß ständiger Bedarf nach Augenarzneien bestand. Wer zu ihr kam und über «schwache Augen» klagte, war oft einfach kurz- oder weitsichtig und brauchte eigentlich eine Brille, doch war diese, obgleich bekannt, noch keineswegs verbreitet, und so mußten die angeblich «augenstärkenden» Pflanzen herhalten. Eine der bekanntesten war der Aufrechte Augentrost. Zuerst fand Mary, daß diese Pflanze, aus der sich, wie sie vermutete, eine wertvolle Augensalbe herstellen ließ, schwierig im Anbau war. Sie sollte möglichst schnell und gut gedeihen, und deswegen hielt Mary das Beet besonders sorgfältig von Unkraut frei, vor allem von Grassämlingen, die dort besonders häufig waren, weil der Samen von den Heuhaufen der Farm herübergeweht wurde. Der Aufrechte Augentrost ist jedoch eine Pflanze, die halbparasitär vom Gras lebt. Zwar kann er Kohlenhydrate selber herstellen – für diese Aufgabe hat er chlorophyllhaltige grüne Blätter –, doch Mineralien und Wasser bezieht er von seinem Wirt. Obwohl er selbständig wachsen kann, gedeiht er nur dort, wo auch Gras wächst, von dem er eine gewisse Menge an Nährstoffen absaugt. Da er am besten an den Rändern ihres Kräuterbeetes wuchs, das eine Graseinfassung hatte, erkannte Mary, daß das Gras ihrem Heilkraut irgendwie half. Schließlich gab sie den Versuch auf, Aufrechten Augentrost in ihrem Garten anzubauen, und sammelte die Pflanzen, die sie brauchte, direkt auf den Wiesen. Der Saft der Pflanze wurde mit Weißwein vermischt und in die Augen getröpfelt, oder es wurde destilliertes Augentrostwasser auf die gleiche Weise zubereitet wie Rosenwasser.

Eine weitere Augenarznei war Ackermennig. Seine zerstampften Blätter wurden mit Eiweiß und Weißwein vermischt. Wenn man ihn auf die Augenlider auftrug, soll er Gerstenkörner kuriert und das Sehvermögen gestärkt haben.

Marys Gärtner, der von 1568 an ganztägig bei ihr beschäftigt war, hieß Thomas Claridge und war der Vater ihrer Magd, Nell. Der Garten entwikkelte sich nun sehr schnell: es wurden noch mehr Blumen aufgenommen und vor dem Haus Beete angelegt, die *knottes* hießen. Sie waren jedoch nur eine schwache Nachahmung jener *knottes*, die damals in den Gärten der Wohlhabenden so modern waren, wie die im nahegelegenen Lullingstone Castle und Penshurst Place.

Ein *knotte* bestand aus einem ausgeklügelten Muster von erhöhten Beeten, die gewöhnlich durch niedrige, die Wege säumende Hecken voneinander getrennt waren. Die Wege zwischen den Beeten konnten aus bunten Steinen oder Kies bestehen, und die Beete, die etwa 15 cm höher als die Gehwege lagen, enthielten Blumen oder aromatische Kräuter. Für die Hecken wurden zumeist Buchsbäumchen oder andere niedrigwachsende Pflanzen benutzt. Mit einem raffinierten *knotte* konnte man sich so zur Schau stellen, wie es dem Elizabethanischen Zeitgeist entsprach, da es offensichtlich war, daß ein ungeheurer Arbeitsaufwand erforderlich war, so einen *knotte* anzulegen und zu pflegen. Wie befriedigend, zeigen zu können, daß «mein *knotte* größer als dein *knotte* ist, weil ich es mir leisten kann, mehr Männer zu bezahlen als du».

Knottes wurden manchmal in rechteckigen Mustern angelegt, oft in der Form eines niedrigen, heckengesäumten Labyrinths. Die Exemplare der Bartons waren notgedrungen rechteckig, weil sie feste, gestrichene Planken für die Beetränder benutzten und sie zusätzlich noch mit Schafsknochen abstützten, die in den Boden getrieben waren. Die *knottes* wurden im Jahr 1570 angelegt und waren sehr schlicht. Labyrinthe waren es zwar ganz und gar nicht, aber dennoch erfüllten die Beete die Bartons mit großer Befriedigung. Damit konnten sie aller Welt zeigen, daß sie immer wohlhabender wurden. Ungefähr um diese Zeit gaben sie den Anspruch auf, Blumen nur zu medizinischen Zwecken zu pflanzen; jetzt pflanzten und bewunderten sie sie wegen ihrer Schönheit, ihrem Duft und ihrer Neuartigkeit.

In der zweiten Hälfte des 16. Jahrhunderts widmeten die Adelshäuser ihren Gärten sehr viel Aufmerksamkeit und legten den Modetrend für die Farmer von Kent fest. Modische und reizvolle Neuheiten, wie etwa neue Rosen aus Frankreich, Lilien aus der Türkei, und neue Bäume und Früchte tauchten auf den Grundstücken der Herrschaftshäuser auf. Die neuen Pflanzen neigten dazu, aus ihren Beeten zu verschwinden. Einige Flüchtlinge kamen durch natürliche Verbreitung durch Vögel, Mäuse und Wind zustande, doch die meisten «Lecks» waren durch Menschenhand verursacht worden. Ein großer Garten, vor allem wenn er viele *knottes* hatte, benötigte einen großen Stab von Gärtnern, die alle Verwandte hatten, für die hin und wieder Samen, Pflanzen und Ableger geschmuggelt wurden.

Im Jahr 1570 hatten die Bartons bereits zwei *knottes*, rechts und links von einem breiten Weg, der in einem sanften Bogen vom Feldweg zur Haustür führte und später die Zufahrt zum Haus bildete. Auf ihren neuen Beeten wuchs eine Reihe von Neuheiten; einige stammten von Verwandten, die auf Lullingstone und Penshurst arbeiteten, andere von ihren holländischen Cousins.

Die Blumenneuheiten der Bartons waren blaue Primeln, Margeriten von den Kanarischen Inseln, Ringelblumen aus der Mittelmeerregion, Flammenblumen aus Amerika und eine neue Skabiose aus Südeuropa. Sie standen inmitten einer ansehnlichen Sammlung einheimischer Blumen, die man ständig neu selektierte, um größere Blüten oder ungewöhnliche Farben zu bekommen, wie die bereits erwähnte blaue Primel. In die *knottes* wurden auch einheimische Pflanzen gesetzt: Anemonen, Küchenschellen, Asiatischer Hahnenfuß, Kanadische Akelei, Gänseblümchen, Fingerhut und Vergißmeinnicht.

Ferner gab es eine verbesserte Ausgabe der Trollblume, wahrscheinlich eine Kreuzung zwischen der einheimischen Pflanze und der russischen *Trollius ledebourii*, die irgendwie nach Kent gelangt war. Sie sah wie eine große Butterblume aus. Die Liste setzt sich fort mit der Kleinblütigen Königskerze, der Gemeinen Königskerze, damals gewöhnlich *gillyflower* genannt, obwohl dieser Name wegen des ähnlichen Geruchs manchmal auch dem Goldlack gegeben wird. Letzterer erreichte Bartons End erst in den achtziger Jahren des 16. Jahrhunderts und gedieh ausnehmend gut. Es gab auch einige einheimische Skabiosen, den Teufels Abbiß (oder Abgebissene Skabiose) und die Acker-Skabiose. Frühblüher waren mit Schneeglöckchen und Primeln vertreten, gefolgt von Vergißmeinnicht.

Dorothy Snell, die zweite Magd, die Mary im Garten half, entwickelte ein besonders starkes Interesse für diese letztgenannten Blumen und legte eine Reihe von Beeten mit verschiedenen Arten an. Heute kennt man an die 50 Arten, die meisten davon Entdeckungen des 19. Jahrhunderts. Nach Linnaeus, dem großen schwedischen Naturwissenschaftler (1707–78), wurden allen Blumen wissenschaftliche Namen gegeben, doch zu jener Zeit war die Benennung der Lebensformen der Natur sehr ungenau. Als erstes stellte Dorothy fest, daß es sowohl mehrjährige als auch einjährige Vergißmeinnichtarten gab. Sie legte vier Beete mit mehrjährigen an, mit vier verschiedenen Arten. Drei Arten wurden auf feuchtem Gebiet eingesammelt, und eine wurde von den Wiesen geholt. Die Wasserfreunde waren: das Sumpfvergißmeinnicht, das glänzende Blätter und eine breite, flache Blüte hat; *Myosotis repens* Don, das Kriechende Vergißmeinnicht, das haarige Blätter hat und dessen Blütenkelch schmalere Lappen besitzt als das Sumpfvergißmeinnicht; und *M. caespitosa* Schultz mit einer kleinen Blüte. Die vierte mehrjährige Art war *M. sylvatica* Hoffm., das Waldvergißmeinnicht, mit einer recht großen Blüte. Die einjährigen waren: das Ackervergißmeinnicht (*M. arvensis* Hill), das in Kent am häufigsten zu finden ist; das Frühe Vergißmeinnicht (*M. collina* Hoffm.), mit einer sehr kleinen Blüte; und das Bunte Vergißmeinnicht (*M. versicolor* Sm.), das sehr geschätzt wurde. Doch am schwierigsten zu pflanzen war das Kriechende Vergißmeinnicht *(repens)*. Dorothy unterhielt auch Beete mit diesen einjährigen Pflanzen.

Natürlich hatte sie weder diese wissenschaftlichen noch die populären Namen erfunden, doch mit ihrem scharfen Auge und ihrem Interesse für Pflanzen hatte sie die Unterschiede zwischen den vielen Vergißmeinnichtarten, die in der Gegend wuchsen, erkannt und erzählte jedem, der es wissen wollte, wie sie sich im einzelnen voneinander unterschieden. Sie war die geborene Botanikerin, und obwohl sie weder lesen noch schreiben konnte, kannte sie ihre Vergißmeinnichts und gab ihnen Kosenamen, die sie im Laufe der Zeit von den Namen der Kinder ihrer Herrin herleitete.

Bis zum Jahr 1570 hatte Mary bereits neun Kinder bekommen, von denen fünf noch lebten, eine stattliche Zahl für jene Zeit. Das jüngste, ein Jahr alt, hatte den Namen John bekommen, in Erinnerung an ihr erstes Kind, das kurz nach der Geburt gestorben war. Baby John Barton II., Marys letztes Kind, wurde später Vater einer Barton-Familie, von der ein Sohn nach Neu England auswanderte und dort einen Barton-Clan gründete.

Als das Jahr 1580 anbrach, war der Garten schon ziemlich weitläufig und enthielt ein Stück, auf dem «Topfkräuter» angebaut wurden. Gemeint war Küchengemüse, das eine willkommene Ergänzung zu der ziemlich eintönigen bäuerlichen Speisekarte darstellte, die aus Rindfleisch, Lamm, Bier und Brot bestand.[e] Die wichtigsten Feldfrüchte waren Saubohnen, Rote Beete, Kohl, Möhren, Zwiebeln, Lauch, Pastinak, zwei Sorten von Erbsen – *raith* (das sind Erbsen, die drei Monate nach dem Säen geerntet wurden) und *rouncevall*, die wegen ihrer Größe und Qualität sehr geschätzt wurden. Ebenfalls angebaut wurden Weiße Rüben und Kürbisse, letztere eine Seltenheit, die gerade erst aus Frankreich importiert worden war. Die Bartons erhielten unter der Hand etwas Samen aus einem der Herrschaftshäuser.

Die frühen Erfolge im Garten der Bartons waren fast gänzlich auf die Arbeit zurückzuführen, die in ihn hineingesteckt worden war. Arbeit ließ den Garten blühen – eine Tatsache, die auch heute noch gilt. Doch Wissen ist auch wichtig, weil Wissen die Arbeit erleichtert und somit Verschwendung von Energie vermieden werden kann. Mary, Thomas, Nell und Dorothy waren nicht sehr gut informiert und verschwendeten viel Mühe. Doch andererseits war das Spektrum der Pflanzen, die sie verwenden konnten, viel kleiner als heute, also gab es auch viel weniger, worüber man Bescheid wissen mußte.

Neben ihren Erfolgen hatten die Bartons auch einige Mißerfolge. So importierte man zum Beispiel in der zweiten Hälfte des 16. Jahrhunderts in beträchtlichen Mengen *Portynggales* (portugiesische Orangen), die auch in den unteren Schichten der Gesellschaft zunehmend bekannt wurden. Sie waren nicht nur ganz einfach köstlich und gut für die Gesundheit, sondern ihre leeren Schalen ergaben, wieder zusammengenäht, Behälter für die wertvollen Pomander. Mary entdeckte, daß Orangenkerne, in einem Topf mit Erde auf einem Fensterbrett, bald keimten und feine, dunkelgrüne Triebe bekamen. Die Sämlinge, die im Mai draußen ausgepflanzt wurden, gediehen den ganzen Sommer hindurch, doch der erste Winter tötete sie alle ab. Hätte Mary mehr über die Orange gewußt, wäre ihr bekannt gewesen, daß sie nicht winterhart ist. In den Herrschaftshäusern wußte es jeder. Sir Francis Carew hatte im Jahr 1562 Orangenbäume auf seinem Besitz in Beddington, Croydon. Sie standen auf Schubkarren, und im Winter ließ er sie in ein speziell errichtetes Gebäude schieben. So wurde die «Orangerie» geboren, die jedoch auch weiterhin nur in Adelshäusern zu finden war und von deren Existenz die Bartons bestimmt nichts wußten.

Im zweiten Jahr zog Thomas Claridge Orangen- und Zitronensämlinge in Kübeln und nahm sie im Winter ins Haus: aber es dauerte sehr lange, bis sie Früchte trugen, an die fünf Jahre, also war viel Geduld erforderlich. Die erste reife Apfelsine wurde feierlich unter Mary, Thomas, Nell und Dorothy aufgeteilt und für viel besser befunden als jede portugiesische Importorange.

Eine weitere Schwierigkeit für die Gärtner der Bartons waren die hohen Kosten für Werkzeuge. Als sie mit dem Garten begannen, kostete ein Spaten ca. 8 *d*, eine Hacke 6 *d* und ein eiserner Rechen 6 *d*. Im Vergleich dazu betrug der Tageslohn damals ca. 4 *d*, also mußte ein Mann zwei Tage arbeiten, um einen eisernen Spaten kaufen zu können. Anfangs benutzten Mary und ihre beiden Mägde einen mit einer Eisenspitze beschlagenen Holzspaten. Ihr Rechen war ein Holzstiel, der in einem mit Eichenholzpflöcken bespickten Querstück steckte. Der Spaten war umständlich im Gebrauch, und man konnte mit ihm nur langsam arbeiten, doch der Rechen war effektiv, obwohl die Pflöcke sich ziemlich schnell abnutzten. Sie konnten aber problemlos ersetzt werden. Im Zuge des Fortschritts in der Technik der Eisengießerei gegen Ende des Jahrhunderts verbesserten sich die Werkzeuge für Farm und Garten.

Um 1585 wurde bereits ein halber Acre [etwa 2000 m^2] Land als Garten kultiviert. Das Leben dort hatte sich natürlich sehr verändert, doch das tatsächliche Gewicht lebenden Gewebes, die Biomasse, war mehr oder weniger gleich geblieben. Im Sommer enthielt der Garten an die 40 Tonnen Vegetation, und eine ganze Menge Tiere waren dort ansässig, wie Spinnen, Mäuse, Maulwürfe und Würmer, doch ihr Gesamtgewicht betrug nur ein paar Pfund, wenn man einmal von besonderen Gelegenheiten absieht, wo menschliche und tierische Besucher hereinströmten, wie etwa bei einem Jagdtreffen oder einem Hochzeitsfest.

Neue Pflanzenarten hatten die Waldpflanzen ersetzt, die bei der Anlegung des Gartens vernichtet worden waren. Trotz allem konnte sich ein Teil der Fauna und Flora des Waldes dem Garten anpassen und so weiterbestehen. So wuchsen einige Pflanzen, wie die Glockenblume und die Primel, im Garten weiter, weil sie den Bartons gefielen, und einige Tiere, wie die Maulwürfe, hielten ebenfalls stand, weil es ihnen gelang, gegen den Widerstand der Menschen zu überleben.

Was war die Hauptursache für die pflanzliche Veränderung im Garten? Offenkundig gefielen bestimmte Pflanzen, die dort wuchsen, dem Menschen auf irgendeine Weise und wurden deswegen von ihm besonders gefördert. Einmal gab es da Pflanzen, die dem Menschen unmittelbar praktischen Nutzen brachten, zum Beispiel Saubohnen, Erbsen, Kohl, Weiße Rüben, Pastinak und andere Pflanzen, die ihm wertvolle Nahrung lieferten, oder bestimmte Kräuter, mit denen sich, so glaubte man zumindest, diverse Krankheiten heilen ließen. Allerdings war bei diesen Heilkräutern auch ein gehöriges Maß Einbildung mit im Spiel: der Patient glaubte, daß ein bestimmtes Kräutergebräu ihm guttat, und deswegen tat es ihm gut.

Die andere vom Menschen bevorzugt behandelte Kategorie von Pflanzen besaß Eigenschaften, die in erster Linie seine Sinne ansprachen – wie etwa die Streukräuter, die verwendet wurden, um unangenehme Gerüche im Haus zu bekämpfen, und natürlich die Blumen, die allein wegen ihrer Schönheit gepflanzt wurden. Daher konnte beim Kampf ums Überleben ein hübsches Gesicht, gärtnerisch gesehen, ein ebenso nützlicher Vorteil sein wie guter Geschmack oder Heilwirkung.

Um zu leben und ihre Art fortzupflanzen, mußten die Tiere auf dem Gelände mehr oder weniger auf die gleiche Art und Weise essen, trinken und atmen, wie wir es tun, und der Vorgang ist uns ja vertraut. Auch Pflanzen müssen essen, «trinken» (also Wasser aufnehmen) und atmen, doch ihre Methode ist der der Tiere genau entgegengesetzt.

Tiere ernähren sich von chemisch komplexen Substanzen, die Teil einer anderen Einheit sind, pflanzlicher oder tierischer Art, also lebende oder ehemals lebende Materie. Sie verdauen diese komplexen Stoffe und verwandeln sie dadurch in relativ einfache Verbindungen, die vom Blut absorbiert und durch den Körper transportiert werden und die dazu dienen, neues Gewebe zu bilden oder altes zu erneuern. Pflanzen dagegen bilden komplexe Substanzen aus einfachen Stoffen: als Energiequellen benutzen sie die Gase der Luft, Wasser, bestimmte im Bodenwasser aufgelöste Salze und Licht.

Der neue Garten war der Schauplatz eines ständigen Kampfes zwischen den Pflanzen, die dort wachsen wollten (dem Unkraut), und den Pflanzen, die die Gärtner dort haben wollten. Dies war nur eine Facette des großen Existenzkampfes unter Pflanzen und Tieren: er ist besonders heftig unter Individuen derselben Art, und genau dieser Kampf hat die Arten hervorgebracht, die wir jetzt kennen. Es ist die Darwinsche Theorie der natürlichen Auslese, die 1859 das Licht der Welt erblickte.

Nachkommen (von Pflanzen und Tieren), die durch geschlechtliche Vermehrung zustande gekommen sind, können sich ein wenig von dem einen oder anderen Elternteil unterscheiden, weil in jeder Lebensform die Hälfte der Gene vom männlichen Elternteil und die andere Hälfte vom weiblichen bezogen werden. Die Gene sind es, die die Merkmale eines jeden Individuums bestimmen, und diese doppelte Genquelle bedeutet, daß es reichlich Gelegenheit für Neukombinationen gibt, wenn es sich um geschlechtliche Fortpflanzung handelt. Wenn der Fortpflanzungsprozeß ungeschlechtlich ist, wie bei der vegetativen Vermehrung mittels Ablegern, Augen oder Knollen, besitzen die so gebildeten Nachkommen genau die

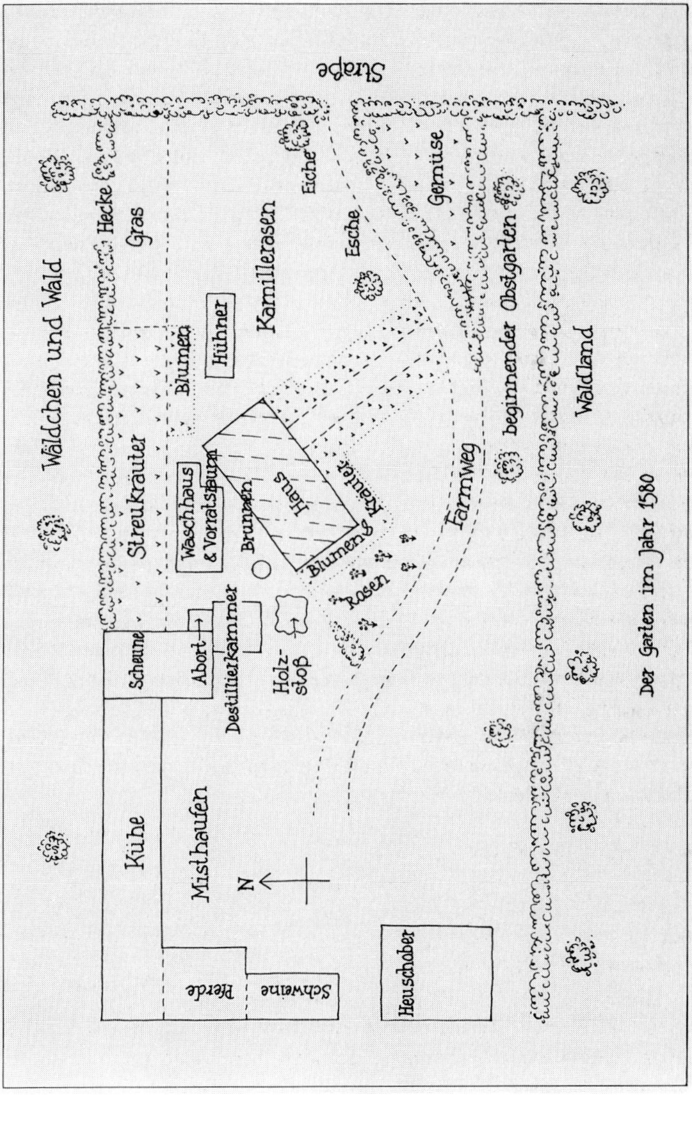

Der Garten im Jahr 1580

gleiche genetische Zusammensetzung wie die elterliche Pflanze. Der Geninhalt eines *Cox Orange Pippin* oder einer *King Edward*-Kartoffel ist genau der gleiche wie der des ursprünglichen Cox oder der ursprünglichen Kartoffel. Nur sehr selten kommt es vor, daß eine spontane Veränderung, eine Knospenmutation, gebildet wird, ein höchst seltenes Ereignis, wenn es nicht absichtlich unter Laborbedingungen durch Bestrahlung oder Behandlung mit Colchicin herbeigeführt wird.

Es ist also leicht ersichtlich, daß mit geschlechtlichen Methoden Nachkommen produziert werden, die sich, oft sehr stark, voneinander unterscheiden. Das ist eine bekannte Erfahrung in jeder Familie. Geschwister haben Familienähnlichkeit, aber sie sind sich nicht vollkommen gleich, es sei denn, es sind eineiige Zwillinge. In der freien Natur und sogar im Garten der Bartons konnten also Nachkommen mit günstigen und ungünstigen Merkmalen entstehen, und im Kampf ums Überleben mußten die weniger begünstigten verdrängt werden, indem sie vor Erreichen des fortpflanzungsfähigen Alters starben (oder gefressen wurden).

Wenn ein besonderer Unterschied einem Nachkommen einen Vorteil gegenüber seinen Geschwistern verleiht, wie etwa Widerstandsfähigkeit gegenüber einer Krankheit oder die Fähigkeit, Nahrung besser zu verwerten, wird er sehr wahrscheinlich überleben, seine Konkurrenten verdrängen und dann selbst Nachkommen produzieren, von denen einige eben diesen Vorteil besitzen werden. Mit der Zeit akkumulieren sich die Begünstigten, und es entsteht eine neue Spezies.

Im Jahr 1599 war der Garten der Bartons schon auf dem besten Weg, ein fester Bestandteil der Farm zu werden und die Funktion zu erfüllen, die Erasmus, der große Humanist der Renaissance, dem Garten zuwies: «Dieser Ort sei dem ehrenwerten Vergnügen gewidmet, das Auge zu erfreuen, die Nase zu erfrischen und den Geist zu erneuern.»[27]

2. Kapitel

Thomas Bartons Garten

1599–1629

Blumen und Obst

JOHN BARTON starb im Jahr 1599, im Alter von 62 Jahren, und sein Sohn Thomas übernahm die Farm, die er sowieso schon seit vier Jahren geleitet hatte. Er, seine Frau und seine Mutter, die bis 1610 lebte, liebten den Garten sehr, und wachsender Wohlstand gestattete es ihnen, mehr Zeit und Geld auf seine Pflege zu verwenden. Sie legten noch ein paar weitere kleine, rechteckige *knottes* vor dem Haus an und füllten sie mit süßduftenden Blumen, die uns heute altvertraut erscheinen. Da gab es die vielversprechenden Rosen, die heimischen Gartennelken und die importierten Bartnelken, Weinrosen, das Löwenmaul, den Echten Eibisch – dessen wissenschaftlicher Name, *Hibiscus syriacus,* sehr tropisch klingt; er kam zu Beginn des 16. Jahrhunderts aus Syrien –, weiter Goldlack, Asiatischen Hahnenfuß, Kanadische Akelei, Narzissen, Lavendel, Gemeinen Baldrian – ein Heilkraut, das als Laxativ und bei Nervenleiden nützlich ist –, Milchstern und Päonien (Pfingstrosen).

Es war nicht leicht gewesen, an Samen, Zwiebeln oder Pflanzen für diese Sammlung heranzukommen. Einige, wie Milchstern, Baldrian und Pfingstrose, die heute als traditionelle englische Pflanzen angesehen werden, waren damals erst neu aus Südeuropa eingeführt worden und deshalb noch recht selten. Es gab noch keine richtigen Pflanzenzüchter, doch die Gemeinde der blumeninteressierten Gärtner war sehr aktiv und erhielt ständig neuen Zulauf. Sie tauschten untereinander Pflanzen aus und taten etwas, was man heutzutage als ein gärtnerisches Verbrechen erster Güte betrachtet – sie benutzten ihr eigenes Saatgut; gewöhnlich war es die einzige Möglichkeit, überhaupt welches zu bekommen. Auf geheimen Wegen aus den Herrschaftshäusern, durch Geschenke und Tausch und durch das ständige Sammeln von besonders schönen Freilandexemplaren hatten die Bartons bald eine ansehnliche Blumenpracht zusammengestellt.

Die nächste wichtige Verbesserung bestand im Pflanzen einer exotischeren Blume, der Tulpe. Tulpen besaßen eine dermaßen starke Anziehungskraft, daß sie etwas später im Jahrhundert geradezu eine Massenhysterie auslösten, zunächst in den Niederlanden, dann in ganz Europa. Leute brachten sich selber an den Bettelstab, indem sie riesige Summen für seltene Zwiebeln zahlten. Die Tulpenmanie offenbarte neben der Leidenschaft für die Blume bei vielen auch die Lust am Spekulieren. Es wird berichtet, daß für eine einzige Zwiebel einer neuen Sorte namens *Viceroy* 250 Pfund bezahlt wurden, damals eine enorme Summe, und sogar noch mehr für *Semper Augustus*. Diese beiden teuren Neuheiten gibt es heute nicht mehr, es sei denn, daß sie umbenannt worden sind.

Tulpen kamen aus Vorderasien. Im Jahr 1554 sah, bewunderte und sammelte Ghiselm de Busbecq, Gesandter des Heiligen Römischen Reiches in Konstantinopel, einige Tulpenzwiebeln und schickte sie an die Herren Fugger, die großen Bankiers von Augsburg, die prächtige Gärten besaßen. Die Fugger pflanzten sie ein und verteilten Zwiebeln und Samen an ausgewählte Freunde und Kunden. Einer der Empfänger war Clusius, herausragender Professor der Botanik an der Universität Leyden. Clusius pflanzte sie 1593 im Universitätsgarten, von wo sie gestohlen wurden. Diese Tulpenzwiebeln gelten als die Mutterpflanzen der großen holländischen Tulpenindustrie. Einige Zwiebeln gelangten schließlich in den Besitz der holländischen Bartons, die ihrerseits im Jahr 1608 Thomas Barton ein paar Zwiebeln zum Geschenk machten.

So standen die Bartons in der Nachbarschaft mit ihren Tulpen einzigartig da, und sie kultivierten diese schönen Blumen sehr sorgfältig und gaben ihnen einen Platz in der Nähe ihrer Haustür. Darüber hinaus brachte eine der Barton-Tulpen durch reinen Zufall jene «Flamme» hervor, die von den Holländern so bewundert wurde. Mit «Flamme» bezeichnete man farbige Streifen, die auf den Blütenblättern auftraten: gewöhnlich rot auf gelbem oder weißem Grund. Es war ein mysteriöses Phänomen, das erst um 1920 herum geklärt werden konnte. Pflanzen, die von Nebenzwiebeln gezogen wurden, die am Boden einer geflammten Hauptzwiebel saßen, brachten, wenn sie blühten, ebenfalls diese Zeichnung hervor, doch jene, die aus dem echten, in der Blüte gebildeten Samen gezogen wurden, taten es nicht.

Tulpe mit Flammen-Krankheit

Heute weiß man, daß die Flamme durch eine Viruskrankheit verursacht wird. Viren werden gewöhnlich bei vegetativer Vermehrung übertragen, doch nicht bei geschlechtlicher. Sie sind scheinbar nicht in der Lage, die Membran, die den Embryo im Samen schützt, zu penetrieren. Der Virus kann daher zwar in die Nebenzwiebel gelangen, doch nicht in den Samen.

Die Anlage der Obstgärten in Bartons End begann, als Thomas Apfel-, Birnen-, Quitten- und Kirschbäumchen pflanzte. Zu jener Zeit war es ganz normal, daß man 10 oder 20 Jahre warten mußte, bis ein großer, hochstämmiger Apfel- oder Kirschbaum einen Ertrag brachte. Außerdem konnte das Obst gestohlen werden, wenn es endlich etwas zu ernten gab. Doch Thomas Barton vertrat die Ansicht, daß ein Obstgarten den Wert der Farm erhöhte und später den eigenen Kindern zugute kam, selbst wenn ein großer Zeitraum zwischen Pflanzen und Ernten lag. Im Obstgarten würde es auf jeden Fall einen Rasen geben, so daß man Schafe und Vieh hin und wieder darauf weiden lassen konnte. Und gegen Diebstahl gab es zwei mögliche Gegenmaßnahmen: die eine bestand darin, das Gelände mit einem Paar Bulldoggen zu sichern, und die andere, möglicherweise wirksamere, mit seinem Obst großzügig umzugehen, wenn es endlich da war.

Daß die hochstämmigen Bäume so lange brauchten, bis sie Erträge brachten, hatten zwei Gründe. Einmal lag es am Gras und zum anderen an der besonderen Art des Wurzelsystems der Bäume. Die erste Ursache war den Bartons nicht bekannt, und über die andere wußte man zu jener Zeit nur sehr Ungenaues.

Wie alle Pflanzen nimmt auch Gras am Kampf ums Dasein teil. Um seine eigene Verbreitung zu sichern, tut das Gras alles, was es kann, um die Konkurrenz anderer Pflanzen oder Tiere möglichst auszuschalten. Gras scheint in der Lage zu sein, ein Gift zu produzieren, das das Wachstum der Pflanzen hemmt, die dem Boden Wasser und Nahrung zu entziehen versuchen. Es produziert ständig feine faserige Wurzeln, und während dies geschieht, stellen die älteren Wurzeln ihre Nahrungs- und Wasseraufnahme ein, sterben und zersetzen sich. Bei der Verwesung erzeugen sie eine Menge CO_2. Weil es sich bereits in der Luft befindet, verteilt sich dieses Gas im Boden nicht so leicht und hemmt so die Nährstoffaufnahme der jungen Baumwurzeln und somit das frühe Wachstum der Bäume. Tannen liefern ein weiteres Beispiel für eine derartige Aktivität, nur umgekehrt. Tannennadeln fallen zu Boden und verhindern gewöhnlich das Wachstum jeglicher Pflanzen im Kronenschatten des Baumes.

Im Jahr 1600 wurden 30 Apfelbäume auf dem Teilstück einer ans Haus grenzenden Wiese angepflanzt. Die Auswahl der Bäume war aus wildwachsenden Exemplaren (Holzapfelbäumen) und solchen, die aus benachbarten Gärten oder von einem der seltenen Pflanzenzüchter stammten, zusammengestellt worden.

Es war schwierig, zuverlässige Bäume zu bekommen. Anbauer mit guten Fruchtsorten waren nicht wild darauf, Bäume oder Pfropfreiser an Fremde abzugeben, und so beschlossen die Bartons, die Bäume, die sie haben wollten, zum größten Teil selber zu veredeln. Im Wald konnte man junge Sämlinge finden, doch es war klar, daß sie nur sehr kleine Äpfel produzieren würden. Freunde und Verwandte hatten zwar einige gut wachsende Apfelbäume, doch sie hatten keine jungen Bäume zu verschenken oder zu verkaufen. Edelreiser stellten sie jedoch bereitwillig zur Verfügung. Diese Reiser konnten die Bartons auf Sämlinge oder kleine Bäume des Holzapfelbaums übertragen, und auch auf andere Apfelsämlinge oder Unterlagen, die sie fanden. Sie konnten auch die Kerne guter Äpfel vom Markt aussäen. Insgesamt bedeutete das, daß die Auswahl der Sorten, die sie anbauen konnten, begrenzt war.

Es wurde von vornherein beschlossen, veredelte Bäume zu verwenden, statt Samen einzupflanzen. Sie wußten, daß es sehr lange dauern würde, bis aus Sämlingen ausgewachsene Bäume wurden, und sie hatten das ungute Gefühl, daß aus irgendeinem obskuren Grund aus dem Samen nicht immer ein «sortenreines» Exemplar entstand. So konnte beispielsweise ein Kern von der Sorte *Queening* zu einem Baum heranwachsen, dessen Äpfel keinerlei Ähnlichkeit mehr mit dem Apfel hatten, aus dem der Baum entstanden war. Die Sache war deswegen so obskur, weil eigentlich niemand das Prinzip der geschlechtlichen Vermehrung richtig verstand, und man war sich auch nicht sicher, ob sie bei Pflanzen überhaupt stattfand. Im Einklang mit den vorherrschenden Ideen von der männlichen Dominanz glaubte man, daß der männliche Teil, beim Menschen wie beim Tier, den Samen in den weiblichen Teil einpflanzte, der dann den Samen aufzog und Nachkommen nach dem Bildnis des Vaters schuf. Der weibliche Teil war lediglich der Boden, in dem der Sproß heranwuchs. Heute wissen wir natürlich, daß die Eigenschaften (das Blut oder die Gene) eines geschlechtlich gezeugten Nachkommens zu gleichen Teilen vom Vater und von der Mutter stammen.

Nachdem sie einmal beschlossen hatten, für ihren Obstgarten veredelte Bäume zu verwenden, mußten sie als nächstes geeignete Edelreiser und geeignete Unterlagen finden, mit denen sie verbunden werden konnten.

Die Kunst bestand darin, die Verbindungsstelle so präzise zu schneiden, daß die Kambiumschichten – das Teilungsgewebe – von Edelsorte und Unterlage deckungsgleich waren und zusammenwachsen konnten. Veredelungen sind immer «sortenrein». Tatsächlich wuchs der Teil des ursprünglichen Baumes einfach an einer anderen Stelle weiter. Doch die Unterlage, auf die der Trieb gebracht wird, beeinflußt die Wachstumsart des Baumes: eine schwachwüchsige Unterlage, wie etwa *Paradise,* bringt einen kleinen Baum hervor, der frühzeitig trägt und relativ kurz lebt, und eine sehr starkwachsende Unterlage, wie der Holzapfelbaum, ergibt einen großen Baum, der erst nach einer langen Wachstumsperiode trägt und sehr lange, an die 80 Jahre, lebt. Die Unterlage beeinflußt die Struktur des Baumes, aber verändert in keiner Weise seine genetische Zusammensetzung.

Mit Edelreisern, die Thomas und seine Mutter fanden, veredelten sie schließlich eine ganze Reihe von Bäumen. Obwohl es Unsicherheit bei der Benennung gab, hofften die Bartons, daß wenigstens einige Sorten von Wert sein würden. Sie hatten, so glaubten sie, *Queening, Sommer- und Winter-Pearmaines, Calvilles* (die eine helle Schale hatten), *Codlings* (oder *Falling Apples*) und einige *Russets.* Ein Nachbar schenkte ihnen einen Baum der Sorte *Baker's Ditch Apple,* was sie ein wenig amüsierte, weil sie, die ja Verwandte in den Niederlanden hatten, wußten, daß dies eine irrtümliche Bezeichnung für *Baker's Dutch Apple* war. Sie pflanzten auch einige Holzapfelbäume, eine Auslese aus dem Wald, sowie eine seltene Sorte aus Frankreich, *Court Pendu Plat,* die heute immer noch existiert und der große Bedeutung zukommt als einem Elternteil des schmackhaftesten Apfels der Welt, des *Cox Orange Pippin.*[b]

Die *Paradise*-Unterlagen wurden von einem *Paradise*-Apfelbaum gewonnen, der auf Bodenhöhe heruntergeschnitten wurde, wie die Kastanien im Wald. Der so entstandene Wurzelstock trieb daraufhin in seinem Umkreis Schößlinge. Diese wurden ausgegraben, bildeten einige Wurzeln an ihrem Boden, wurden unterhalb dieser Wurzeln vom Wurzelstock abgetrennt und in Reihen ausgepflanzt, bereit zur Veredelung. So waren sämtliche Unterlagen eines Wurzelstocks genetisch gleich, und somit bekam man gleichartige Bäume, wenn man auf sie die gewünschten Sorten veredelte. Doch das Problem war, daß es viele Sorten von *Paradise*-Äpfeln gab – wie die Bartons bald entdeckten. Mr A's *Paradise* konnte eine ganz andere Art von Pflanze sein als Mr B's, aus der einen konnte ein Zwerg entstehen und aus der anderen ein Riese. Genauso war es mit den Holzapfelbaumsämlingen, die auch bei einer gewissen Familienähnlichkeit äußerlich sehr voneinander abweichen konnten.

Zu Anfang dieses Jahrhunderts herrschte eine dermaßen große Verwirrung in bezug auf die Benennung von Apfelunterlagen, daß das Forschungsinstitut von East Malling bei Maidenhead in Kent mit Forschungsarbeiten begann, und nach brillanter Arbeit war es in den zwanziger Jahren in der Lage, *Paradise*-Unterlagen zu liefern, die eine Palette von Pflanzen produzierten, die vom sehr schwachwachsenden Typ M 9 bis zum sehr starkwachsenden Typ M 25 reichten.[c]

Der Apfelfruchtansatz kann, nachdem die Blüte verblüht ist, nur dann zu einem eßbaren Apfel heranwachsen, wenn die Blüte durch geeigneten, auf die Narbe abgelegten Pollen befruchtet wurde. Unter den richtigen Bedingungen keimt das Pollenkorn, wächst schnell im Innern der Narbe hinunter zum Fruchtknoten, wo die beiden Geschlechter verschmelzen und die Zygote oder den Embryo bilden. Die meisten Apfelsorten sind selbst-unfruchtbar, das heißt, daß Pollen von einer anderen Sorte benötigt wird, damit die Fruchtknoten befruchtet werden können, wodurch dann das Wachstum der Frucht eingeleitet wird. Außerdem sind ganz bestimmte Bedingungen erforderlich, um eine gute Fremdbestäubung zu erzielen. Einmal müssen natürlich die beiden Sorten zur gleichen Zeit blühen, und zum andern muß der Pollen mit der fraglichen Sorte verträglich sein.

Heutzutage werden Äpfel in vier größere Pollengruppen eingeteilt, und eine Sorte in einer Gruppe kann am besten durch eine andere Sorte aus derselben Gruppe befruchtet werden. So sollte *Cox Orange Pippin,* Gruppe 2, von einem anderen Apfel aus der Gruppe 2 befruchtet werden, wie etwa *Worcester Pearmain, James Grieve* oder *Bramley's Seedling.*

Die Bartons wußten nichts von der Notwendigkeit der Bestäubung und besaßen nur höchst ungenaue Vorstellungen über das Vorhandensein von Geschlechtlichkeit bei Pflanzen. Trotz ihres Unwissens, und doch vielleicht als Ergebnis genauer Beobachtung, hatten die Bartons das Gefühl, daß es für den Fruchtertrag günstig war, wenn ein paar Holzapfelbäume im Obstgarten standen. Auf irgendeine Weise, so glaubte man, übertrug sich die Lebenskraft der wildwachsenden Bäume auf die Kulturbäume. Tatsächlich halfen die Holzapfelbäume dem Obstgarten, Früchte zu tragen, doch nicht so, wie die Bartons annahmen. Holzäpfel sind gute Befruchter für alle Gruppen, und so führten die Holzapfelbäume in Bartons End zu einem guten Früchtesortiment im neuen Obstgarten. Auch heute noch werden in den Apfelbaumplantagen hier und dort Holzapfelbäume gepflanzt, nur weil sie eine so gute Quelle lebenskräftigen Pollens sind.

Der Apfelgarten wuchs und brachte sehr gute Erträge, und das ermöglichte eine Obst- und *Cider*-Produktion, die in späteren Jahren den Bartons und den Onways, ihren Nachfolgern in Bartons End, gut zustatten kam, als das Obst von Kent allmählich berühmt wurde.

Im Jahr 1605 pflanzte Thomas Barton ein paar Birnbäume in seinem Garten. Zu jener Zeit stand es um die Birnen ähnlich wie um die Äpfel. Es herrschte Verwirrung sowohl bei der Benennung der Sorten wie auch bezüglich der Unterlagen, auf die sie veredelt wurden. Kaum eine der Kultursorten, die Thomas damals pflanzte, existiert heute noch, es sei denn, sie wurden in der Zwischenzeit umbenannt, was gut möglich ist. Als Frühsorten hatte er *Fairest Supreme* und *Queen's Pear;* für den Herbst gab es *Muscat Fleury, Green Sugar* und *White Beurrée;* und für die Wintereinlagerung *Winter Beurrée, Dauphine* und *Colmar.* Propfreiser dieser Sorten wurden auf Sämlingsunterlagen von Birnen oder Quitten veredelt und bildeten eine Reihe verschieden großer Bäume. Es wurden auch vier Quitten und vier hochstämmige Kirschbäume gepflanzt, die alsbald die Familie jenen vermeintlichen Gefahren aussetzte, die der Verzehr frischen Obstes mit sich brachte. Derlei Vermutungen waren zu jener Zeit möglicherweise sogar berechtigt. Mit Hygiene war es nicht gut bestellt: Partikel von Misthaufen und Abtritten wirbelten umher, und auf der Schale des Obstes konnten sich pathogene Bakterien absetzen, die Krankheiten bei demjenigen verursachten, der es aß.

Nicht allein das Leben der Menschen und das Leben des Gartens in Bartons End beeinflußten einander, sondern im Garten selbst wirkte ständig ein komplexes System von Interaktionen; alles Teil des riesigen Getümmels, aus dem der Kampf ums Dasein besteht, bei dem der Mensch die Rolle des mächtigen Schiedsrichters spielt, der in gewissen Grenzen entscheidet, was Überleben darf und was nicht.

Eine Pflanze kann so schön sein, daß sie den Menschen besonders gut gefällt und deswegen in großem Umfang angepflanzt wird, wodurch sie weniger geschätzte oder weniger modische Arten verdrängt. Die frühen Dahlien zum Beispiel, die um 1740 aus Mexiko kamen, waren zunächst beim Adel sehr beliebt, und gegen Ende des Jahrhunderts, nachdem sie durch illegalen Verkauf durch Gärtner, durch Diebstahl oder als «Geschenke» aus den Adelsgärten entkommen waren, begannen sie sich über die ganze Gartenwelt auszubreiten. So hatten Dahlien mit ihrem Reiz den Menschen dazu gebracht, sie zu vermehren: ohne menschliche Hilfe hätten sie sich nie so stark ausbreiten können. Zweitens können sogar Pflanzen, die für den Menschen schädlich sind, eine solche Faszination auf ihn ausüben, daß sie intensiv kultiviert werden: Tabak ist ein Beispiel dafür. Obwohl seine Schädlichkeit heute bekannt ist – schon König James I. (1603–25) hatte vor Tabak gewarnt, und die meisten Ärzte von heute tun das auch –, wird er doch weitverbreitet in Gärten und als Kulturpflanze angebaut. Auf der anderen Seite haben Pflanzen wie Obst und Gemüse Einfluß auf den Menschen, indem sie ihn gesund halten. Andere liefern Nahrung für eine Vielzahl von Tieren, die gewöhnlich als Schädlinge bezeichnet werden!

Man könnte sagen, daß diese erfolgreichen Gartenpflanzen so etwas wie ein einschmeichelndes Verhalten an den Tag legen: indem ihre Nachkommen sich den Bedürfnissen des Menschen anpassen, können sie beim Kampf ums Dasein überleben. Doch einige sträuben sich auch – eine blaue Rose konnte, trotz intensivster Bemühungen, bis jetzt noch nicht gezüchtet werden. Doch bei entsprechender Manipulation bilden Pflanzen im allgemeinen bereitwillig aus ihrer Tiefe heraus jene rezessiven Gene, die ihre Gebieter zufriedenstellen. Die Gene, die eine Neuheit produzieren oder eine Verbesserung der Art, sind meistens bereits schon im Keimplasma der Pflanze enthalten, und durch die Launen geschlechtlicher Auslese, natürlicher oder künstlicher, können sie eines Tages in den nachfolgenden Generationen zum Vorschein kommen und so eine noch reizvollere Pflanze schaffen. Die Statue, so lehrt uns Aristoteles, ist bereits in dem Marmorblock; es bedarf nur noch des Bildhauers, sie zu befreien.

Über die Jahrhunderte waren Dichter immer wieder fasziniert von dem Frieden und der Ruhe eines Gartens, von der Schönheit der Blumen und Bäume. Wie Wordsworth, der das Leben der Menschen mit dem der Blumen vergleicht:

Umschwirrt von tausendstimmigem Lied,
Lag ich im Grase hingestreckt,
Mit sanfter Freude im Gemüt,
Die leicht in uns die Trauer weckt.

Ihr stolzes Werk verknüpft Natur
Der Menschenseele, die hier wacht;
Drum schmerzt es mich, zu denken nur,
Wozu der Mensch den Menschen macht.

Durch Primelbüsche jener Laube
Schlingt seinen Kranz das Immergrün,
Und jede Blume – ist mein Glaube –
Freut sich der Luft in ihrem Blühn . . .

Kann den Gedanken ich nicht hindern,
Der diesen Glauben mir gebracht,
Wie soll die Klage sich vermindern,
Wozu der Mensch den Menschen macht?

Doch im Garten geht es alles andere als friedlich zu. Er ist der Schauplatz eines nie endenden Kampfes ums Überleben. Der Kampf findet nicht nur zwischen verschiedenen Arten statt, sondern auch innerhalb einer Art. Wordsworth' Immergrün, das durch die Primelbüschel seinen Kranz schlingt, entzog der Primel das Licht, das diese für ein erfolgreiches Dasein dringend benötigte, und die hübschen Ranken, die sich durch Blätter und Blumen wandten, versuchten, diese zu erdrosseln. Der Eindringling bemühte sich auch, an geeigneten Stellen Wurzeln zu schlagen und aus dem Boden unter den Primelbüscheln Wasser und Pflanzennährstoffe aufzunehmen, wodurch er der Primel weitere lebenswichtige Nahrung entzog. Die Primel wiederum wehrte sich heftig gegen den Angriff des Immergrüns. Wordsworth' Primel breitete ihrerseits ihre Blätter in dem Versuch aus, das Immergrün abzudrängen, und konnte sogar milde Giftstoffe absondern, um solche dreisten Übergriffe zu verhindern. Selbst innerhalb des Primelbüschels grassierte der Konkurrenzkampf. Aufeinanderfolgende Blätter kämpften um ihre Existenz, jedes einzelne versuchte, für sich allein das verfügbare Licht und die Nährstoffe zu ergattern. Ein wahrhaft erbitterter Kampf, doch zu langsam, um vom Dichter bemerkt zu werden.

Jede Pflanze «freut sich der Luft in ihrem Blühen», das heißt, sie verwendet sie zu ihrem Nutzen und gibt sich alle Mühe, mehr davon abzubekommen als irgendeine ihrer Nachbarinnen. Nebenbei sei bemerkt, daß die Pflanze zwar auch etwas Sauerstoff braucht, doch in erster Linie hat sie's auf das Kohlendioxyd in der Luft abgesehen, sie bevorzugt also das, was wir als schlechte Luft bezeichnen würden. Die Abluft vom Kraftwerk ist, sofern sie schwefelfrei ist, der Pflanze viel lieber als der frische Wind, der vom Meer hereinbläst.

Die Schlacht unter den Pflanzen ist schonungslos. Die schwächeren werden weggedrückt und sterben oder werden von parasitären Pflanzen oder von Tieren angegriffen und hören auf zu existieren. Es gibt kein Mitleid, und die Welt der Natur ist bei weitem grausamer als die menschliche, denn selbst wenn der Mensch zu großer Brutalität fähig ist, zeigt er gegenüber seinen Mitmenschen doch auch oft Rücksicht und Mitleid – sogar in Kriegen werden Gefangene zum größten Teil so behandelt, daß sie überleben. Als Spezies ist der Mensch viel netter als die Primel.

Und was die Schönheit der Blumen und Bäume betrifft, so haben alle Merkmale, die uns in der Welt der Natur schön vorkommen – außer dort, wo der Mensch durch spezielles und oft spektakuläres Züchten eingegriffen hat –, einen praktischen Wert für die Spezies, die sie zur Schau trägt. Um ihre Nachfolge zu sichern, müssen die blühenden Pflanzen, die Phanerogamen, Samen produzieren, und dazu müssen die meisten von ihnen bestäubt werden. Außerdem ist es besser, wenn Fremdbestäubung erfolgen kann, damit vorteilhafte Veränderungen in der Spezies gebildet werden können. Diese Vereinigung von Geschlechtern verschiedener Abstammungslinien können Pflanzen mit günstigen oder ungünstigen Charakteristika hervorbringen. Die nicht begünstigten Sämlinge spielen keine große Rolle, sofern sie nicht zu zahlreich sind. Sie werden nicht überleben. Doch die Sämlinge mit einem neuen günstigen Merkmal in ihrer Zusammensetzung werden leben, und sie werden ihrerseits dazu neigen, dieses günstige Merkmal an ihre Nachkommenschaft weiterzugeben.

Blüten haben den Zweck, Insekten anzulocken und die Bestäubung zu gewährleisten. Insekten sind große Bestäuber, und so bilden die Pflanzen Blüten, um die Insekten, denen sie Pollen und Nektar anbieten, auf sich aufmerksam zu machen. Auf diese Weise haushaltet die Pflanze mit ihren Energiereserven. Die Blütenwerbung lohnt sich, da andernfalls sehr viel mehr Pollen produziert werden müßte. Die Herstellung des proteinreichen Pollens ist recht aufwendig: sie stellt hohe Anforderungen an die der Pflanze verfügbaren Licht- und Nährstoffreserven.

Einige Pflanzen – zum Beispiel die verschiedenen Getreide- und Grasarten – sind für ihre Bestäubung nicht auf Insekten angewiesen. Ihnen genügt der Wind, doch für die Bestäubung in der freien Natur müssen ungeheure Mengen Pollen produziert und unter günstigen Bedingungen freigelassen werden, damit sie mit dem Wind über Feld, Wald und Wiese treiben. Auf einem Weizenfeld wachsen mehrere Millionen Pflanzen Seite an Seite, und dort würde schon eine relativ kleine Menge Pollen eine Bestäubung bewirken, doch in der freien Natur müßte der Pollen einer Weizenpflanze mehrere Meter zurücklegen, bis er eine Empfängerpflanze findet. Das bedeutet, daß eine riesige Pollenwolke, die wertvolles Protein enthält, produziert werden muß, um die Befruchtung der meisten Pflanzen zu sichern.

Die Insekten sind für die Pflanzen so wichtig, daß sie viele Methoden entwickelt haben, um das zum Kuppler auserkorene Insekt in Versuchung zu führen. Am häufigsten sind auffallende Muster und Farben auf den Blütenblättern, die den Besucher zu den Nektardrüsen führen, und dabei wird er dann mit Pollen bedeckt. Da Insekten ultraviolettes Licht sehen können, wir Menschen aber nicht, sind viele solcher Leitlinien auf Blütenblättern für uns unsichtbar, aber man kann sie auf Fotos erkennen, die mit entsprechenden Filmen und Filtern aufgenommen wurden.

Es werden auch besondere Düfte verströmt, um die richtige Insektenart anzulocken. Manche Orchideen, Bohnen und andere Pflanzen sind mit einem Hebelmechanismus ausgestattet, der dafür sorgt, daß der Besucher mit Pollen bestäubt wird. Durch das Gewicht eines in die Blüte eindringenden Insekts werden die Pollensäcke niedergedrückt, und etwas Pollen wird auf dem Rücken des Eindringlings deponiert.

Fremdbestäubung ist für Pflanzen von so großer Bedeutung, daß sie bereit sind, die Insekten, die diese Aufgabe für sie erfüllen, mit einer Belohnung zu versorgen, deren Herstellung beträchtlichen Aufwand erfordert. Als Lohn produzieren die Pflanzen oft für ihre Bestäuber besonders viel Pollen, dazu kommt der Nektar, der ausschließlich für sie erzeugt wird. Bienen und Hummeln sind wichtige Kulturbestäuber, und im Laufe seiner langen Geschichte beherbergte der Garten der Bartons vielerlei Arten dieser Insekten.

Das Beispiel der Bienen und Hummeln ist interessant, weil gewöhnlich zwischen den Arten und innerhalb einer Art ein erbitterter Konkurrenzkampf um die verfügbaren Ressourcen in einer bestimmten Gegend herrscht, und doch scheint es einige Arten zu geben, die zu beiderseitigem Vorteil miteinander kooperieren. Ein Beispiel dafür sind die Bienen und Hummeln in Bartons End. Der Nektar vieler Blüten – wie der der Bohne – kann nur von den langrüsseligen Bienen erreicht werden. Um diesen Nachteil zu überwinden, beißen die kurzrüsseligen Hummeln *(Bombus lucorum, B. mastrucatus* und *B. terrestris)* Löcher in den Blütenboden und gelangen

Fingerhut und Hummeln

auf diese Weise an den Nektar. Diese Hummeln bezeichnet man als »primäre Räuber«, weil sie sich den Nektar nehmen, aber die Blume in keinem wesentlichen Maße bestäuben, obwohl durch die allgemeine Unruhe, die sie verursachen, durchaus ein Teil des kostbaren Staubes verstreut werden kann und selbstfruchtbare Pflanzen somit dennoch befruchtet werden. Das so entstandene Loch wird dann auch von Bienen, als «sekundären Räubern», benutzt, um an den Nektar heranzukommen. In Bartons End benutzten die Honigbienen, die lange Rüssel haben, also Nektar aus kelchförmigen Blüten saugen können, die von den Hummeln erzeugten Löcher, was ihnen die Arbeit erheblich erleichterte. So kamen sie in den Besitz des Nektars, ohne den Blumen den erwünschten Dienst zu erweisen. In Zeiten, wo die «primären Räuber» besonders zahlreich waren, wurden die Perforationen von den Honigbienen ausgiebig genutzt, so daß die Bestäubung und somit die Befruchtung vieler Pflanzen nicht so gut war, obgleich der Honigertrag hoch oder sogar außergewöhnlich hoch sein mochte.

Es liegt nahe, daß es für jede Pflanzenart, die Bestäuber anlocken will, von Vorteil ist, wenn das Insekt, das sie besucht und Pollen und/oder Nektar sammelt, gleich danach losfliegt und eine Pflanze der gleichen Art aufsucht. Es nützt weder der einen noch der anderen Pflanze etwas, wenn, sagen wir, eine Biene sich mit Bohnenpollen bedeckt und dann losfliegt, um in eine Fingerhutblüte zu kriechen. «Blumenstetigkeit» ist wichtig, und der Duft und der Geschmack bestimmter Pollen- und Nektararten können durchaus das Insekt auf eine bestimmte Spezies «festlegen». Es ist sogar möglich, daß die halluzinatorischen Substanzen, die von bestimmten Pflanzen gebildet werden, wie etwa Kokain (obwohl dies hauptsächlich in den Blättern enthalten ist), eine Methode sein können, Blumenstetigkeit zu gewährleisten. Was ist mit dieser Biene, die da an einem Fingerhut arbeitet, von unten nach oben, von Blüte zu Blüte, und dann zum nächsten Fingerhut fliegt, der in der Nähe steht – tut sie das nur, weil sie zufällig mit dem Fingerhut angefangen hat und die nächste erreichbare Blume die Blüte direkt darüber ist, oder ist sie auf die Digitalisdroge «festgelegt» und hat einen herrlichen Trip vor sich? Pflanzen sind einfallsreiche Mechanismen.

Das Zusammenwirken zwischen Insekten und Blumen, um die Bestäubung sicherzustellen, ist bemerkenswert. Einige Pflanzen, wie Rittersporn, der Blaue Eisenhut und das Weidenröschen, haben Blüten, die spiralenförmig um einen Stengel angeordnet sind. Der Rittersporn ist auf eine Koexistenz mit Hummeln eingerichtet. Die untersten Blüten des Ritterspornstengels enthalten mehr Nektar als die oberen, und eine Hummel, darauf bedacht, Zeit und Energie zu sparen, fängt so am unteren Teil des Stengels an und arbeitet sich nach oben. Gewöhnlich verläßt die Hummel den Stengel, bevor sie die Spitze erreicht. Wenn sie den Nektar aus einer Blüte aufgesaugt hat, fliegt die Hummel weiter senkrecht nach oben zu einer anderen Blüte, für sie die nächstliegende, allerdings nicht die nächste in der Spirale. Hummeln sind schwer, das Fliegen verbraucht eine Menge Energie, und oft befördern sie auch noch ein gutes Dutzend Passagiere – Milben wie *Parasiticus fucorum.*[d] Im Bewußtsein, daß sie Energie sparen muß, steigt unsere Hummel eine Sprosse höher und ist bald wieder an der Arbeit. Die unteren Blüten erwarten Pollen, produzieren ihn aber nicht, und die oberen Blüten produzieren Pollen, brauchen ihn aber nicht, da ihre weiblichen Organe unvollkommen sind. So fliegt die Hummel, bedeckt mit Blütenstaub, von der Stengelspitze weg und beginnt wieder von unten an einem anderen Stengel, wo sie etwas von dem Pollen, der an ihrem pelzartigen Körper klebt, abstreift. Auf diese Weise ist die Fremdbestäubung gewährleistet, die für die Entwicklung von Nachkommen so wichtig ist, damit sie sich neuen Bedingungen anpassen oder die bestehenden besser ausnutzen können. Die beiden Arten haben sich zu ihrem beiderseitigen Vorteil einander angepaßt. Beide haben sich im Garten von Bartons End und in vielen anderen Gegenden erstaunlich gut behauptet.

Als anfangs Gestrüpp und Wald gerodet wurden, um für das neue Haus und den Garten Platz zu machen, wurden viele Pflanzen- und Tierarten vernichtet, doch einige, wie die Maulwürfe, waren in der Lage, sich den neuen Bedingungen schnell anzupassen, sich auf ein Leben im Garten umzustellen und auf diese Weise zu überleben.[53] Der Maulwurf, ein erfinderisches und anpassungsfähiges Tier, entdeckte bald, daß die Rasen und Gartenbeete in Bartons End ebensoviel, wenn nicht mehr, gute Nahrung lieferten wie sein heimatlicher Wald. Die Bartons ihrerseits empfanden die Maulwurfshaufen, die *tumps,* bald als eine Plage und bekämpften sie mit allen Mitteln.

Sie glaubten, die Maulwürfe würden auf der Suche nach Nahrung unter ihrem Rasen Tunnel bohren, eine auch heute noch verbreitete Ansicht, die jedoch falsch ist. Die Anlage dieses Systems unterirdischer Röhren macht viel Arbeit, und obwohl die Maulwürfe bei ihrer Grabarbeit alles Eßbare, das ihnen begegnet, fressen, ist das keineswegs der eigentliche Zweck der ganzen Übung. Auf diese Weise Nahrung zu sammeln, wäre viel zu aufwendig. Die Tunnel dienen dem Maulwurf zeitweilig als Brutkammern und im wesentlichen als Jagdröhren, in die grabende Würmer und Insekten fallen. Mit der recht ordentlichen Geschwindigkeit von fast 4 Kilometern pro Stunde macht der Maulwurf regelmäßig die Runde in seinem Röhrensystem und frißt seine Beute, bevor diese dazu kommt, wieder in der Erde zu verschwinden. Wenn das Tunnelsystem erst einmal angelegt ist, hält es sehr lange, obwohl ein gewisses Maß an Instandsetzungsarbeiten vorgenommen werden muß. Dabei entstehen die Maulwurfshaufen, die von Zeit zu Zeit hochgedrückt werden.

Ein Maulwurfshaufen ist der Bauschutt, der bei der Ausschachtung des Tunnels im Erdreich anfällt. Die Röhren können ein gutes Stück unter der Erde liegen, ein halber Meter ist durchaus normal. Bei den Maulwurfshaufen befinden sich natürlich auch die Aus- und Eingänge zu den Tunneln. Am senkrechten Schacht kann die ausgeworfene Erde gut und gerne an die 5 Kilogramm wiegen, und das ist eine Menge Erde, die da ein etwa 100 Gramm schweres Tier innerhalb von 20 Minuten bewegt – das ist die Zeit, die ein Maulwurf im Durchschnitt braucht, um einen Hügel aufzuwerfen. Die bewegte Erde beträgt ungefähr das 50fache seines Körpergewichts. Der Bergarbeiter vor Ort bewegt, mit allen möglichen mechanischen Hilfen, ungefähr eine Tonne Kohle pro Stunde, also in 20 Minuten etwa das Fünffache seines eigenen Gewichts.[e] Bei einem 200 Yards [etwa 180 m] langen Tunnel heißt das also, daß ein Maulwurfspaar ungefähr eine Tonne Erdreich bewegt hat, um sein System anzulegen.

Regenwürmer sind die Hauptnahrung der Maulwürfe, und daher legen sie gern ihre Jagdröhren auf Gelände an, wo diese Tiere in großer Zahl auftreten, also im Rasen und in humusreichen Böden. Für das Graben, für das sie nur ihre Vorderbeine benutzen, sind sie bestens ausgestattet. Die Hinterbeine dienen dazu, den Körper an der Tunnelwand zu verankern, wozu zusätzlich auch noch eine Vorderpfote – oder Hand – benutzt wird. Auf diese Weise verankert, schaufelt der Maulwurf mit seiner freien Pfote die Erde hinter sich. Nachdem er eine Zeitlang mit der einen Pfote gearbeitet hat, benutzt er die andere. Er kann auch mit seinem Körper im Tunnel rotieren und sogar auf dem Kopf arbeiten. Wenn sich eine bestimmte Menge Schutt hinter dem Tier angesammelt hat, dreht es sich im Tunnel um und schiebt die Erde mit seinen Vorderbeinen zu einem senkrechten Schacht, dann wird die Erde durch den Schacht nach oben gedrückt und aus dem System ausgestoßen. Da es hier so viel zu graben gibt, besitzt der

Maulwurf eine sehr kräftige Rückenmuskulatur, und die Vorderbeine sind für das Graben sehr gut eingerichtet, sie haben sogar so etwas wie einen sechsten Finger (den Sesamknochen des Handgelenks), der die «Grabkralle» breit und steif macht.

Der Schwanz des Maulwurfs ist ein wichtiges Organ. Die meiste Zeit wird er aufrecht, in Berührung der Tunneldecke, gehalten und liefert seinem Besitzer so Informationen über seinen relativen Standort in einem Tunnel.

Im Kopf besitzen die Maulwürfe eine Reihe von Sinnesorganen. Sie sind nicht etwa blind, wie manchmal angenommen wird, sondern haben nur kleine Augen. Da sie den größten Teil ihres Lebens unter der Erde verbringen, ist das Sehvermögen nicht von erstrangiger Bedeutung. Sie haben auch Ohren, die ziemlich klein sind, woraus man schließen kann, daß das Gehör nicht besonders scharf ist. Andererseits wird sich der Schall im Tunnelsystem sehr leicht fortpflanzen können, so daß kein besonders empfindliches Gehör nötig ist.

Der Maulwurf besitzt jedoch einen sehr ausgeprägten Tastsinn, sowohl in der Schnauze als auch über steife Borsten an verschiedenen Stellen seines Körpers. Diese Organe ermöglichen ihm die Wahrnehmung von Wärme, Kälte, Schmerz und Erschütterung, wobei letzteres womöglich für die Maulwurfsbekämpfung von Bedeutung ist. Die langen Schnurrhaare geben dem Maulwurf, ähnlich wie bei der Katze, eine Menge Aufschluß über seine Umgebung. Wenn er im Dunkeln durch sein Labyrinth von Gängen eilt, muß er vermeiden, gegen die Wände zu laufen, besonders bei Gabelungen. Die Schnurrhaare reagieren auf die leiseste Berührung eines festen Gegenstandes und höchstwahrscheinlich auch auf Luftdruckwellen und ermöglichen so dem Tier, Nahrung zu lokalisieren und Hindernisse zu orten, bevor es mit ihnen zusammenstößt.

Maulwürfe besitzen, wie die Mäuse, einen ausgeprägten kinästhetischen Sinn, das heißt, sie können sich eine Sequenz von Handlungsschritten merken, die zu einem bestimmten Resultat führen. So weiß der Maulwurf, daß er seinen Schlafplatz oder «Bau» erreicht, indem er soundsoviele Schritte hier oder dort entlang geht oder an einer Gabelung rechts oder links einbiegt. Auch Menschen besitzen, in geringem Maße, diesen kinästhetischen Sinn. Wenn wir im Dunkeln einen uns vertrauten Raum betreten, geht die Hand genau an die richtige Stelle und schaltet das Licht an: normalerweise müssen wir nicht lange nach dem Schalter herumtasten. Beim Maulwurf ist dieser kinästhetische Sinn sehr viel stärker entwickelt als bei uns und

Maulwurf und Jagdröhren

ermöglicht ihm so, ein erfolgreiches Leben in seinem weitläufigen «Untergrund» zu führen.

Die Nestkammern sind ausgeschaufelte Hohlräume in der Erde, mit trockenem Gras und vertrockneten Blättern ausgelegt. Die Weibchen gebären und ziehen dort ihre Jungen auf, und außerhalb der Fortpflanzungszeit können die Männchen die Nestkammer als Schlafplatz benutzen. Die Burgen sind etwas geheimnisvoller. Es sind die großen, überirdischen Maulwurfshügel, manchmal einen knappen Meter hoch, die gelegentlich zu einem Tunnelsystem gehören. Burgen enthalten gewöhnlich mehrere Nestkammern und dienen den Tieren womöglich als Zufluchtsort, wenn im Winter die Tunnel durch schwere Regenfälle überflutet werden.

Auch heute noch leben Maulwürfe in den Gärten von Bartons End: hin und wieder erhebt sich im Obstgarten, im Gebüsch oder in den Blumen- und Gemüsebeeten ein Hügel, doch auf den Rasenflächen sind sie seit zwanzig Jahren nicht mehr gesehen worden; das liegt daran, daß der Lärm und die Erschütterungen von Zwei-Takt-Motorrasenmähern sowohl die Maulwürfe als auch die Regenwürmer, ihre Hauptnahrungsquelle, vertrieben haben. Maulwürfe können vier oder fünf Jahre alt werden, und so sind die derzeitigen Exemplare ungefähr die 190. Nachfolgegeneration jener Tiere, die damals in John Bartons Garten lebten.

In all den Jahren hat man alle möglichen Maßnahmen gegen sie ergriffen. So hatte im Sommer 1625 Mark Barton seinen Gärtner darauf angesetzt, einen Maulwurfshügel zu beobachten, der sich auf dem *Long-walk* aufgewölbt hatte. Sowie das Tier auftauchte, konnte der Mann es entweder mit den Händen fangen oder mit einem Spaten töten. Professionelle Maulwurffänger wurden ermuntert, auf den Feldern und in den Gärten der Bartons zu arbeiten. Als Belohnung bekamen sie die Felle, die sehr gefragt waren und aus denen Mützen, Westen und Damenmäntel hergestellt wurden. Isaac Munroyd bezahlte seinem Maulwurffänger jährlich zu Weihnachten sogar £ 2, erlaubte ihm, die Felle zu behalten, und forschte nicht zu genau nach, ob der Mann gelegentlich auch ein Kaninchen oder einen Fasan mitgehen ließ.

Die Maulwurffänger verwendeten Holzfallen, die in die Jagdröhre gelegt und durch einen elastischen, gebogenen Zweig, vielleicht eine Weidenrute, ausgelöst wurden. Der Köder bestand aus einem Wurm oder einem Stück Fleisch. Die Fallen waren schwer und mühsam herumzutragen und aufzustellen. Und es war keineswegs so, daß sie die Tiere immer fingen. Wenn ein Maulwurf auf einen fremden Gegenstand in seiner Jagdröhre stößt, schaufelt er oft einen Umgehungstunnel um das Hindernis herum. Selbst wenn ein Maulwurf gefangen wird, bedeutet das nicht notwendigerweise das Ende jeglichen Maulwurftreibens in dem Tunnelsystem. Denn dieses System ist das Revier des Maulwurfs, und als solches wird es von seinem Bewohner sehr energisch verteidigt. Obgleich die Geburtenrate nicht hoch ist, gibt es gewöhnlich, jedenfalls im Sommer, eine Reihe von jungen, ausgewachsenen Maulwürfen, die ein Revier für sich suchen, eins, das nicht von einem erfahrenen Bewohner verteidigt wird. Wenn ein Maulwurf getötet wird, können seine Tunnel schnell von einem aktiveren Tier belegt werden, ein für den professionellen Maulwurffänger höchst willkommener Umstand. Der Maulwurfmann konnte so auf einem stark befallenen Gelände reiche Beute machen und Schäden an Ernte, Weide oder Garten reduzieren, doch eine wesentliche Verringerung der Gesamtpopulation der Maulwürfe in seiner Gegend konnte er damit nicht bewirken.

Als Sophia Munroyd, ordentlich eingepackt, an einem Wintertag im Jahr 1794 einen Spaziergang durch den Garten in Bartons End machte, sah sie zu ihrer Überraschung, wie sich ein Maulwurfshügel aus brauner Erde durch den leuchtenden Schnee schob, bis zu 10 cm über den Rasengrund. Es war ein bemerkenswerter Anblick. Der Maulwurfshügel, der sich da aus dem Schnee erhob, verleitete sie zu glauben, die kleinen Tiere könnten durch festes Eis und granithart gefrorene Erde bohren und daher mit den *hard rock men* in Böhmen und Cornwall verglichen werden, den Bergarbeitern, die berühmt dafür waren, daß sie sich durch den härtesten Felsen arbeiten konnten. Tatsache ist, daß schneebedeckte Erde selten tiefer als ein oder zwei Millimeter friert, und der kleine Bergarbeiter, den Sophia bei der Arbeit beobachtete, grub nur ganz normal. Manchmal graben Maulwürfe Gänge zwischen Erde und Schnee, die dann wie oberirdische Laufstraßen aussehen, wenn der Schnee geschmolzen ist.

Sophia widerstrebte es, diese bemerkenswerten Tiere zu töten, und so überlegte sie sich, wie sie sie dazu bringen konnte, ihren Rasen in Ruhe zu lassen. Sie entdeckte, daß die Tiere vertrieben werden konnten, wenn man ihnen ältere Blätter oder Blumen in die Gänge legte, eine Methode, die immer noch zu funktionieren scheint, vorausgesetzt, daß die Blätter etwa wöchentlich erneuert werden. Doch diese Methode ist, wie immer bei Schädlingsbekämpfungsmaßnahmen, die auf Abschreckung basieren, nur wirksam, wenn das vertriebene Tier woandershin ausweichen kann. Mit anderen Worten, man scheucht den Schädling auf das Nachbargrundstück, doch wenn der Nachbar auch Repellentien verwendet, könnte der Schädling beschließen, zu bleiben, wo er ist – so unangenehm das auch sein mag –, weil es keine bessere Alternative gibt.

Die heute üblichen Tötungsmethoden sind entweder das Begasen mit Blausäure – ein schnellwirkendes, tödliches Gift – oder das Ködern mit in Strychnin getränkten Regenwürmern. Strychnin ist auch ein hochgiftiger Stoff, der jedoch einen qualvollen Tod verursacht. [Nach Vorschrift des Artenschutzgesetzes dürfen Maulwürfe in der BRD ohne behördliche Genehmigung nicht mehr bekämpft werden. Anm. d. Ü.]

Maulwürfe ernähren sich hauptsächlich von Regenwürmern, doch fressen sie auch Mäuse, tote Vögel, Eier und Jungvögel, Schnecken und Insekten und, in kleinen Mengen, pflanzliche Nahrung. Sie legen Vorräte mit lebenden Regenwürmern an, denen sie den Kopf abbeißen, so daß die Würmer am Leben bleiben, aber keinen Versuch machen zu entkommen. Regenwürmer haben eine angeborene Angst vor Maulwürfen: oft merken sie es, wenn sich ein Maulwurf nähert, und hasten manchmal sogar an die Oberfläche, um ihm zu entkommen. Ist ein Rasen frei von Regenwürmern, entweder aufgrund des hohen Säuregehaltes des Bodens oder als Folge einer Behandlung durch wurmtötende Mittel, wird er auch kaum Maulwürfe beherbergen.

3. Kapitel

Thomas Bartons Garten

1599–1629

Der Long-walk und Rasen

Als seine Mutter im Jahr 1610 starb, war Thomas Barton gerade dabei, mit Hilfe seines inzwischen 25jährigen Sohnes Mark einen *Long-walk* anzulegen. Er war für das Bogenschießen gedacht – ein Sport, der staatlich gefördert wurde, da das Schießpulver den Bogenschützen in Kriegszeiten noch nicht ganz überflüssig gemacht hatte. Mark wollte ein *Bowling-Green* anlegen, doch das erlaubte sein Vater ihm nicht – *Bowls* war damals sehr beliebt, es wurde hoch gewettet und heiß gestritten, so daß das Spiel offiziell mißbilligt wurde. Nach einem Gesetz von 1541, das 1610 noch wirksam war, war jeder, der ein Grundstück im Wert von £ 100 pro Jahr besaß, verpflichtet, eine Genehmigung einzuholen, wenn er ein *Bowling-Green* anlegen wollte. Man hielt *Bowls* für ein jugendgefährdendes Freizeitvergnügen. Mark akzeptierte die Entscheidung seines Vaters, lernte Bogenschießen und wurde ein sehr guter Schütze.

Der *Long-walk* verlief vor der Südecke des Hauses von Ost nach West. Vater und Sohn beschlossen, den *Walk* mit Gras zu bepflanzen, ihn mit einer Einfassung aus Kamille und Thymian zu versehen und ihn an der Südseite mit einer Zwergbuchsbaumhecke und an der Nordseite mit einer Eibenhecke zu begrenzen, die jedoch nur sehr langsam wuchs. Die Strecke war 115 Yards [etwas über 100 Meter] lang und existiert heute noch.

Der schwere Boden wurde sorgfältig vorbereitet. Ende August 1610 wurde er von einem Pferde-Doppelgespann gepflügt, und mehrere Ladungen Stallmist wurden ihm beigemischt. Es war bezeichnend für Thomas' lebhaftes Interesse am Garten, daß er einen Teil dieses wertvollen Produkts für so einen nichtigen Zweck von seinen Feldern abzweigte. Im September wurde der *Long-walk* nochmals gepflügt, dann geeggt und gewalzt. Der nächste Schritt bestand darin, Steine zu entfernen, noch übriggebliebene Klumpen zu zerbröseln und dann die Fläche mit der Hand zu hacken, bis man eine feine Krume bekam. Man beschloß, so viel Rasensode wie möglich von naheliegenden Schafweiden auf den North Downs einzusammeln, doch der Transport war so schwierig, daß nicht mehr als ein paar Yards beim hintersten Schießstand mit Sode bedeckt wurden. Thomas' Methode bestand darin, die Sode mit dem Gras nach unten aufzulegen und sie mit einem großen Holzschlegel festzuklopfen. Sie wurde feucht gehalten, und bald kam das Gras durch und bildete eine geschlossene Narbe. Die restliche Fläche des *Long-walk* mußte besät werden. Während des Sommers hatte man im Heuschober und um die Heuhaufen herum sorgfältig die Heusamen gesammelt, die dann in ziemlich großer Aussaatstärke breitwürfig in das Beet eingesät wurden. Das Saatgut bestand aus einer Mischung verschiedener, meist ziemlich grober Gräserarten. Wieder wurde die Fläche leicht gehackt und gewalzt.

Die Heusamenmischung war keineswegs die für einen Rasen am besten geeignete. Die Grasarten, die viel gutes Heu oder üppiges Viehfutter ergeben, ergeben nicht gleichzeitig einen dichten, gepflegten Rasen. Die Weiden von Kent, vor allem jene im Romney Marsh, waren berühmt dafür, die Schafe fett zu machen, und enthielten einen beträchtlichen Anteil von Deutschem Weidelgras (auch als Englisches Raygras bekannt) und eine ordentliche Menge Weißen Klee – damals vor kurzem erst aus den Niederlanden eingeführt – sowie andere einheimische Kleesorten. Im Heusaatgut fanden sich auch noch andere Gräserarten wie Straußgras, Schwingel, Kammgras, Hain-Rispengras, und es waren gerade diese, vom landwirtschaftlichen Standpunkt aus gesehen, minderwertigeren Gräser, die sich für einen Rasen am besten eigneten.

Das Heu jener Tage enthielt auch eine Reihe von Blumen, die die Landwirte im 19. Jahrhundert und bis vor kurzem als Unkraut betrachteten. Doch heute meinen manche Leute, daß diese Blumen wertvoll für die Tiere sein könnten, die damit gefüttert werden: möglicherweise liefern einige Unkrautpflanzen, wie der Löwenzahn, verschiedene Substanzen, die für eine gute Ernährung wichtig sind. Die Heufelder der Bartons waren oft mit reizvollen Blumen geziert: es wuchsen dort Butterblumen, Gänseblümchen, Klappertopf – ziemlich schädlich für Viehfutter, da er giftig ist, doch das Vieh mied diese Pflanze –, Kleine Braunelle, Flockenblume, das Kleine

Knabenkraut, Platterbsen und Winden, die an den Grasstengeln emporkrochen. Ampfer wurde auch auf Weiden gefunden und war schädlich: ein spezielles, schaufelähnliches Werkzeug an einem langen Griff wurde benutzt, um diese Pflanzen herauszubekommen.

Das Heusaatgut enthielt zusätzlich zu den Gräsersamen natürlich auch Samen dieser Blumen und Unkräuter, doch die Gärtner in jener Zeit sahen es gerne, wenn Blumen auf ihrem Rasen wuchsen, so daß niedrigwachsende Pflanzen, wie Gänseblümchen und Klee, und sogar hin und wieder ein Löwenzahn, willkommen waren. Ein Fleckchen mit höheren Blumen durfte durchaus hier und dort erscheinen, und die Mäher paßten auf, daß sie sie bei ihrer Arbeit nicht beschädigten. Natürlich keimten alle möglichen Unkräuter zusammen mit den Grassamen.

Nachdem die Grassamen eingesät waren, ging es jetzt darum, die Vögel daran zu hindern, sie aufzupicken. Die Vögel benahmen sich so, als wären sie plötzlich und auf unerklärliche Weise mit einem Riesenvorrat an Kleinkornnahrung versorgt worden, der vor allem dazu diente, sie für den herannahenden Winter zu stärken. Genau diesen Eindruck vermitteln die Vögel auch heute noch demjenigen, der Gras sät. Die Kinder der Farmarbeiter wurden mit der Aufgabe betraut, die Vögel von diesem Irrtum zu befreien. Es machte ihnen ziemlich großen Spaß, obwohl zumindest einige von ihnen von Sonnenaufgang bis Sonnenuntergang auf dem Gelände sein mußten. Ihr Vergnügen bestand darin, ungestraft eine Menge Lärm machen zu dürfen und mit ihren Schleudern und kleinen Steinen ein Zielschießen auf die Räuber zu veranstalten. Der reinste Feiertag, und es gab Belohnungen, vielleicht ein Stück Kuchen oder etwas Brot mit Honig.

Bald nach den ersten Herbstregen im Oktober zeigte sich das erste Grün des Grases, und auch das Unkraut kam hoch. Die groben Gräser und die unerwünschte Quecke breiteten sich schneller aus als die feineren Sorten, Weidelgras und Schwingel, und es hätte sich bald wieder eine Heugrasnarbe gebildet, wenn man nicht dagegen vorgegangen wäre.

Als erste Maßnahme wurde das schlimmste Unkraut beseitigt. Bei schönem Wetter im November und Dezember erhielten die älteren Kinder den Auftrag, den jungen Rasen an mit Schnüren markierten Streifen entlang Meter um Meter abzusuchen und unerwünschte breitblättrige Sämlinge wie Ampfer, Wegerich und die meisten Löwenzahnpflanzen mit einem abgebrochenen Messer oder einem ähnlichen Werkzeug zu entfernen. Die Gänseblümchen und den neu eingeführten Weißen Klee sollten sie stehenlassen. Ein altes Sprichwort lautet: «Wenn man den Fuß auf sieben Gänseblümchen gleichzeitig setzen kann, weiß man, daß der Sommer da ist.»

Danach wurde der Rasen mit einer leichten Holzwalze gewalzt. Das geschah ein oder zwei Tage vor dem nächsten Schritt, dem Mähen. Ständiges Mähen unterstützt die feinen Gräser und stutzt die groben zurück. Gemäht wurde hauptsächlich mit einer kleinen Rasensense, doch für die schwierigen Stellen konnten auch die Scheren, die man bei der Schafschur verwendete, benutzt werden. Es war eine mühsame Arbeit, und außer auf den Bowling-Greens mähte man nicht so oft, wie man es heute machen würde. Ein gutgepflegter Rasen war ein Zeichen des Wohlstands: man mußte viel Arbeit in ihn hineinstecken. Wenn man einen Rasen kunstgerecht mähen wolle, so wurde behauptet, müsse man das tun, solange das Gras noch taufeucht sei, doch gab es auch Spötter, die meinten, daß dieses Sprichwort nur dem Zweck diene, die Männer dazu zu bringen, morgens in aller Frühe zu arbeiten. Das Mähen des Rasens war eine schwierige Aufgabe, und die Männer erfüllten sie mit großer Gewissenhaftigkeit. Ein geübter Mann hinterließ keinerlei Spuren auf der Oberfläche, anders als heute, wo die Walzenrasenmäher lange Streifenmuster verursachen. Einige von Thomas' Mähern fanden ein ganz besonderes Vergnügen daran, ihre Sensen überflüssigerweise frühmorgens in der Nähe des Hauses an einem Schleifstein zu schärfen. Das machte gewaltigen Lärm, doch es hatte keinen Zweck, wenn sich der Herr beklagte: hatte er nicht darauf bestanden, daß das Gras taufrisch zu schneiden sei?

Während der Rasen sich entwickelte, wurde er in regelmäßigen Abständen gestängt, gewalzt – jetzt wurde eine schwere Steinwalze verwendet – und gemäht, und das Schnittgut wurde anschließend abgerecht. Das Stängen geschah mittels einer 4 bis 5 Meter langen spitzzulaufenden Stange aus Eschenholz, die über die Oberfläche geführt wurde und die die Losungshäufchen der Regenwürmer umstieß und verteilte. Gewalzt wurde nur, wenn der Boden trocken war.

1615 hatte Thomas Barton bereits eine schöne Grasfläche, mit der er zufrieden war, wenngleich der Gärtner von heute über die vielen Blumen darauf die Stirn gerunzelt hätte. Im Herbst düngte Thomas Barton seinen Rasen stets mit gut kompostiertem Stallmist, was sehr dazu beitrug, den Rasen in gutem Zustand zu halten.

1616 begannen sich auf dem Rasen etliche Vertiefungen und Erhöhungen zu zeigen. Das Bogenschießen wurde dadurch zwar in keiner Weise beeinträchtigt, doch Thomas Barton fand die Unebenheiten unansehnlich und machte sich daran, sie zu beseitigen. Vertiefungen waren schlimmer als Erhöhungen, weil sich in ihnen das Wasser sammelte und das Gras ertränkte. Für beide Probleme gab es eine einfache Lösung. Die Sode wurde herausgestochen, zurückgefaltet und Erde entweder hinzugefügt oder weggenommen, dann wurde die Sode wieder eingesetzt, festgeklopft und gewässert.

Das nächste Problem war die beträchtliche Abnutzung bei den Schießmarken, 100, 80 und 60 Yards von den Zielscheiben entfernt, wo die Sode besonders beansprucht war. Dies Problem wurde gelöst, indem man die Zielscheiben um ein paar Yards nach Westen oder Osten verschob und die beschädigten Flächen neu besäte. Wenn die Zielscheiben verschoben wurden, mußten sich natürlich auch die Schießmarken ändern. Thomas war sehr an einem gepflegten Rasen gelegen, und ihm wurde klar, daß in seiner Grasnarbe grobe Gräser oder hochwachsende Blumen eigentlich nichts zu suchen hatten. Er durfte also kein Heusaatgut mehr verwenden, wenn er abgenutzte Stellen neu besäen oder neuen Rasen anlegen wollte, und so machte er sich zusammen mit seiner Familie an die Aufgabe, Grassamen von Hecken und Wiesen einzusammeln, wobei er die einzelnen Arten voneinander getrennt hielt. Sie stellten fest, daß Flechtstraußgras und Rispengräser sich schnell ausbreiteten und bald die abgenutzten Stellen wieder ausfüllten. Seine Frau, Elizabeth Barton, begann diese Gräser anzubauen, und mit den verschiedenen Arten, die sie gesammelt hatten, säte sie kurze Reihen in ihrem Gemüsegarten. Dies war eine weitere gärtnerische Maßnahme, die der Familie Geld einbrachte: ihr Rasensaatgut war bald sehr gefragt.

Im Jahr 1625 war der *Long-walk* schon sehr erneuerungsbedürftig geworden. Überall sproß Unkraut hervor, und auch die Gänseblümchen, so hübsch sie auch waren, hatten überhandgenommen. Hauptursache dafür war die Auslaugung des Bodens. In jenem Frühling und Sommer konstruierte Thomas einen Gänseblümchenschneider aus einem alten, geschärften Pallasch, der an einer langen Stange befestigt war und vorwärts und rückwärts über die Narbe geschwungen wurde.[a] Da er zweischneidig war, schnitt das Schwert die Blumen bei beiden Bewegungen ab. Diese Methode war allerdings nicht die ideale Lösung für das Gänseblümchenproblem, denn obgleich sie die störenden Blumen beseitigte, stärkte sie wahrscheinlich die Gänseblümchenpflanzen, indem sie die Nährstoffe, die dem Samen zugute gekommen wären, auf die Entwicklung vegetativen Wachstums umleitete, was noch kräftigere Gänseblümchenkolonien zur Folge haben mußte.

Im Frühjahr und Sommer 1626 wurden die Kinder der Farm ein weiteres Mal herbeigerufen, um Gänseblümchen, Löwenzahn, Wiesen-Ferkelkraut, Wegerich, Acker-Kratzdistel, Huflattich, Butterblumen und alle anderen starkwachsenden breitblättrigen Pflanzen zu entfernen, die das Gras verdrängten. Der Existenzkampf, der auf dem Rasen stattfand, war genauso erbittert wie überall; er wurde pausenlos zwischen den Pflanzen und Tieren geführt und durch menschliches Tun sehr beeinflußt. Von Zeit zu Zeit griff der Mensch ein, um die Zustände, die er haben wollte, wiederherzustellen, so zum Beispiel, als Thomas Barton gegen das Unkraut einschritt, das von seinem *Long-walk* Besitz zu ergreifen drohte.

Viele dieser Unkrautpflanzen haben Pfahlwurzeln und enthalten beträchtliche Reserven an Pflanzennährstoffen, die es der Pflanze ermöglichen, neue Triebe zu entwickeln, jedesmal wenn der oberirdische Teil der Pflanze abgeschnitten wird. Doch wenn die Pfahlwurzel beschädigt wird, stirbt die Pflanze gewöhnlich. Gras dagegen hat Faserwurzeln und produziert ständig neue Wurzeln. Seine Fähigkeit, sich nach Beschädigung zu regenerieren, ist sehr groß. Am häufigsten wird es durch das Grasen der Tiere und das Mähen beschädigt, was für das Gras, oberflächlich gesehen, mehr oder weniger dasselbe ist.

Doch die verschiedenen Tierarten grasen auf unterschiedliche Weise. Pferde öffnen ihre Lippen und beißen das Gras mit den oberen und unteren Schneidezähnen ab. So können sie das Gras nah am Boden abbeißen, und ein kurzer dichter Rasenwuchs ist für sie gerade das Richtige. Da sie keine Wiederkäuer sind, müssen sie die Nahrung gleich zerkauen und grasen daher viel langsamer als Kühe oder Schafe, die das Gras so schnell wie möglich aufnehmen, es sofort hinunterschlucken und später wieder hochwürgen, um es richtig zu zerkauen.[68] Kühe verbringen ungefähr acht Stunden am Tag mit Fressen und sieben mit Wiederkäuen. Eine Kuh schlingt ihre lange Zunge um das Gras, reißt es ab und zieht es sich ins Maul, indem sie das Gewächs zwischen den Zähnen des Unterkiefers und dem oberen Gaumen festhält. Schafe und Kaninchen grasen sehr nahe am Boden und mögen eine dichte «rasenähnliche» Narbe. Schafe können Jakobskraut, das für Rinder giftig ist, in mäßigen Mengen fressen. Manchmal pferchte Thomas Barton Schafe auf dem *Long-walk* ein, um ihn vom Jakobskraut zu befreien, das sich durch das Treiben einiger Kaninchen und die Vernachlässigung der Rasendüngung auf dem Rasen ausgebreitet hatte. Jakobskraut ist giftig für Kaninchen, deshalb meiden sie es und fressen nur das Gras ab. Währenddessen sät sich das Jakobskraut in großen Mengen aus und verbreitet sich über den ausgelaugten Boden. Die Idee, die Schafe auf dem Boden weiden zu lassen, war nur teilweise erfolgreich, weil Schafe nur eine begrenzte Menge des Unkrauts vertragen können. Wenn sie zuviel davon fressen, vergiften sie sich. Schafe einzusetzen hatte jedoch noch andere Vorteile: Sie weideten das Gras dichter am Boden ab, als ein Mäher es jemals schneiden konnte, und hielten so das grobe Weidelgras in Schach. Mit ihrem Dung und Urin gaben sie dem Boden auch einen Teil der Nährstoffe wieder. Aber man kam nicht darum herum, auch mit der Hand Unkraut zu jäten, wollte man den *Long-walk* wieder in einen guten Zustand bringen. Der Rasen brauchte eine richtige Düngung.

Wenn Tiere eine Weide oder einen Rasen abweiden, wird ein Teil der Pflanzennährstoffe dem Boden wiedergegeben, doch wenn ein Rasen gemäht und das gemähte Gras eingesammelt und fortgeschafft wird, wird dem Boden eine Menge Fruchtbarkeit entzogen. Wenn die Nährstoffe nicht in Form von Kompost oder chemischem Dünger zurückgegeben werden, laugt der Rasen aus, und das Gras ist nicht mehr in der Lage, sich der Invasion der Unkräuter zu widersetzen, vor allem jener mit Pfahlwurzeln, die eine Wurzel tief in den Boden treiben können, um die Nährstoffe zu sammeln, an die die Faserwurzeln des Grases nicht herankommen.

Als Thomas Barton begriff, daß er dem Boden Nährstoffe entzog, wenn er den Rasenschnitt zusammenrechte und fortschaffte, rechte er das Gras nur bei jedem zweiten Mähen ab, es sei denn, das Gras war sehr lang. Ließ man den Rasenschnitt liegen, wurde dem Boden zwar ein Teil der Nährstoffe zurückgegeben, doch konnte sich dadurch auch die organische Materie an der Oberfläche vermehren, was günstige Bedingungen für Würmer und Pilzwachstum schuf. Mit ihren Losungshäufchen machten die Würmer den Rasen unansehnlich, und einige Pilze verursachten häßliche kahle Flecken. Ein durch Rasenschnitt begünstigter, nicht sehr schädlicher Pilz war der Nelkenschwindling *(Marasmius oreades)*, der den Hexen- oder Elfenring bildet. Der Pilz lebt nur von bestimmten Arten organischer Materie, die sich im Boden befindet. Wenn sich ein Wuchs etabliert hat, verbraucht er bald alle Nährstoffe seiner unmittelbaren Umgebung. Weitere Nahrung kann der Pilz nur über seine Hyphen beziehen – das sind die wurzelähnlichen Fasern, die den Pilz aufbauen –, die im Boden ringförmig nach außen wachsen. Dabei geben sie eine gewisse Menge Stickstoff ab. Durch den Stickstoff bekommt das Gras eine sattere Farbe, und so entsteht der sogenannte «Elfenring», der sich immer weiter ausbreitet, weil es innerhalb des Ringes keine Nahrung für die Pilze gibt.

Nelkenschwindling und Elfenring

Kleine gelblich-weiße Blätterpilze wuchsen von Zeit zu Zeit innerhalb des Ringes empor. Gern pflückte Penelope diese magischen Gewächse und brachte sie in die Küche, wo sie in die Suppe kamen. Sie versicherte, daß es gute Feenpilze seien, die allen, die die Suppe aßen, Glück brachten.

Die verschiedenen Grasarten haben unterschiedliche Verhaltensweisen, und genau diese Unterschiede macht sich der Mensch zunutze, um das Gras zu bekommen, das er haben will. Der Farmer braucht eine möglichst große Menge nahrhaften Grases für seine Tiere. Der Gärtner wünscht sich eine dichte, kräftiggrüne Grasnarbe, die – je nach historischem Zeitpunkt, nach Mode oder persönlichem Geschmack – mit Blumen aufgelockert ist (oder auch nicht), um die Eintönigkeit zu mildern.

Es ist das Ziel aller Gräser – wie das der meisten Lebensformen –, ihre Nachfolge in größtmöglicher Zahl zu sichern. Man könnte sagen, daß das Ziel des Deutschen Weidelgrases eine Welt ist, in der Weidelgras die einzige Lebensform ist, eine Welt, die nach einem großen Atomkrieg durchaus Realität werden könnte.[b]

Um ihre Nachfolge zu sichern, vermehren sich Gräser sowohl durch geschlechtlich produzierten Samen wie auch durch vegetative Methoden. Der Samen ermöglicht die Entwicklung von Sorten, die bestimmten Bedingungen besser angepaßt sind, und mittels vegetativer Reproduktion kann das Gras sich vom Grasen und Mähen erholen. Grasen und Mähen verhindern natürlich die Samenproduktion, doch das Abschneiden der Blätter bewirkt, daß die Pflanze mehr Triebe austreibt, ein Vorgang, den man als «Ausläuferbildung» bezeichnet. Das ist der Hauptgrund, warum durch ständiges Mähen eine dichte Narbe entsteht. Eine weitere Methode vegetativer Vermehrung der Gräser ist die ständige Produktion von Faserwurzeln und von Rhizomen (unterirdisch wachsenden Wurzelstöcken) und Ausläufern. Die neuen Wurzeln drängen in benachbarte Regionen und schicken grüne Triebe hoch, die mit jeder anderen Pflanze, auf die sie stoßen, kämpfen oder einfach kahle Stellen übernehmen, vorausgesetzt, die Bedingungen sind nicht zu ungünstig. Während die neuen Wurzeln entstehen, sterben die alten ab, verwesen und produzieren dabei CO_2, eine Substanz, die dem Gras hilft, andere dort wachsende Pflanzen zu verdrängen.

Rhizome sind modifizierte Stengel, die sich knapp unter der Oberfläche waagerecht durch die Erde vorschieben. Die Stengel sind hohl, außer an den Knollen, wo sich Adventivwurzeln bilden können, die sich ins Erdreich bohren. Blätter und Stengel können dann nach oben in die Luft wachsen. So eine Grasart mit Rhizomen ist zum Beispiel der Rote Schwingel. Die

Ausläufer sind auch stengelartig und verlaufen am Boden entlang. Rhizome und Ausläufer befinden sich dicht am Boden und liegen, unter normalen Umständen, außer Reichweite der Mäher und der weidenden Tiere, wenn letztere nicht allzusehr ausgehungert sind. Dieser Wuchs sorgt also für die ständige Anwesenheit des Grases auf dem Platz. Bei manchen Gräsern, wie bei dem Knolligen Rispengras, schwellen die unteren Internodien mit einem Vorrat an Nährstoffen an und werden knollig.

Das Erdreich in Bartons End, vor allem die Bereiche unter den Rasenflächen, war voller Leben: zusätzlich zu der ausgedehnten Wurzelvegetation enthielt es eine riesige Anzahl von Tieren, Protozoen, Bakterien und Pilzen. Böden bestehen nicht aus einer kompakten Partikel- und Humusmasse, die wie ein Felsstück zusammengepreßt ist, sondern es gibt viel Platz zwischen den Teilchen, wenn die Zwischenräume auch winzig sein mögen. Sie werden zusammengenommen als «Hohlraum» bezeichnet, und unter den Rasenflächen der Bartons betrug dieser Hohlraum 50% des Gesamtvolumens. Im Hohlraum befindet sich Wasser oder Luft, und er ist ein ideales Substrat für das Wachstum von Bakterien, Protozoen, Vegetation (einschließlich Pilzen) und verhältnismäßig großen Tieren wie Regenwürmern, Nacktschnecken und sogar Maulwürfen. Ohne seine winzigen Bewohner könnte der Boden keinerlei Vegetation ernähren, ohne die wiederum kein tierisches Leben existieren könnte.

Die Zahl der Bakterien belief sich auf etwa 4 Milliarden pro Gramm, und die Protozoen, die sich größtenteils von den Bakterien ernährten, waren in ähnlicher Zahl vorhanden. Als der *Long-walk* fertig war – er war ungefähr 1/3 Acre groß [etwa 1300 m^2] –, trug er ungefähr 800 Kilo Bakterien und an die 22 Kilo Protozoen in der obersten, 23 cm tiefen Bodenschicht.

Auch Pilze waren sehr zahlreich vertreten. Einer, der Nelkenschwindling, wurde schon erwähnt. Es gibt zwei Kategorien von Pilzen, die Saprophyten, die von toter organischer Materie leben, und die Parasiten, die lebende Pflanzen angreifen. Manche dieser Gewächse bedienen sich beider Lebensformen: nachdem sie eine Pflanze durch einen parasitären Angriff getötet haben, ernähren sie sich dann in der Folge saprophytisch von der toten Materie.

Die Pflege, die dem *Long-walk* in Bartons End zuteil wurde – das Düngen mit Kompost und Stallmist zum Beispiel, und mit Rasenschnitt –, hatte den Boden darunter sehr fruchtbar gemacht, deshalb enthielt er eine beträchtliche Menge Pilzgewächse. Ein Pilz beginnt sein Leben als Spore, die bei der Keimung einen weißen oder farblosen röhrenartigen Wuchs produziert, die Hyphen. Gewöhnlich sind sie sehr dünn, dünner als die Fäden eines Spinnennetzes, und nur sichtbar, wenn sie weiß sind. Dieser Wuchs setzt sich fort und bildet dann die Masse des Myzels, und er kann eine große Ausdehnung erreichen. Während das Myzel zunimmt, produziert es eine andere Art von Wuchs – den Fruchtkörper oder das Sporangium, wie beim Ständerpilz. Dieser Körper produziert Unmengen von Sporen, die dann vom Wind umhergeweht oder in Regentropfen transportiert werden. Einige Sporen erreichen günstige Stellen, keimen und setzen so das Leben der Spezies fort.

Die Pilzmenge unter dem *Long-walk* war sehr groß und läßt sich mit einem verblüffenden Zahlenbeispiel veranschaulichen. Zum Beispiel beträgt die Länge des Myzels in einer Unze [etwa 28 Gramm] fruchtbaren Bodens ungefähr 1.77 Meilen pro Unze.[63] Das ergibt, für den ganzen *Long-walk*, 21 Millionen Meilen [etwa 33 Millionen Kilometer]. Dieses Myzel spielt eine wichtige Rolle bei der Bildung von Bodenhumus. Während das Myzel wächst, konkurriert es mit Pflanzenwurzeln um die im Boden enthaltenen Nährstoffe. Diese Nährstoffe werden sowohl im Pilz als auch in den Pflanzen in Proteine und Kohlehydrate umgewandelt, mit dem einzigen Unterschied, daß Pilze kein Chlorophyll haben und deswegen, anders als die Pflanzen, zusammengesetzte Zucker und Proteine nicht selbst herstellen können. Pilze absorbieren beides mehr oder weniger fertig aus der organischen Materie, von der sie leben und die zumeist aus Pflanzenrückständen besteht. Die Pilze speichern so Stickstoff in Form von Proteinen in ihrem Gewebe. Während die Pilze leben, sterben sie also gleichzeitig auch. Das tote Myzel wird dann von Bakterien zersetzt und der Stickstoff des Proteins als Nitrat abgegeben. Eben dieses Nitrat erzeugt das dunkelgrüne, etwa 30 cm breite Band des Elfenrings.

Nitrate, diese wichtigen Pflanzennährstoffe, gelangen auf verschiedenen Wegen in den Boden: durch die Zersetzung organischer Materie – also durch verrottende Wurzeln oder Kompost –, die entweder natürlich im Boden vorhanden ist oder absichtlich hinzugefügt wurde; durch das Wirken von Stickstoffbakterien (vor allem *Azotobacter* in den Wurzelknöllchen von Hülsenfrüchten), die atmosphärischen Stickstoff binden; durch Regenwasser, vor allem bei Gewittern; und durch die Applikation von chemischen Düngemitteln, von denen einige sogar Nitrate sind.

Nitrate gehen dem Boden wieder verloren, indem Pflanzen sie zur Gewebebildung verwenden; indem sie durch Regen aus dem Boden herausgespült werden; oder indem sie von nitratabspaltenden Bakterien in Stickstoffgas umgewandelt werden.

Die in Böden vorhandenen Mycorrhiza-Pilze sind ebenfalls wichtig, doch nicht so sehr für Rasen. Es sind Pilze, die in einem symbiotischen Zustand mit bestimmten Pflanzen, vor allem mit Bäumen, leben. Der Konkurrenzkampf zwischen allen Lebensformen in irgendeinem beliebigen Biotop muß nicht notwendigerweise erbittert sein. Einige Lebensformen haben entdeckt, daß sich gegenseitige Hilfe auszahlt: das nennt man Symbiose. Einige der Mycorrhiza-Pilze umgeben die jungen Wurzeln eines Baumes mit einer Masse von Myzel, von dem aus Hyphen in die Pflanze und in den umliegenden Boden vorstoßen. Der Pilz gewinnt Pflanzennährstoff aus der organischen Materie, die er im Boden zersetzt, und gibt ihn an die Pflanze weiter. Die Pflanze ihrerseits versorgt den Pilz mit Kohlehydraten, zum Beispiel mit Zucker und Proteinen. Ein System, das beiden nützt.

Zusammen mit Bakterien, Geißeltierchen und Amöben spielen Pilze eine wichtige Rolle dabei, Bodenfruchtbarkeit und -struktur zu bilden und aufrechtzuerhalten. Die oberste, 15 cm tiefe Erdschicht unter dem *Long-walk* enthielt eine große Menge von ihnen, ungefähr 400 Kilo Bakterien, 250 Kilo Myzel und 25 Kilo Protozoen (Geißeltierchen und Amöben), insgesamt etwa 3 % der organischen Materie im Boden.

Unter allen in Mark Bartons *Long-walk* lebenden Tierchen hatten die Regenwürmer den größten Gewichtsanteil. Sie spielten eine wichtige Rolle bei der Anlage und Erhaltung des Rasens. Die Tatsache, daß einige Arten den Rasen mit ihren Losungshäufchen verunstalteten, spielte am Anfang beim *Long-walk* keine große Rolle, da er nur zum Bogenschießen benutzt wurde. Später, als ein *Bowling-Green* und zum Schluß *Lawn-Tennis*-Plätze angelegt wurden, begann man, gegen diese Tiere vorzugehen – nicht gerade ein Ausdruck der Dankbarkeit für ihre Bemühungen, die Bildung des Rasens zu fördern. Die Regenwürmer unter dem *Long-walk* gehörten hauptsächlich zu den beiden Losungshäufchen bildenden Arten *Allobophora longa* und *A. nocturna*, von denen die erstgenannte, trotz ihres Namens, kürzer ist als die andere.

Charles Darwin lenkte im Jahr 1881 als erster die Aufmerksamkeit der Wissenschaft auf die Bedeutung der Regenwürmer, und zwar in seinem Buch *The Formation of Vegetable Mould through the Action of Worms with Observations of their Habits* [«Über die Bildung der Ackererde durch die Tätigkeit der Würmer, mit Beobachtung über deren Lebensweise»].[21] Er wies darauf hin, daß sie eine wesentliche Rolle bei der Bildung von Böden mit guter Struktur und hoher Fruchtbarkeit spielten. Doch auch frühere Naturwissenschaftler, wie etwa Gilbert White, hatten sich schon zu diesem Thema geäußert.

Auf Grasland sind Regenwürmer zahlreicher als in bebauten Böden: zwei oder drei Jahre, nachdem der *Long-walk* angelegt worden war, enthielt er ungefähr 100 000 Regenwürmer, die insgesamt an die 150 Kilo wogen, eine recht beträchtliche Biomasse. Das überrascht nicht, wenn wir feststellen, daß das Gewicht des Pflanzenwuchses in den ober- und unterirdischen Lebensräumen eines Stück Bodens gewöhnlich ungefähr gleich ist. Zum Beispiel entspricht das Gewicht und die Ausdehnung des Wurzelsystems eines Baumes gewöhnlich dem Gewicht und der Ausdehnung seines Astwerks. Das Gewicht der Regenwürmer in einer Wiese entspricht zumeist dem Gewicht der Rinder oder der Schafe, die auf dieser Weide grasen, es kann sogar etwas mehr betragen.

Darwin rechnete aus, daß die Losungshäufchen auf einem durchschnittlichen Stück Grasland in einem Jahr insgesamt 10 Tonnen Erde pro Acre [etwa 4000 m^2] ergaben und daß sie die Oberfläche um eine 5 mm dicke Schicht Erde pro Jahr verstärkten. Die Gewichtsangabe wird durch neuere Forschung bestätigt[63] (obwohl 11 Tonnen wahrscheinlich näher am Durchschnitt liegt), doch nicht die Zunahme der Bodentiefe, die, wie man heute glaubt, 15 bis 20 cm pro Jahrhundert beträgt, was der Geschwindigkeit entspricht, mit der Stonehenge in der Landschaft versinkt. Das Aufwerfen solch großer Mengen Erde ist einer der Gründe, warum prähistorische Ruinen und Gerätschaften inzwischen in tieferen Bodenschichten liegen. Steine und andere feste Gegenstände auf Rasen und Weiden versinken allmählich in den Erdboden, während Wurmlosung sich über ihnen aufhäuft. Eine Halfpenny-Münze, die Mark Barton im Jahr 1610 bei einer Inspektion seines Rasens hatte fallen lassen, befindet sich heute an die 65 cm unter der Oberfläche.

Durch ihre Lebensweise und Ernährung verbessern Würmer die Böden auf vielfältige Art und Weise. Oft graben sie bis in große Tiefen hinunter, bis zu 1,50 Meter, und verbessern durch die Gänge, die sie hinterlassen, die Wasserdurchlässigkeit des Bodens. Die Gänge verbessern auch die Durchlüftung und ermöglichen das Entweichen von CO_2 aus dem Boden. Würmer ernähren sich von organischer Materie, die sich im und auf dem Boden befindet, von nichtaromatischen Blättern, Fleisch, Fett, Kot von Rindern, Pferden und Schafen. Die Art und Weise, wie Regenwürmer Blätter in ihre Gänge ziehen, weist darauf hin, daß sie über eine gewisse intelligente

Regenwürmer

Wahrnehmungsfähigkeit in bezug auf die Anordnung ihrer Umgebung verfügen müssen. Bei seinen Versuchen mit verschiedenartigen Blättern, auch mit selbstgefertigten aus buntem Papier, konnte Darwin feststellen, daß Regenwürmer ein Blatt immer am spitzen Ende ergriffen, wodurch es sich viel leichter in den Gang ziehen ließ, als wenn es am breiten Ende oder an der Seite gepackt worden wäre. Ein derartiges Vorgehen stand in auffallendem Gegensatz zum Verhalten der Ameisen, denen man ja so viel Intelligenz nachsagt, die aber Gegenstände ziel- und planlos über eine Oberfläche zerren, ohne eine Vorstellung davon zu besitzen, wie diese Arbeit am leichtesten bewerkstelligt werden kann. Die Blätter werden während der Nacht hereingezogen und tagsüber verzehrt, so daß an dem Sprichwort «Morgenstund hat Gold im Mund» in seiner englischen Version – «The early bird catches the worm» – durchaus etwas dran ist: es sind tatsächlich die Frühaufsteher unter den Vögeln, die die Würmer fangen, die gerade ihre Nachtarbeit beenden.

Würmer haben zwar keine Augen, können Licht aber über Lichtsinneszellen wahrnehmen, die über den ganzen Körper verteilt sind. Sie haben auch keine Ohren. Darwin entdeckte, daß sie zwar nicht auf Geräusche reagierten, wohl aber auf Erschütterungen. Er stellte fest, daß die Regenwürmer, die er in Töpfen hielt, keine Reaktion zeigten, wenn er ein tiefes C oder ein hohes G auf dem Klavier anschlug, allerdings nur, wenn die Töpfe dabei auf dem Boden standen. Doch wenn der Topf direkt auf das Klavier gestellt wurde, bewirkten die Schwingungen jedweden Tones, daß die Würmer sofort zurück in ihre Gänge flüchteten. Würmer kommen manchmal ohne einen ersichtlichen Grund aus dem Boden herausgekrochen und bewegen sich über die Oberfläche. Die Bartons dachten, das bedeute, daß die Würmer von Maulwürfen gejagt werden, doch Maulwürfe sind eher Fallensteller als Jäger, so daß diese Erklärung ziemlich unwahrscheinlich ist.

Würmer machen ihre Gänge auf zweierlei Weise, einmal, indem sie den Gang durch die Erde treiben, und zweitens, indem sie die Erde fressen. Da in jedem Boden ziemlich viel Hohlraum vorhanden ist, können die Regenwürmer die Partikel enger zusammendrücken und einen Tunnel bauen, obwohl das, wie jede Tunnelarbeit, große Anstrengung erfordert. Die zweite Methode besteht darin, die Erde zu fressen, die in ihr enthaltene organische Materie oder Wurmnahrung zu absorbieren und den Rest auszuscheiden. Das ergibt dann die Losungshäufchen auf der Bodenoberfläche bei den Losungshäufchen bildenden Arten. Bei den anderen Arten werden diese Ausscheidungen in die Hohlräume im Boden gedrückt.

Regenwürmer setzen sich aus mehreren Segmenten zusammen, die jeweils durch eine Scheidewand voneinander getrennt sind. Der Regenwurm bewegt sich durch Ausstrecken und Zusammenziehen dieser Segmente. Sie können lang und dünn oder kurz und dick gemacht werden, wobei sich ihr Volumen nicht verändert. Wenn ein Wurm sich vorwärtsbewegen will, macht er einige hintere Abschnitte kurz und dick und verankert dabei sein Hinterende in der Unterlage. Gleichzeitig macht er seine vorderen Segmente lang und dünn und schiebt sie so nach vorne. Eine wellenartige Muskelbewegung geht durch den Körper. Der kontrahierte und dicke Teil wird bei seiner Verankerungsaktion durch eine Anzahl von Borsten unterstützt, die von jedem Teilstück nach hinten abstehen und verhindern, daß sich das Segment nach hinten verschiebt. Dieser Verankerungseffekt ist erkennbar, wenn wir einen relativ großen Vogel, etwa eine Drossel, bei dem Versuch beobachten, einen Regenwurm aus seiner Höhle zu ziehen. Der Vogel hat dabei große Schwierigkeiten und muß seine ganze Kraft aufbieten, obwohl der Wurm sich nur auf seine expandierten Segmente verläßt, da die nach hinten gebogenen Borsten keinen Widerstand für die Ziehbewegung eines Vogels darstellen, es sei denn, daß der Vogel, was manchmal der Fall ist, am hinteren Ende des Wurmes zieht.

Regenwürmer besitzen so etwas wie ein Gehirn, das ihnen ermöglicht, Bewegungen zu koordinieren. Von zwei vorderen Ganglien, eines knapp über und das andere knapp unter dem Schlund, verläuft ein Nervenstrang, mit einem Ganglion in jedem Abschnitt, durch den ganzen Körper bis zum Hinterende. Dieses Nervensystem ermöglicht den Regenwürmern, Erfahrungen zu verwerten, das heißt, Dinge zu lernen, wie etwa sich bei der Nahrungssuche in einem Tunnelsystem zurechtzufinden. Regenwürmer brauchen feuchte Bodenverhältnisse, und wenn trockenes Wetter herrscht, ziehen sie sich in tiefere Erdschichten zurück und rollen sich in einer Wohnröhre zusammen, die sie entweder finden oder selbst anlegen. Dieses Verhalten nennt man Ästivation – das Gegenteil von Überwinterung.

Da der Wurm eine sehr kleine Mundöffnung hat, kann er keine Partikel fressen, deren Durchmesser mehr als 0,08 Inches [ca. 2 mm] beträgt. Das bedeutet, daß dort, wo Regenwürmer in größeren Mengen auftreten, ein Prozeß der Bodenauslese im Gange ist, in dessen Verlauf ständig die feineren Partikel an die Oberfläche gebracht werden. Vom Standpunkt des Pflanzenwachstums aus betrachtet, fördern sie damit also die Bildung einer guten Bodenstruktur. Die leeren Gänge machen es den dickwurzeligen Pflanzen, zum Beispiel dem Ampfer und dem Löwenzahn mit ihren Pfahlwurzeln, womöglich leichter, sich anzusiedeln.

Eine große Menge Erde geht durch die Körper der Regenwürmer, doch es ist schwierig, die genaue Menge zu schätzen. A. C. Evans[29] errechnete, daß die verschiedenen Regenwurmarten 4 bis 36 Tonnen Erde pro Acre [etwa 4000 m^2] und Jahr untertage verarbeiten. Davon werden 1 bis 25 Tonnen als Losung ausgeschieden. Wo Losungshäufchen bildende Regenwürmer häufig sind, ist die Krume reich an Feinstsand und Lehm, sie hat eine bessere Struktur und enthält mehr Pflanzennährstoffe, und wenn das Gras alt ist, werden Steine und grobe Partikel bereits in beträchtliche Tiefen versunken sein.

Regenwürmer vermischen die Erde viel gründlicher, als es durch Umgraben und Pflügen geschieht. Die Würmer entfernen auch tote Pflanzenreste von der Bodenoberfläche. Wenn der Boden zu sauer ist (weniger als pH 4.5), können die Regenwürmer nicht gedeihen, und die tote Vegetation häuft sich Jahr um Jahr auf der Oberfläche auf und bildet eine dichte Masse, die nur starkwachsende Pflanzen durchdringen können. Diese Akkumulation verwandelt sich schließlich zu hochgradig saurem Torf.

Daß sich in Bartons End gute Böden entwickeln konnten, war in hohem Maße den Aktivitäten der Regenwürmer zu verdanken, und es ist eine Ironie des Schicksals, daß die Bartons, Onways und Munroyds ihnen all die Jahre soviel Mißtrauen entgegenbrachten. Als Bauern glaubten sie, daß die Würmer ihre Grünsaat fraßen, und als Gärtner betrachteten die meisten von ihnen die Wurmlosung als eine Verschandelung ihres Rasens. Der Naturwissenschaftler Gilbert White war der erste, der, im Jahr 1777, die Leistungen der Regenwürmer würdigte:

> ... ohne Würmer würde ein Boden schnell kalt und spröde, es würde keine Fermentierung stattfinden und der Boden bald unfruchtbar werden ... Würmer scheinen die großen Förderer der Vegetation zu sein, die sich ohne sie nur schleppend entwickeln würde. Sie bohren im Boden, durchlöchern und lockern ihn und machen ihn durchlässig für Regen und Pflanzenfasern, indem sie Halme, Blattstengel und Zweige in ihn hineinziehen, und insbesondere dadurch, daß sie unendlich viele Erdklümpchen aufwerfen, die man Wurmlosung nennt. Es sind ihre Exkremente, und sie sind ein guter Dünger für Korn und Gras.[74]

Viele Samen, vor allem die wildwachsender Pflanzen, sind in der Lage, lange Zeit im Boden zu schlummern. Auf diese Weise können Pflanzen schlechte Witterung und ungünstige Umweltbedingungen überstehen. Wurmlosung macht den Rasen nicht nur unansehnlich und ist ein Ärgernis für Rasensportler, sie kann auch das Wachstum von Rasenunkräutern fördern. Kleine schlummernde Samen können von den Würmern an die Oberfläche gebracht werden, vor allem wenn sie eine Resistenz gegen die im Darm der Würmer enthaltene Substanz entwickeln konnten. Diese Samen keimen, wenn sie an die Oberfläche gebracht werden, in der Wurmlosung. Eine plattgetretene Wurmlosung ergibt auch ein nettes kleines Fleckchen nackter Erde – ein günstiges Substrat zum Keimen für den Löwenzahn- oder Distelsamen, der sich dort niederläßt. Wenn solch ein Samen sich erst einmal festgesetzt hat, wird er wahrscheinlich auch überleben, dank seiner Vorliebe, dicht am Boden zu wachsen und das umliegende Gras zu verdrängen.

Obgleich die Regenwürmer im großen und ganzen dem Garten viel Nutzen brachten, richteten sie auch einigen Schaden an. Zum Beispiel zogen sie nicht nur abgefallene Blätter in ihre Höhlen, sondern auch die Blätter wachsender Pflanzen, wenn diese Blätter zufällig den Boden berührten. Von Zeit zu Zeit wurden in Bartons End ganze Reihen von Salat auf diese Weise beschädigt. Die Gänge, die die Würmer gruben, beschädigten die Wurzeln empfindlicher Pflanzen, und sie verbreiteten die Sporen krankheitserregender Pilze. Einige Regenwürmer waren die wichtigsten Zwischenwirte für bestimmte Bandwürmer (wie etwa *Amoebotania cuneatus* [Linstow] in der Regenwurmart *Lombricus terrestris)*, und andere beherbergten die Würmer, die bei den Hühnern die «Schnabelsperre» verursachen.

Im *Long-walk* lebten auch noch andere Wurmarten. Da gab es die kleinen Älchen oder Fadenwürmer (Nematoden) und die winzig kleinen Enchytraeiden.

Die Fadenwürmer sind im Gegensatz zu den Regenwürmern nicht segmentiert und haben eine Länge von 0.02 bis 0.06 Inches [0,5 – 1,5 mm]. Einige leben frei im Boden, während andere sich parasitär von Pflanzen ernähren. Bestimmte Arten sind schlimme Schädlinge.

Fadenwürmer benötigen viel Feuchtigkeit, doch wenn die Böden austrocknen, verfallen diese winzigen Würmer in einen inaktiven, sporenartigen Zustand, in dem sie eine Zeitlang überleben können. In diesem staubartigen Zustand können sie vom Wind umhergeweht und an den Beinen von Vögeln und Insekten herumgetragen werden.

Von all den Tieren im Garten von Barton End waren die Fadenwürmer am zahlreichsten. Im Sommer lebten an die 14 Milliarden dieser Spezies unter dem *Long-walk*, und sie wogen ungefähr 31 Kilo, also zwischen einem Viertel und einem Fünftel des Gewichts der Regenwürmer. Fadenwürmer ernähren sich von Bakterien und Pflanzengewebe und konsumieren auch beträchtliche Mengen Sauerstoff.[54] Die unter dem *Long-walk* lebenden Fadenwürmer verbrauchten bei normalen Temperatur- und Druckverhältnissen an die 320 Liter pro Tag.

Eine Reihe von Rasenpflanzen, einschließlich einiger Gräser und Kleesorten, wurden Wirte von parasitären Fadenwürmern, zum Beispiel vom Wiesen-Nematoden *(Pratylenchus pratensis)*, doch an der Rasennarbe richteten sie keinen großen Schaden an.

Die so zahlreich unter dem Gras vorhandenen Älchen hatten natürlich eine Menge Feinde. Einige der großen Nematoden fressen die kleineren, doch unter den vielen Feinden gibt es auch eine Reihe spezialisierter Pilze, die besonders interessant sind. Eine häufige Spezies ist der *Arthrobotrys oligospora*. Dieser Pilz wächst im Boden, und von Zeit zu Zeit bilden seine Hyphen einen Ring, der aus drei berührungsempfindlichen Zellen besteht. Älchen bewegen sich im Boden umher, und wenn eins zufällig durch einen solchen Ring kommt, wird ein Mechanismus ausgelöst. Die Zellen dehnen sich plötzlich aus, und das Älchen ist gefangen. Der Pilz schickt dann Hyphen in das Tier und verzehrt es. Dieser Pilz ist in Bartons End immer noch aktiv.

Die Enchytraeiden-Würmer im Boden unter dem *Long-walk* waren nicht so zahlreich wie die Nematoden: es waren nur etwa 38 Millionen, mit einem Gesamtgewicht von knapp 3 Kilo. Sie hielten sich hauptsächlich in der obersten, 2,5 cm tiefen Bodenschicht auf.

Im Gartenboden lebten auch sehr viele kaltblütige Gliederfüßler, wie Milben, Spinnen und Insekten, sowie Weichtiere – Nacktschnecken und Gehäuseschnecken. Je kleiner das Tier, desto größer war natürlich seine Population, wie wir das bei den Würmern bereits gesehen haben. Die Milben waren am zahlreichsten vertreten: der *Long-walk* enthielt ungefähr 317 Millionen von ihnen in der obersten, 30 cm tiefen Bodenschicht. Als nächste kamen die sehr kleinen Springschwänze oder Collembola, sehr primitive Insekten: von ihnen gab es etwa 93 Millionen. Es folgte eine mannigfaltige Kollektion anderer Insekten wie Fliegen- oder Käferlarven, und es gab auch einige Spinnen. Diese gemischte Truppe hatte ungefähr 57 Millionen Mitglieder. Das ergibt eine Gesamtzahl von 467 Millionen Gliederfüßern, die da unter dem Gras umherkrochen, von denen jedes seiner eigenen unverwechselbaren Lebensweise nachging, dem Auge des Menschen stets verborgen. Nicht immer jedoch seinem Bewußtsein. Bisweilen können die Bedingungen unter dem Gras für eine Spezies so günstig werden, daß sie besonders gut gedeiht und, vom Menschen aus gesehen, eine Plage werden kann. So entdeckte Mark Barton im Sommer 1625 mehrere kahle Stellen auf seinem prächtigen Rasen. Eine genauere Inspektion ergab, daß sie *leather jackets* enthielten. Das waren, was Mark damals nicht wußte, die Larven der Schnake *(Tipula)*, die anscheinend die Wurzeln und die Seitentriebe des Grases fraßen. Die Schnake wurde auch *father-long-legs* und *Harry-long-legs* genannt, und eine langbeinige Spinne wurde mit genau demselben Namen bezeichnet. Da die robusten Schnakenlarven nur nachts aktiv waren, sah man sie nie Gras fressen, obwohl das sowieso nicht so eindeutig zu sehen gewesen wäre, da sie sich gewöhnlich knapp unter der Oberfläche aufhielten. Wenn man mit einem Stock oder einem Messer etwas herumstocherte, kamen diese «Würmer» als die eindeutigen Missetäter bald zum Vorschein.

Es war Mark Barton nicht klar, daß diese lästigen Maden die Larven der *daddy-long-legs* waren. Man glaubte, daß diese langen robusten, beinlosen Maden durch «Fäulnis» im Boden entstanden. Mit derselben Theorie erklärte man sich auch die Anwesenheit von Maden im Fleisch. Der Glaube an eine spontane Erzeugung von Leben hielt sich noch sehr lange und wurde erst durch Pasteurs Experimente gegen Ende des 19. Jahrhunderts endgültig aus der Welt geschafft.

In England gibt es sehr viele Schnakenarten: heute kennt man an die 300 verschiedene Arten. Ihre Larven ernähren sich zumeist von verrottetem Holz, vermodernden Blättern und faulenden Pflanzenteilen im Boden, doch einige, wie der *daddy-long-legs*, fressen auch Wurzeln. Einige Arten leben im Wasser und ernähren sich von dem Moder auf dem Teichgrund. Die fertigen Schnaken richten keinen unmittelbaren Schaden an, da sie mit ihren auffälligen hohlen Rüsseln nur Flüssigkeit aufsaugen können. Sie haben keinen Stachel, obwohl manche so aussehen, als hätten sie einen.

Die *leather jackets*, die Marks Garten Schaden zufügten, gehören zu der häufigen grauen Art *(Tipula paludosa)*, und es kam bis zum heutigen Tag immer wieder zu vorübergehenden Plagen. Mark bezwang sie, indem er nachts mit einer Laterne hinausging und sie aufsammelte, die kahlen Stellen harkte und die Larven und Puppen vernichtete. Er fütterte auch seine Hühner auf den Stellen, so daß sie die *leather-jackets* zusammen mit ihrem Fut-

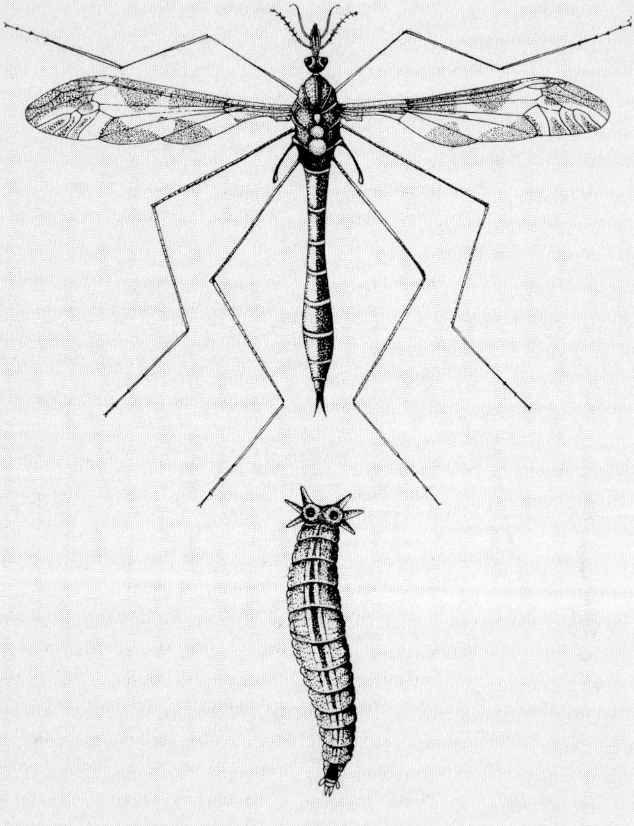

Daddy-long-legs und leather jacket

ter aufpickten. Heutzutage empfindet man dies als zu aufwendig. Statt dessen werden Insektizide wie Bromophos und Lindan eingesetzt.

Ebenfalls zur Familie der Tipulidae gehören, jedenfalls teilweise, jene Unmengen von kleinen Fliegen, die man an warmen Sommerabenden umherschwärmen sieht und die dabei ständig auf und ab tanzen, was ihnen auch den Namen *bobbing gnats* eingebracht hat. Tipulidae gibt es in sehr unterschiedlichen Größen. Die *bobbing gnats* haben eine Flügelspanne von 0.06 Inches [1,5 mm], und die große Riesenschnake *(Tipula maxima)* – der *daddy daddy-long-legs* sozusagen – mißt mit ausgebreiteten Flügeln ungefähr 2,5 Inches [etwa 6,5 cm]. *T. maxima* ist die größte Schnakenart in England, doch ist sie nicht so schädlich wie *paludosa.*

Unter den anderen Insekten gab es noch die sehr zahlreichen Springschwänze, insofern ungewöhnliche Insekten, als daß sie keine «vollständige Metamorphose» haben. Die meisten Insekten beginnen ihr Leben als Ei (wie natürlich jegliches tierisches Leben, wir eingeschlossen) und werden dann Larven, Puppen und schließlich fertige Tiere, alles sehr unterschiedliche Zustände.

Bei den Collembola existiert keine solche Metamorphose. Sie schlüpfen als winzige Springschwänze aus den Eiern aus und wachsen ständig, indem sie sich mehrmals häuten. Theoretisch sind der Größe, die sie erreichen können, keine Grenzen gesetzt, doch tatsächlich haben sie nicht mehr als 5 oder 6 Häutungen.

Ein Insekt hat kein Skelett: statt dessen besitzt es eine verhältnismäßig robuste, doch elastische Haut, an der die Muskulatur befestigt ist. Es vergrößert sich, indem es sich eine neue, weiche Haut unter der verhärteten alten wachsen läßt, dann läßt es diese äußere Schale aufplatzen und dehnt die darunterliegende neue Haut aus, die dann hart wird. Dies ist ein sehr komplexer Vorgang. So müssen die Muskeln von der alten Haut gelöst und an die neue befestigt werden. All das braucht Zeit, und das Tier ist während der Häutung sehr ungeschützt gegenüber Angriffen. Auch die Verpuppung ist ein komplizierter Vorgang. Die Larve, oder Raupe, bildet eine harte Schale, in deren Innerem sie sich dann zu einer dicken Paste zu verwandeln scheint, die sich allmählich zu einem zerknitterten, zusammengedrückten erwachsenen Tier formt. Im richtigen Augenblick platzt die Schale auf, und das Tier schlüpft heraus, pumpt seine Flügel mit Blut voll, trocknet sie und wird dann zu einem schönen Schmetterling, wenn es sich um die entsprechende Insektenart handelt. Das Stadium zwischen den Häutungen nennt man Häutungsphase [englisch *instar*], und Flügel entwikkeln sich nur innerhalb der Puppe oder während der vorletzten Häutungsphase.

Springschwänze oder Collembola (das Wort kommt aus dem Griechischen: *kolla* = kleben und *embolos* = Haken, ein Hinweis auf den Ventraltubus am ersten Hinterleibssegment, der einen Klebstoff absondert) kennen keine vollständige Metamorphose. Sie entstanden vor sehr langer Zeit – bevor sich die übliche Insektenmetamorphose entwickelt hatte. Offenbar ist dieses unvollständige System gut geeignet für die Collembola, so daß sie ihre primitive Art beibehalten. Einer Gefahr entkommen sie, indem sie von ihr wegspringen, mittels der *Furcula,* der Springgabel, die von den letzten Hinterleibssegmenten gebildet wird und hinten ein Scharnier hat. In Ruhestellung wird die Springgabel mit einer Art Haken, der *Hamula,* die sich am dritten Hinterleibssegment befindet, am Hinterleib gehalten. Die Springgabel kann plötzlich gelöst werden, um das Tier in die Luft zu schleudern. Springschwänze können über Entfernungen springen, die das Vielfache ihrer Körperlänge betragen. Sie können also die Vorzüge des Fliegens nutzen, ohne Flügel zu haben, deren Wachstum und Benutzung weitere komplizierte Mechanismen erforderlich machen würde. Da sie so klein sind, werden sie oft vom Wind aufgegriffen und in neue Regionen getragen.

Die Tiere ernähren sich hauptsächlich von vermodernden Blättern und verwesender Vegetation auf und im Boden, doch zwei Familien, die *Neelidae* und die *Sminthuridae,* haben einen Geschmack für lebende Vegetation entwickelt und beschädigen manchmal Pflanzenkulturen. Im Jahr 1651 fand eine gelbe Art *(Sminthurus viridis* – ja, gelb, trotz des Namens, *viridis* = grün) Gefallen an Elizabeth Onways Luzerne oder *La Lucerne,* wie sie das neue «Gras» aus den Niederlanden nannte. Die Springschwänze verursachten erhebliche Schäden an der Luzerne, und die Onways nannten diese Art den «Luzernenfloh». Er entwickelte auch Appetit für Erbsen und Bohnen. Es gab nicht viel, was die Onways gegen die Plage unternehmen konnten, doch sie entdeckten, daß das Harken zwischen den Pflanzen eine Menge Staub aufwirbelte, den die Insekten nicht mochten, so daß danach ihre Zahl abnahm.

Das Mulchen von Pflanzen mit Laubstreu und Kompost kann ihr Wachstum fördern, indem Pflanzennährstoffe zugeführt werden und bei trockenem Wetter Wasser konserviert wird, doch es kann auch die Entwicklung bestimmter Tiere begünstigen, die dieses Wachstum stören. *Leather-jackets,* einige Springschwänze, die Raupen der Hausmutter oder

Bandeule und gewisse andere Raupen sowie Nackt- und Gehäuseschnekken sind potentielle Gartenschädlinge, die durch Mulchen gefördert werden.

Die Rasengräser lockten auch eine Reihe von Schmetterlingen und Faltern an, deren Raupen sich von diesen Pflanzen ernährten. Die erwachsenen Lepidopteren, die ihre Eier über all die Jahrhunderte auf dem *Longwalk* und auf den anderen Rasenflächen ablegten, hatten keinen besonders günstigen Platz ausgewählt, denn gerade wenn die jungen Raupen so richtig schön auf dem zarten Gras gediehen, kam eine Sense oder ein Rasenmäher daher und schnitt ihnen das Futter weg, das dann entweder liegenblieb und verwelkte oder eingesammelt und kompostiert wurde. Trotz dieser Gefahr erreichten einige Raupen die letzte Metamorphose, und im Garten, im Obstgarten und im Gebüsch gab es noch andere Stellen, wo das Gras ungestört wuchs, so daß recht viele schöne grasfressende Schmetterlinge auf dem Gartengelände zu sehen waren.

Von Zeit zu Zeit wurden im Rasen auch Nester der Gartenameise gefunden, manchmal wurden sie ausgegraben und den Hühnern als Futter vorgesetzt, und manchmal ließ man sie in Ruhe, wenn sie nicht zu sehr störten, weil sie scheinbar immer die Blattläuse «angriffen», die eine große Plage auf Rosen und Saubohnen waren. Diese Vermutung war ganz und gar falsch. Die Gartenameise fördert die Blattlaus und verteidigt sie gegen ihre Feinde. Dafür saugt die Blattlaus eine zusätzliche Menge süßen Safts aus den zarten Trieben wachsender Pflanzen und scheidet einen Teil davon aus, den die Ameisen gierig verzehren. Von diesen Aktivitäten wie auch von denen der Nackt- und Gehäuseschnecken soll in einem späteren Kapitel noch ausführlicher die Rede sein.

4. Kapitel

Der Garten von Mark Barton, seiner Tochter Elizabeth, seinem Enkel Mark Onway und seinem Urenkel James Onway

1629–1689

Thomas Barton starb im Jahr 1629. Zu diesem Zeitpunkt war der Garten schon sehr dekorativ, und viele neue Blumen- und Gemüsearten waren dort heimisch geworden. Dorothy Snells Vergißmeinnicht-Sammlung – Dorothy war im Jahr 1610 gestorben – war von Thomas Barton – in Erinnerung an seine alte Amme – und auch von seinem Sohn Mark sorgsam gepflegt worden. Dorothy hatte mit John und Mary Bartons Enkelkindern dasselbe Spiel gespielt wie mit ihren Kindern: sie durften eines nach dem andern ein Vergißmeinnichtbeet betreuen. Die Blumen wurden gut versorgt, denn alle Kinder liebten ihre «alte Dorothy» und erinnerten sich gern an sie, obwohl sie streng gewesen war.

Mark Barton war 44, als sein Vater starb, und erbte den Besitz, doch danach lebte er selber nur noch zwei Jahre und starb im Jahr 1631. Er hatte drei Kinder, von denen nur die Tochter, Elizabeth, das Kindesalter überlebte. Im Jahr 1626 heiratete Elizabeth Robert Onway, und er übernahm die Farm und den Garten, als sein Schwiegervater so verhältnismäßig jung starb. Auch Robert wurde nicht sehr alt, er starb im Jahr 1660, im Alter von 55, und sein Sohn Mark, nach seinem Großvater mütterlicherseits benannt, tat viel für Farm und Garten. Sein Interesse für den Garten war sogar indirekt die Ursache für seinen frühen Tod. Er starb mit 38, im Jahr 1665. In jenem Jahr fuhr er nach London, um über den Verkauf jener zunehmend populäreren, obgleich immer noch verbotenen Pflanze – des Hopfens –, zu verhandeln, mit deren Anbau Mary Barton begonnen hatte. In London wurde Mark Onway von einem mit der Pest infizierten Rattenfloh gebissen, erkrankte, wurde unter großen Schmerzen nach Hause geschafft und starb, zum Glück ohne noch weitere Familienmitglieder anzustecken. Er und seine Frau Prudence (geborene Sefton) hatten zwei Kinder, James und Prudence, und der junge James erbte Bartons End.

Als Mark Onway 1665 starb, war bereits eine Menge Arbeit und Geld in den Garten gesteckt worden. Es gab neue Blumen, Kräuter und Gemüse, die man mit den älteren, etablierten Sorten vermischt hatte. Die wichtigsten «Floristen»-Blumen – also die Arten, die wegen ihrer Schönheit gepflanzt wurden – waren 1665: Anemonen, sowohl die heimische Waldanemone als auch die erst kurz zuvor neu aus Italien eingeführte Gartenanemone; Alpenaurikel; Glockenblumen – *Canterbury bells* oder *bell-flowers,* die Acker-Glockenblume und die Knäuelglockenblume; Nelken – *pinks* und *gillyflowers,* die Bartnelke, die Karthäusernelke und die Gartennelke, die wegen ihres Duftes auf englisch *clove carnation* heißt (Gartennelken wurden als Ersatz für die teuren afrikanischen Gewürznelken verwendet); Akelei, sowohl die Gemeine Akelei als auch die *New England columbine;* Beinwell; Alpenveilchen – das Rundblättrige und das Europäische Alpenveilchen; gefüllte Osterglocken; der Echte Alant, die Blume, die die Schöne Helena in der Hand gehalten haben soll, als sie entführt wurde; Fingerhut; Malven – die Rundblättrige Malve, die Krause Malve, frisch aus Syrien eingeführt, und die Moschus-Malve; die Nieswurz, auch Schnee- oder Christrose genannt, aus Österreich – die Grüne Nieswurz und die Stinkende Nieswurz; einige Althea-Arten – der Echte Eibisch oder die Samtpappel und der Feigenblättrige Eibisch, damals gerade aus dem Osten eingeführt; die Mondviole, englisch *honesty* [Ehrlichkeit], so genannt wegen ihrer durchsichtigen Schoten; die Große Wachsblume und der Würzige Herrenkümel oder Basilienpeterlein; Lavendel; als Gartenpflanze kultivierter Liguster oder Rainweide; die Ausgebreitete Sammetblume, sowohl die Französische als auch die «Afrikanische», seltsam benannt, da sie 1596 aus Mexiko kam; Lilien – das einheimische Maiglöckchen, die Weiße Lilie aus der Levante und der Türkenbund, beides Pflanzen, die von den zurückkehrenden Kreuzrittern nach England gebracht wurden; Acker-Stiefmütterchen oder Acker-Veilchen; und Mohnblumen, Klatschmohn und Schlafmohn.

Im Verlauf der Entwicklung des Gartens hatte man der Rosenzucht erhebliche Aufmerksamkeit geschenkt. Um 1665 wurde in Bartons End kein Rosenwasser mehr für den Verkauf hergestellt, und folglich war die für diese Blume reservierte Fläche erheblich reduziert worden, obwohl jetzt

Anemone, Bartnelke, Aurikel, Nelke und Mohn

mehr Sorten als früher gezüchtet wurden. Von Zeit zu Zeit wurden neue Sämlinge eingepflanzt, und es waren mindestens vier neue Spezies der Rose hinzugekommen. Es gab neue Abarten der Damaszenerrose, der Hundertblättrigen Rose, der Immergrünen Rose (Kletterrose) und der Flatterrose (Frankfurtrose, Glockenrose), eine Neuheit aus Deutschland.

Neuheiten aus Nordamerika waren die Dreimasterblume oder das Gottesauge und die Glattblattaster. Tulpen wurden bereits erwähnt, und zu dem Zeitpunkt wuchsen im Garten die Waldtulpe aus der Levante, die Kreiseltulpe und die *Tulipa clusiana.* Sehr verbreitet war auch der Goldlack.

Der Garten hatte auch einige blühende Büsche bekommen, unter ihnen zwei kostbare Neuheiten, der Flieder *(Syringa vulgaris)* aus Vorderasien und der Falsche Jasmin *(Philadelphus coronarius)* aus Italien. Es entstand bald erhebliche Verwirrung bezüglich der Namen dieser beiden Pflanzen. Der wissenschaftliche Name des Flieders *(Syringa)* wird oft als populärer Name für den Falschen Jasmin verwendet, eine ganz andersartige Pflanze, die im Englischen *mock orange* [Falsche Orange] heißt, da ihre Blüten und ihr Duft an Blüte und Duft der Apfelsine erinnern. Beide Arten waren in der Türkei bekannt, auch Gerard kannte sie und fand 1597 den Falschen Jasmin «in großen Mengen» vor. Er klassifizierte beide unter dem Namen *Syrinx* – Panflöte –, weil das Holz beider Pflanzen hohl ist und Mark enthält, das leicht entfernt werden kann – in der Türkei werden beide Hölzer dazu benutzt, Flöten herzustellen. Gerard nannte sie die *Blew Pipe* (Flieder) und die *White Pipe* (Falscher Jasmin), und der Botaniker Bauhin gab der letzteren Pflanze den Namen *Philadelphus,* obgleich in Vorderasien die Pflanze ein Symbol für Falschheit war und nicht für brüderliche Liebe, wie *Philadelphus* nahelegt. Trotzdem hat sich der populäre Name *Syringa* bis heute gehalten. Zusätzlich vergrößert wurde die Verwirrung noch durch M. Lemoine, einen französischen Züchter, der Anfang des Jahrhunderts eine Reihe von *Philadelphus*-Kreuzungen züchtete und ihnen verschiedene *Syringa*-Namen gab.

Die Meinungen darüber, ob eine Pflanze duftet oder stinkt, gehen weit auseinander. Mark Onway mochte den starken Duft des Falschen Jasmins. Seine Frau Prudence meinte, er sei viel zu stark; er verschlage ihr den Atem und die Pflanze dürfe unter keinen Umständen ins Haus gebracht werden; nur wenn die Pestilenz grassierte, durfte der Falsche Jasmin für Pomander benutzt werden. Es gab viele, die, wie Prudence, den Duft nicht mochten. Gerard gehörte zu ihnen wie auch der berühmte Gärtner E. A. Bowles (1866 – 1954), der in seinem großartigen Garten in Herfordshire den *Phila-*

delphus zwar in seiner Strauchsammlung haben wollte, doch den Duft so sehr verabscheute, daß er jedes Jahr alle Blüten abpflücken ließ – kein leichtes Unterfangen.

Während dieser Periode tauchte im Garten von Bartons End auch der erste Liguster auf, eine weitere stark duftende Pflanze, die die Gärtner des frühen 17. Jahrhunderts in Formen zu schneiden begannen – die Geburtsstunde des Baumverschnitts. Der Weißdorn, englisch auch *May tree* genannt, eignete sich auch für Baumverschnitt, doch mußte sehr sorgfältig darauf geachtet werden, daß die Blüten nicht ins Haus gebracht wurden, denn wenn das geschah, so hieß es, würde das Unglück bringen.

Der Kräutergarten existierte noch, doch wurde er nicht mehr so ausgiebig genutzt wie früher. Trotzdem hatte es einige nützliche Neuzugänge gegeben, etwa den Pontischen Rhabarber, wertvoll als Laxativ; die Weiße Taubnessel, die auf englisch auch *Adam and Eve in the bower* [Adam und Eva in der Laube] heißt und ihren biblischen Namen den beiden Staubblättern in ihrer Blüte verdankt; die Bitterdistel oder das Benediktinerkraut; Echten Safran und die Große Kapuzinerkresse, die aus Amerika gekommen war.

Der Gemüsegarten hatte sich vergrößert und viele neue Arten hinzubekommen; unter ihnen Blumenkohl, Feuerbohnen, Gartenkürbis, Spinat und Spargel, der zwar im Westen Englands heimisch war, doch bis zu dieser Zeit im Garten der Bartons nicht in großen Mengen angebaut worden war.

Die nach Neu England ausgewanderten Bartons besaßen einen ausgeprägten Familiensinn und waren mit ihren Verwandten in Kent durch Briefe in Verbindung geblieben, die von den Wundern der Neuen Welt berichteten, vor allem von der religiösen Freiheit, die unglücklicherweise durch die Angst vor Hexerei beeinträchtigt zu werden begann. Die Bartons in Kent ihrerseits informierten ihre kolonialen Vettern über politische Neuigkeiten in England, wie etwa die Hinrichtung von Charles I. im Jahr 1649, den Commonwealth – die Zeit der Republik –, und die Wiederherstellung der Monarchie im Jahr 1660. Sie schickten auch Material, das in Amerika benötigt wurde, wie Nägel, Werkzeuge, *quarrels* – rautenförmige Scheiben für Fenster –, sowie Saatgut von Weizen, Roggen und Gerste, Samen von Kräutern und Blumen und Tiere.

Der amerikanische John Barton schickte eine Auswahl von Samen, darunter waren etliche amerikanische Blumen, wie die Große Kapuzinerkresse, Lobelien, Sonnenblumen und die Glattblattaster. Einige Feuerbohnen waren auch dabei. Alle diese Neuheiten wurden sorgfältig gesät und

Feuerbohne

nach der Keimung, gepflegt, und es überrascht nicht, daß die Bohnen zuerst wegen ihrer Blüten bewundert wurden: Prudence Onway kam nicht auf die Idee, daß diese rauhen grünen Schoten eßbar sein könnten. Die wenigen großen Samen wurden eingesammelt und getrocknet; die meisten wurden Freunden und Verwandten als Saatgut geschenkt, und der Rest wurde für die Suppen verwendet. Gegen 1680 entdeckte man, daß die Schoten ein gutes Gemüse ergaben, wenn man die faserigen Enden wegschnitt.

Die Kartoffel verwirrte die Onways noch mehr. Ihre Vettern in den Kolonien hatten ihnen die Früchte (die Beeren) dieser Pflanze geschickt. Angeblich gab es vier verschiedene Arten der Kartoffel: die Süßkartoffel oder Batate *(Ipomoea batata)* (englisch *Spanish potato*); die «Kartoffel» *(Virginia potato) (Solanum tuberosum)*, die weiße Blüten hat; die *Irish potato*, auch *S. tuberosum* genannt, die jedoch für eine andere Art gehalten wurde, da sie lila Blüten hatte; und die Erdbirne oder Topinambur *(Helianthus tuberosus) (Canadian potato)*, die heute in England unter dem Namen *Jerusalem artichoke* bekannt ist.[b] Es ist viel wahrscheinlicher, daß Peru, und nicht Virginia, das Ursprungsland der *tuberosum* war, und auch in Peru war sie keine wildwachsende Pflanze, sondern eine Kulturpflanze, die seit Jahrhunderten von den Inkas angebaut und gezüchtet worden war.

Der *Solanum*-Samen, der im Jahr 1660 in Bartons End eingepflanzt wurde, entwickelte Triebe, und die Blüten, die im Juli erschienen, wurden sehr bewundert. Elizabeth Onway pflegte in der Familienausgabe von Gerards *Herball* zu lesen, auf dessen Titelblatt der Autor mit einer Blüte dieser Pflanze in der Hand abgebildet war, und daraus schloß sie, daß diese Pflanze wegen ihrer schönen Blüten gepflanzt wurde. Die eigentlichen Kartoffeln wurden übersehen. Anfangs hatte man noch nicht erkannt, daß sie als Saat für die nächste Ernte benutzt werden konnten und sogar eine größere und frühere Knollenernte erbringen würden. Auch verspürten die Onways anfangs keine große Neigung, die Kartoffel zu essen: Ein Namen, den man ihnen unter anderen gegeben hatte – das «knorrige Nachtschattengewächs» –, ließ gefährliche Eigenschaften vermuten.[c]

Die Onways holten ihre zweite Ernte im Jahr 1661 ein. Prudence Onway experimentierte dann mit den Kartoffeln, indem sie sie nach einem Rezept kochte, das sie von einer Freundin bekommen hatte. Diese Freundin war in der Karibik gewesen und hatte dort die Süßkartoffel gegessen, also versuchte Prudence die «Virginia»-Kartoffel entsprechend zuzubereiten. Die Kartoffeln wurden geschält, in ein Gefäß mit Zucker und Kräutern getan und langsam gebacken. Zucker war ein teurer und seltener Artikel, und so wurden «Virginia»-Kartoffeln von den Onways nicht allzu oft gegessen. Sie hatten allerdings auch keinerlei Hinweise erhalten, wie die Kartoffel anzubauen sei, und legten sie daher flach in den Boden, ohne die Erde aufzuhäufeln, wie es heute geschieht und sogar damals schon von erfahrenen Anbauern gemacht wurde. Bei den Onways waren also viele Knollen der direkten Sonnenbestrahlung ausgesetzt. Dadurch werden sie grün, bitter und für manche Leute sogar ein wenig giftig. Sie dürften kein besonders verlockendes Nahrungsmittel gewesen sein.

Im Jahr 1665 las Prudence John Fosters Buch *England's Happiness Increased* (1664),[33] in dem Anbau und Verwendung der Pflanze beschrieben werden, doch sie und ihre Familie mißtrauten der Kartoffel als Nahrungsmittel immer noch sehr. Mit der Zeit wurde die Kartoffel zunehmend als wertvolles Nahrungsmittel angesehen und vermehrt angebaut, doch die Farmarbeiter wehrten sich lange Zeit dagegen, sie auf ihrem kleinen Cottage-Gemüsebeet anzubauen. Gemüse wurde als Nahrungsmittel verachtet, es galt als die «Speise der Armut». Vielleicht spürten die Arbeiter instinktiv, daß ein Nahrungsmittel, das so leicht anzubauen war, ihren Lebensstandard drücken würde.

Gegen Ende des 17. Jahrhunderts entdeckten die Onways eine seltsame Krankheit bei der Kartoffel: die Kartoffelblätter rollten sich zusammen und kräuselten sich, und wenn diese Krankheit akut war, brachten die Pflanzen einen schlechten Ertrag. Im 18. Jahrhundert trat diese Krankheit immer häufiger auf. Es wurde eine Reihe von Theorien aufgestellt, die versuchten, das Phänomen zu erklären. Eine, die besonders stark verbreitet war, behauptete, daß fortgesetzte vegetative Vermehrung, das heißt, Jahr für Jahr Knollen (fälschlicherweise «Saatkartoffeln» genannt) zu pflanzen, zu einem Verlust an Produktivität führe. Damit ihre Stärke erhalten blieb, mußten die Kartoffeln von Zeit zu Zeit mit männlicher Lebenskraft angereichert werden. Der Vorschlag paßte gut zu dem Machismo jener Zeit, doch stellte sich tatsächlich heraus, daß die Kartoffeln, die man aus dem Samen zog, also den dunklen Beeren, die sich nach dem Verblühen der Blüte bildeten, Pflanzen ergaben, die frei von dieser «Blattrollkrankheit» waren. Doch sie brachten auch Pflanzen hervor, die sich von den Mutterpflanzen unterschieden, also nicht «sortenrein» waren. Man wußte nie genau, was für Pflanzen der Samen hervorbringen würde, und die winzigen Sämlinge brachten auch nicht so große Erträge wie die normale Aussaat mit Kartoffelknollen. Es wurde allgemein angenommen, daß eine gute

Kartoffelsorte nicht länger als 14 Jahre hielt, daß dann ihre Lebenskraft erschöpft war.

Der Grund für den Erfolg der Sämlinge war jedoch ein anderer, als man glaubte. Die Blattrollkrankheit und verschiedene ähnliche Krankheiten, wie etwa «Strichelmosaik», waren Viruskrankheiten, die durch Blattläuse von befallenen Pflanzen auf gesunde übertragen wurden. Ein solcher Virus befällt alle Gewebeteile einer Pflanze, bis auf einige Zellen an den wachsenden Spitzen einer Wurzel oder eines Triebes und bis auf den Embryo im Samen. Der Virus kann die Membran, die diesen Embryo schützt, nicht durchdringen. So bleibt der Samen virusfrei.

In einem Kartoffelbeet, wo es viele Blattläuse und einige erkrankte Pflanzen gibt, wird der Virus sich auf viele Pflanzen ausbreiten. Die Knollen werden infiziert und, wenn sie als Saatgut verwendet werden, auch die nächsten Generationen. Doch in wilden und windigen Regionen gedeihen Blattläuse nicht gut, daher die große Bedeutung der walisischen, irischen und schottischen Saatkartoffeln, die in solchen blattlausfreien Gegenden angebaut werden. Wenn keine Blattläuse – also keine Überträger – vorhanden sind, bleiben die meisten Pflanzen von der Krankheit verschont, selbst wenn einige befallen sind. Wer Kartoffeln für Saatgut anbaut, sollte außerdem jede befallene Pflanze, sobald er sie entdeckt hat, mit der Wurzel herausziehen und vernichten.

Gegen Ende des 18. Jahrhunderts hatten die Munroyds, die Nachfolger der Onways in Bartons End, und ihre Nachbarn wegen dieser Krankheiten nur noch sehr schlechte Kartoffelerträge und mußten feststellen, daß das Züchten von neuen Sorten aus Samen sehr schwierig und zeitraubend war. Immer wieder kauften sie Saatknollen von einer als wertvoll, neu, ertragreich und köstlich angepriesenen Kultursorte, nur um festzustellen, daß sie genauso verseucht war wie ihr eigenes Saatgut oder es bald wurde. Viele Leute versuchten, hinter dieses Geheimnis zu kommen. Ein Freund in Schottland, der Charlotte Munroyds Interesse für das Thema kannte (sie hielt die Kartoffel für ein nützliches Nahrungsmittel für die «arbeitenden Klassen»), schickte ihr 1815 – im Jahr von Waterloo – eine Abhandlung über dieses Thema, die ein Mr Thomas Dickinson aus Edinburgh verfaßt hatte.[23] Was die Ursache dieser Krankheit betraf, irrte sich zwar der Autor – er machte das Anpflanzen von überreifen Knollen dafür verantwortlich –, doch erwähnte er etwas, was sich schließlich als die beste Methode herausstellte, die Krankheit zu bezwingen. Da es entscheidend sei, in den Besitz von unreifen Saatknollen zu kommen, schlug er unter anderem vor, daß man sie sich «von höhergelegenen Regionen des Landes beschaffe, wo aufgrund des Klimas und anderer Umstände Knollen nie überreif sind.»

Überreife hatte mit der Sache nichts zu tun: das Nichtvorhandensein von Blattläusen war der entscheidende Punkt. Es ist interessant festzustellen, wie oft eine richtige Behandlung aus den falschen Gründen empfohlen wird.

In letzter Zeit haben sich diese Viruskrankheiten der Kartoffel wieder stark ausgebreitet. In den 60er Jahren gab es zum Beispiel kein virusfreies Saatgut der beliebten Sorte *King Edward* mehr. Es gelang jedoch einigen Wissenschaftlern, im Labor mit empfindlichen Instrumenten von der Spitze eines befallenen Triebes dieser Kultursorte einige Zellen zu entfernen, die, wie bereits erwähnt, garantiert virusfrei waren und doch die vollständige genetische Zusammensetzung der ursprünglichen *King Edward*-Pflanze enthielten. Diese Zellen wurden dann auf ein Substrat in einem Reagenzglas übertragen, wo sie Wurzeln schlugen und sich zu einer winzigen Pflanze entwickelten. Zu gegebener Zeit wurde die Pflanze ausgesetzt, wuchs heran und produzierte Knollen, die genetisch reine, virusfreie *King Edwards* waren. Die Kultursorte war so wiederhergestellt worden. Das Saatgut wurde mehrere Jahre lang sorgfältig vermehrt, und heute sind die *King Edwards* so beliebt wie zuvor, und es kann wieder virusfreies Saatgut gekauft werden.

Anfang des 18. Jahrhunderts akzeptierten die Munroyds die Kartoffel endlich als ein wertvolles Nahrungsmittel, desgleichen die Farmarbeiter, wenn auch noch zögernd. Es entbrannte ein heftiger Konkurrenzkampf darüber, wer für die lokale Blumen- und Gemüseschau die größte Knolle züchten konnte. Eine Kultursorte, die *White Elephant* hieß, konnte dazu gebracht werden, riesige Kartoffeln hervorzubringen – 700 Gramm schwere Exemplare waren keine Seltenheit. Der Name dieser Kultursorte war treffend, denn als Gemüse war sie so gut wie wertlos: sie ließ sich schwer schälen und verkochte zu einem pampigen Brei, doch brachte sie ein positives Element der Konkurrenz in das Dorfleben.

Mark und Prudence verwandten sehr viel Liebe auf ihren Obstgarten, der sich zwischen 1660 und 1670 in einem hervorragenden Zustand befand. Auf die meisten Holzapfelbäume waren vielversprechende Kultursorten veredelt worden, wie *Pome Water*, *Juneating* und *Adam's Pearmain.* Es wurden auch viele neue Birnen angepflanzt: da gab es *Autumn Berg*, *Winter Bergamot* und *Cadillac* unter vielen anderen, die nur ortsbekannte Namen hatten.

Die Onways waren überzeugt, wenn auch vielleicht nicht ganz hundertprozentig, daß sie den Bäumen etwas Gutes taten, wenn sie mit ihnen sprachen, was sogar heutzutage noch bei Zimmerpflanzen empfohlen wird. Die Sache lag in der Luft. Ein Bekannter von ihnen, R. Austen, schrieb 1676 sogar ein Buch über dieses Thema.[7] Die meisten Bäume schienen so alt zu sein, daß man sich fragen mußte, welche Sprache man benutzen sollte, ein Punkt, der bei heutigen Pflanzenbesprechern nicht zur Diskussion zu stehen scheint. Die Onways sannen darüber nach, ob Hebräisch, Griechisch oder Latein zu benutzen sei, was den Rahmen ihrer Unterhaltung sehr eingeschränkt hätte. Doch schließlich gelangten sie zu der Ansicht, daß Bäume so alt und klug seien, daß sie alle Sprachen verstehen könnten und daß man daher ebensogut Englisch sprechen könnte. Es ist nicht belegt, ob sie von den Bäumen jemals eine Antwort bekamen, obgleich das Seufzen und Knarren der Blätter und Äste in einem Sommerlüftchen vielleicht als eine Antwort in einer fremdartigen Sprache verstanden wurde. Auf jeden Fall waren die Onways der Meinung, daß ihr Sprechen den Bäumen geholfen hatte, so schön zu wachsen. Seltsamerweise gibt es sogar eine wissenschaftliche Erklärung für die vermutete Tatsache, daß das Besprechen von Pflanzen ihrem Wachstum förderlich sein könnte, zumindest was Zimmerpflanzen betrifft. Der menschliche Atem erhöht den CO_2-Gehalt der Luft um sie herum und verstärkt so die Assimilation von Kohlenstoff.

Hannah Carpenter, eine ältere Magd von Prudence, bekam im Zusammenhang mit diesem Brauch allerdings einmal eine ganze Menge Ärger. Wie ihre Herrin liebte sie den Obstgarten und beteiligte sich an den Gesprächen mit den Bäumen. Hannah hatte eine Lieblingskatze, eine schwarze, die ihr ganz ergeben war. Sie hatte sie als Kätzchen gerettet, und das Tier lief ihr überallhin nach und ließ sich auf der Schulter herumtragen. Hannah sprach nicht nur mit den Bäumen, sondern verrichtete auch noch andere, praktischere Tätigkeiten, wie Bäume ausputzen, Obst ausdünnen, es vor Diebstahl bewachen und pflücken. Eines Tages im Herbst verjagte sie einige Jungs, die gerade dabei waren, Äpfel aus dem Obstgarten zu stehlen, und just in dem Moment sprang ihre Katze aus einem Baum auf ihre Schulter. Die Jungs zeigten sie im Dorf als Hexe an und behaupteten, die Katze sei ihr Schutzgeist und es sei ja bekannt, daß sie die Bäume mit allerlei fremdartigen Worten bespreche. Außerdem züchte sie alle möglichen gefährlichen Kräuter, wie Gartenraute, Fingerhut, Eisenhut und Teufels Abbiß, aus denen sie Heilmittel herstelle und mit denen sie Leute verzaubere. Da diese letztgenannte Pflanze angeblich die Schwarze Pest heilte und Fieber linderte, verhieß eigentlich nur ihr Name Unheilvolles. Mit der armen Frau hätte es noch ein schlimmes Ende nehmen können, hätte ihre Herrin sie nicht rundheraus verteidigt. Sie beschimpfte den Friedensrichter, den Pastor und den Dorfpolizisten, nannte sie dumm und unwissend und fügte hinzu, daß im ganzen Land kein Baum oder Schaf mehr sicher wäre, wenn eine Anklage wegen Hexerei als Verteidigung für Apfeldiebstahl herhalten müsse. Und seit wann, das würde sie doch gerne wissen, war es verboten, Medizin aus dem Teufels Abbiß zu machen, einer Pflanze, die so manch ein Fieber und so manchen Pestkranken geheilt hatte?[d]

Daß die Onways mit ihrem Garten so viel Erfolg hatten, lag auch an dem Umstand, daß sie die vernünftigen Ratschläge befolgten, die ihnen ein Buch von William Lawson gab, *The New Orchard and Garden with the Country Housewife's Garden,* das im Jahr 1618 erschienen war und bis 1696 viele weitere Auflagen erlebte.[e] Vor allem der zweite Teil des Werkes sprach Prudence Onway an, da es das erste Buch war, das sich an Gärtnerinnen richtete.[50]

Sie zeigte ihrem Gärtner, daß sie sein Können und seine Geschicklichkeit schätzte, und sorgte dafür, daß er gut entlohnt wurde, ein bequemes Cottage bekam und ausreichend mit Blumen, Obst und Gemüse aus dem Garten versorgt wurde, den er so gut hegte und pflegte, und sie folgte Lawsons Rat, indem sie ihm die Hilfe zuteil werden ließ, die er benötigte, sein endloses Werk zu vollenden – eine Formel zum Erfolg, heute noch ebenso gültig wie damals.

Es bereitete große Freude, den Obstgarten zu betrachten, den Duft der Blüten einzuatmen und dem Gesang der Vögel zu lauschen. Die Onways folgten Lawsons Rat und erfreuten sich an einer «. . . Brut von Nachtigallen, die Ihnen mit vielerlei Tönen und Melodien, die sie mit kräftiger, entzückender Stimme aus einem schwachen Leib hervorbringen, Tag und Nacht Gesellschaft leisten wird».

Im allgemeinen wurden die neuen Pflanzenarten und Kultursorten existierender Arten zunächst in den Gärten der Herrschaftshäuser kultiviert, von wo sie dann, wie bereits erwähnt, die gesellschaftliche Leiter hinunterwanderten, doch gab es auch Ausnahmen wie die Himbeere und die Stachelbeere. Anfangs wurden diese Früchte nur von den Cottagers angebaut, die sie im Wald fanden. Im Jahr 1632 pflanzte Mark Barton einige verbesserte Himbeeren, die er aus den Niederlanden bekommen hatte, und im Jahr darauf einige Stachelbeeren aus Lincolnshire. Beide Beerensorten erfreuten sich bei der Familie bald großer Beliebtheit, obgleich schwangere

Nachtigall

Frauen sie meiden sollten, wie überhaupt jegliches frische Obst. Die Stachelbeeren gediehen so gut, und die Beeren ließen sich so problemlos transportieren, daß eine 2000 m^2 große Pflanzung angelegt und die Ernte auf den Markt gebracht wurde. Sie wurden zu einer ansehnlichen Einkommensquelle für die Onways.

Der in diesem Kapitel behandelte Zeitraum war in den oberen Gesellschaftsschichten durch den Siegeszug des Baconismus geprägt. Nachdem Sir Francis sie mit der Methode des Experiments zur Enthüllung der Geheimnisse der Natur (anstelle der bislang üblichen Autoritätshörigkeit) bekannt gemacht hatte, erkannten sie auch selbst, welche Befriedigung dem Geist durch diese Tätigkeiten zuteil wurde. Über das Gärtnern schrieb Francis Bacon: «Es ist das reinste aller Vergnügen ... Es ist die größte Erfrischung für den Geist des Menschen. Ohne Gärten sind Gebäude und Paläste nichts als hohle Werke aus Menschenhand.»

Ähnliche Empfindungen breiteten sich auch in den unteren Gesellschaftsschichten aus, und die Bewohner von Bartons End, die erfolgreichen Farmer, waren unter den ersten, die sich diese Einstellung zu eigen machten. Den Engländern ging es gut. «Der Spanier ißt, der Deutsche trinkt, und die Engländer sind in beidem groß», schrieb Thomas Muffet in seinem Buch *Health's Improvement*, das 1648 erschien.

5. Kapitel

Der Garten von Joseph Munroyd, seinem Sohn Isaac und seinem Enkel Charles Munroyd

1689–1764

IM JAHR 1689 hatte der 49jährige Joseph Munroyd, ein Londoner Kaufmann bäuerlicher Herkunft, die Absicht, die 24jährige Ruth Breadman, Tochter eines kentischen Farmers, zu heiraten. Er hatte ein beträchtliches Vermögen durch den Karibik-Handel angehäuft – jene unselige Trias aus Rum, Zucker und Sklaven – und wollte es in der Landwirtschaft investieren. Es war seine erste Ehe, und er dachte, daß der Frieden und die Ruhe des Landlebens ihm und seiner jungen Frau sehr zusagen würden. Die Jungvermählten besichtigten eine Reihe von Grundstücken und waren so verzaubert von Bartons End, daß sie James Onway einen sehr guten Preis dafür boten. James wiederum hatte so viele begeisterte Berichte über die amerikanischen «Plantagen» gehört und so viele fremdartige Pflanzen von dort zu sehen bekommen, daß er in der Neuen Welt sein Glück versuchen wollte. Er nahm Mr Munroyds Angebot an, räumte Bartons End zu Michaelis 1689 – im Jahr nach der Thronbesteigung von William und Mary – und reiste bald darauf nach Amerika ab. Joseph betrieb die Farm nicht eigenhändig, sondern beauftragte einen Gutsverwalter damit, den Mann, der Vorarbeiter bei den Onways gewesen war.

Joseph und Ruth hatten drei Kinder, einen Jungen, Isaac, der 1690 geboren wurde, und zwei Mädchen. Joseph starb 1705 im Alter von 65. Es war das Jahr, in dem Newcomen seine Dampfmaschine erfolgreich vorführte, ein Ereignis, das später die Welt verändern sollte. Ruth Munroyd betrieb die Farm mit der Unterstützung des Verwalters, bis Isaac im Jahr

1711 Anne Cobb heiratete, den inzwischen bejahrten Verwalter in den Ruhestand entließ und selber die Leitung der Farm übernahm.

Isaac und Anne hatten ebenfalls drei Kinder: Charles, 1716 geboren, Ruth und noch ein Mädchen, das kurz nach der Geburt starb. Isaac Munroyd arbeitete sehr fleißig sowohl auf der Farm als auch im Garten und hinterließ seinem Sohn Charles im Jahr 1752 einen blühenden Besitz.

Charles, der es gesellschaftlich zu etwas bringen wollte, drängte seinen Vater wiederholt, den Status der Familie zu verbessern. Kentische Farmer, so behauptete er, seien genausogut wie andere. Sie waren jetzt Grundbesitzer, mit einem Vermögen, dessen Grundstock Charles' Großvater Joseph Munroyd gelegt hatte.

Charles heiratete im Jahr 1752, relativ spät, im Alter von 36, kurz vor dem Tod seines Vaters. Um diese Ehe mit der wohlhabenden Susannah Aylesford, dem einzigen Kind eines reichen Steinkohle-Kaufmanns, schließen zu können, mußte er sich daranmachen, Farm, Haus und Garten erheblich zu verbessern. Vielleicht glaubte er, daß Susannah sich niemals darauf einlassen würde, einen Mann zu nehmen, der in einem strohgedeckten Haus mit altmodischer Balkendecke wohnte. Er mußte das Haus in einen so guten Zustand bringen, daß es, wenn sein Vater dann starb, würdig war, eine so vornehme, sprich: reiche Person aufzunehmen. Natürlich mußte zunächst die Farm verbessert werden. Dann konnte das Haus drankommen, und Susannah – er liebte ihre reizende Person ebenso wie ihr Geld – würde ihn nehmen. Sie würden so lange in ihrer winzigen «Liebeslaube», der verbesserten Verwalterwohnung, wohnen, bis sie die Farm erbten, doch die Sache mußte in der richtigen Weise eingefädelt werden.

Die wesentlichste Veränderung an der Farm, die Charles durchsetzte und mit der sein Vater zu seiner Überraschung sogleich einverstanden war, bestand in der Errichtung eines neuen Wirtschaftshofes, dessen Nebengebäude sich westlich der Ställe befanden. Auf diese Weise wurden die unangenehmen Gerüche vom Haus ferngehalten und die Hygiene (allerdings unbeabsichtigt) verbessert, weil jetzt der Misthaufen den Brunnen nicht mehr verseuchte. Für den neuen Verwalter wurde ein anderes Haus gebaut, und für die Trocknung und Lagerung des Hopfens, der sich inzwischen zu einer sehr lohnenden Feldfrucht entwickelt hatte, wurde eine Hopfendarre errichtet. Es wurden auch Einrichtungen für die Lagerung von Obst und die Herstellung von Cider und Bier geschaffen. Der alte Wirtschaftshof wurde schließlich Teil des Gartens.

Charles glaubte, er hätte Glück gehabt, daß er seinen Vater dazu überreden konnte, diese Veränderung zu veranlassen. Doch Isaac, der durchaus nichts gegen Charles' Bedürfnis nach «Statusverbesserung» einzuwenden hatte, erklärte sich mit diesen Veränderungen nur deshalb einverstanden, weil er glaubte, daß sie sich auszahlen würden. Daß der stinkige Wirtschaftshof verlegt werden sollte, weg von Haus und Brunnen, gefiel ihm ganz besonders. Der Brunnen war immer voller Insekten und anderem Getier vom Hof, und das konnte doch wohl nicht gut für die Gesundheit sein.

Charles' Bemühungen, das Haus zu verbessern, wurden auch dadurch erleichtert, daß er in seiner Mutter eine Verbündete hatte. Zu den wichtigsten Veränderungen, die vorgenommen wurden, gehörte der Umbau des Strohdachs zu einem Ziegeldach. Das sei wirtschaftlicher, meinte Charles, da Ziegel im Gegensatz zu Stroh nicht ständig erneuert werden mußten. Auch die große Scheune bekam ein Ziegeldach. In die meisten Räume wurden Decken eingezogen, zur Verkleidung der Balken verwendete man Putzträger und Putz. In der Küche wurde eine Pumpe installiert, die die Wasserversorgung sauberer und bequemer machte. Eine weitere Pumpe wurde im Gartenbrunnen eingebaut, was das Wässern der Pflanzen im Sommer erleichterte.

Charles' komplizierter, schlauer Plan war offenbar von Erfolg gekrönt, denn er und Susannah feierten 1752 ihr fröhliches Hochzeitsfest. Doch eigentlich liebte Susannah Charles so sehr, daß sie ihn auch ohne seinen raffinierten Plan, mitsamt dem altmodischen Strohdach, den Balken und den Hofgerüchen genommen hätte.

Während des Bürgerkrieges und der Zeit des Commonwealth (1642 bis 60) hatten die Menschen weder das Bedürfnis noch die Gelegenheit, ihre Gärten mit vielen neuen Pflanzen zu verschönern. Doch als Joseph Munroyd das Grundstück 1689 erwarb, hatte England eine fast 30 Jahre währende gärtnerische Weiterentwicklung hinter sich, die unter anderem den Import von Neuheiten aus dem Ausland beinhaltete sowie die ständige Auslese besserer, das heißt größerer oder farbenprächtigerer Kultursorten einheimischer Pflanzen. Darunter waren die verbesserten Lilienarten, die man durch die Suche nach herausragenden Exemplaren der Wasserschwertlilie erhielt. Diese Lilien gehörten zu den ersten Erwerbungen der neuen Besitzer. Vor dem Besitzerwechsel waren nicht viele von diesen neuen Pflanzen im Garten von Bartons End zu sehen gewesen.

Die Importpflanzen, die James Onway auf den Grundstücken seiner Nachbarn sah, spielten eine nicht unbeträchtliche Rolle bei seinem Entschluß, Bartons End zu verkaufen und in die Kolonien auszuwandern. Durch jenes unwiderstehliche Trostmittel Tabak und das neue Nahrungsmittel Kartoffel zu der Überzeugung gebracht, daß für den modernen Menschen nur noch Amerika in Frage kam, dachte er, daß jede Pflanzenneuheit, wie etwa die kleinasiatische Aurikel, aus Amerika kommen müßte.

Das ließ den neuen Besitzern von Bartons End erheblichen Spielraum, den Garten zu verbessern. Zu den Neuerwerbungen, die Joseph Munroyd und seine junge Frau Ruth sich zulegten, gehörten ausgesuchte Kultursorten einheimischer Pflanzen – wie die Lilie –, gefolgt von dem noch dekorativeren, doch sehr giftigen Eisenhut *(Aconitum hapellus).* Er war angeblich die Lieblingspflanze der Hexen, und sein Vorhandensein in Hannah Carpenters Kräuterbeet war einer der Punkte, die man bei der Anschuldigung wegen Hexerei angeführt hatte.

Zu den verbesserten einheimischen Pflanzenarten, die Joseph Munroyd neu aufnahm, gehörten ein Immergrün, das später den seltsamen Namen *the pleasures of memory* [Die Vergnügen der Erinnerung] bekam,[a] und der Garten-Rittersporn *(Delphinum ajacis)* – seinen wissenschaftlichen Namen hat er von der Markierung an den Blütenstengeln, die der Buchstabenfolge A I A I ähnelt. Weitere verbesserte Pflanzenarten – längst heimisch gewordene oder einheimische –, die gegen 1691 hinzukamen, waren Hyazinthen, Alpenveilchen und die Brennende Liebe – diese leuchtendrote Blume aus Ostrußland, englisch *Jerusalem cross* –, so genannt wegen ihrer Form, die an ein Malteserkreuz erinnert.

Die Trübe Nachtviole, die im Englischen den sonderbaren Namen *melancholy gentleman* hat, erschien 1697 im Blumenbeet der Munroyds, obgleich sie schon an die 70 Jahre zuvor von Österreich nach England gelangt war. Sie hatte auch noch eine Reihe anderer Namen, wie *dame's violet, night-smelling stock* und *Queen's gilly flower.* Der wissenschaftliche Name, *Hesperis tristis,* weist mit dem griechischen Wort für Abend auf die Tageszeit hin, zu der ihre Blüten am stärksten duften und wo die Gentlemen vermutlich am melancholischsten waren.

Im Jahr 1698 wurden zwei heute sehr verbreitete Bäume, die ursprünglich aus der Schweiz kamen, gesetzt, die Goldregenarten *Laburnum anagyroides* und *L. vulgare,* deren Samen sehr giftig sind. Etwa zur gleichen Zeit wurden einige kurz zuvor verbesserte einheimische Arten gepflanzt, Kornblumen, Löwenmaul, die Weißlichgraue Levkoje, der Acker-Rittersporn, Mutterkraut und Steinbrech *(Saxifraga spathularis),* so genannt, weil man die Pflanze oft in Felsspalten vorfand und daher glaubte, daß ihre Wurzeln

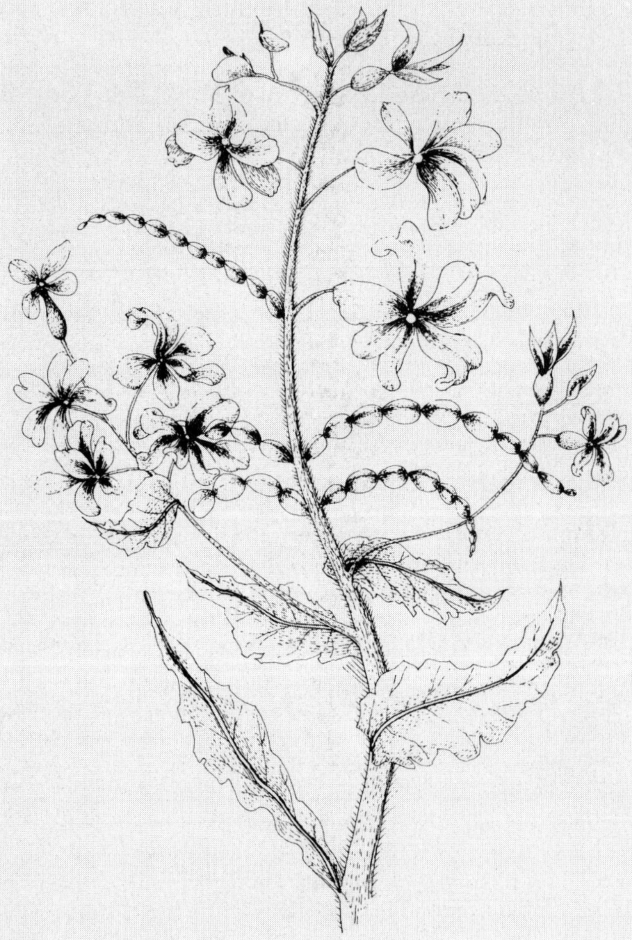

Trübe Nachtviole

Stein zerbrechen konnten. Obgleich Wurzeln kräftiger Bäume tatsächlich dazu in der Lage sind, besitzen die Saxifragacae diese Fähigkeit nicht. Da man glaubte, daß die Pflanze Steine bezwingen kann, hielt man sie auch für ein Heilmittel gegen Blasensteine.

Aurikel waren im Garten schon bekannt, doch um 1712 entwickelte sich eine wahre Manie für neue und prächtige Sorten. Sie war nicht ganz so heftig wie die Tulpenmanie des vorangegangenen Jahrhunderts, doch zeigte sie viele Symptome jener Krankheit. Im Jahr 1716 bezahlte Isaac Munroyd £ 5, damals eine Menge Geld, für ein importiertes Exemplar im Zusammenhang mit den Feierlichkeiten anläßlich der Geburt seines Sohnes Charles. Es glich in etwa der heutigen Sorte *red dusty miller* und wurde sehr bestaunt.

Einige Jahre später gab es einen weiteren Ausbruch von Betriebsamkeit, der das Auftauchen von neuen einheimischen und importierten Kultursorten mit sich brachte. Im Jahr 1720 pflanzte Anne einen Heidewacholder. Er gedieh, und 1725 verwendete Anne bereits seine Beeren im Destillationsraum, um ihren Branntwein zu würzen. Was sie da machte, war eigentlich eine Art Gin, der in großen Mengen aus den Niederlanden importiert wurde und «Genever» hieß, nach dem holländischen Wort für Wacholder. Eine weitere Verwendung fanden Wacholderbeeren als Pfefferersatz. Im selben Jahr wurde auch eine Pflanze in den Garten aufgenommen, die ungeheuer populär wurde und es immer noch ist – die Wicke, die aus Sizilien stammte.

Um 1730 waren die Beete durch eine Reihe von inzwischen relativ weitverbreiteten Gartenpflanzen bereichert worden. Da gab es die Nachtkerze, die sich an ihrem neuen Standort wohlfühlte und wie ein Unkraut gedieh (sie war aus Amerika gekommen). Wie ihr Name vermuten läßt, öffnen sich ihre Blüten abends und locken Nachtinsekten an. Weiter waren da die Kanadische Goldrute aus Amerika, Margeriten und eine nahe Verwandte der Nachtviole, *Malcolmia maritima,* die früher «Julienne de Mahon» genannt wurde.

Als Charles Munroyd im Jahr 1741 25 wurde, hatte er schon ein starkes Interesse für den Garten entwickelt. Im Rahmen seiner Aktivitäten zur Verbesserung des Familienstatus vernichtete er die alten Vergißmeinnichtbeete, weil er sie langweilig und altmodisch fand, und pflanzte Garten-Chrysanthemen und die Kleinblütige Königskerze aus, die er irrtümlicherweise für eine Neuheit hielt, obwohl sie nur die verbesserte Form einer einheimischen Pflanze war.

Wie man sich denken kann, intensivierten sich Charles' Aktivitäten im Garten, als er begann, Susannah Aylesford zu umwerben. Er versuchte, sich die neuesten Pflanzen und modische Garteneinrichtungen zuzulegen, auf die ein Gentleman seiner Meinung nach nicht verzichten konnte. Zum Beispiel baute er nördlich vom Haus einen Aussichtsturm, von dem aus man einen Blick auf die öffentliche Straße hatte. Damals der letzte Schrei! Seinem Vater erklärte er, daß es ein Ort sei, wohin er sich zurückziehen könne, um Frieden und Ruhe zu genießen und «vor seinen Freunden sicher zu sein». Außerdem mußte Susannah diese modische Neuheit besichtigen: eine gute Gelegenheit, zu zweit alleine zu sein, da dort kaum mehr als zwei Leute hineinpaßten.

Charles' wichtigste Pflanzenneuheit waren vor allem Magnolien. Der verhältnismäßig kleinblütige Sumpfmagnolienbaum war schon 1749 hinzugekommen, doch nach der Heirat und der Geburt ihres zweiten, einzig überlebenden Sohnes George Munroyd im Jahr 1754 wurde die elegante, großblütige *Carolina Bull Bay*-Magnolie an der sonnigen Südost-Mauer des Hauses gepflanzt, und sie steht heute noch dort, obgleich sie immer schwächer wird.

Zwei weitere Neuheiten, die in derselben Zeit eingesetzt wurden, kamen aus Amerika, der sehr bewunderte Phlox, *(Phlox maculata),* so genannt wegen der Flecken auf dem Stengel, und der Trompetenbaum, der für die «Susannah-Eroberungskampagne» wenig brachte, da er mehrere Jahre braucht, bis er die ersten seiner reizvollen fingerhutähnlichen Blüten bildet.

Charles hatte eine Schwäche für Pflanzen, die wir heute vielleicht als «Knüller» bezeichnen würden, und der Diptam, englisch *burning bush* [Brennender Busch], war genau das, was er suchte. Sonderlich neu war die Pflanze in England nicht. Der Diptam war Ende des 16. Jahrhunderts aus Deutschland gekommen, doch für Charles war er eine reizvolle Neuheit. Mit ihm konnte er immer wieder Besucher in Erstaunen versetzen, denn bei trockenem, sonnigem Wetter umgibt den Busch eine ätherische Duftwolke, die sich mit einer brennenden Lunte entzünden läßt. Es gibt eine Stichflamme mit einem Rauchwölkchen. Der Pflanze scheint es nicht zu schaden, und die Zuschauer sind stets verblüfft. Zur Zeit der Brautwerbung bat Charles Susannah oft, mit ihm zusammen zu diesem Busch zu gehen, um ihn brennen zu sehen, was sie auch tat, doch nur in Begleitung einer Magd, die ihr in diskretem Abstand mit einem Eimer Wasser folgte, eine Maßnahme aus Gründen der Sicherheit als auch des Anstands. Heute befindet sich kein Diptam mehr im Garten. Der Trick wurde einmal zu oft inszeniert, und der Busch brannte ab. Heute stehen im Garten dafür Büsche des *Kohleria amabilis,* englisch *American burning bush.* Das ist jedoch eine andere Gattung, die so benannt ist, weil sie mit flammenfarbenen Blüten bedeckt ist.

Natürlich kosteten alle diese Veränderungen Geld. Es mußten nicht nur Pflanzen gekauft werden, man brauchte auch zusätzliche Gärtner. Isaac, der den Garten liebte, ließ Charles bereitwillig gewähren, solange die Veränderungen und Neuerwerbungen nicht zu gewagt waren. Es stand durchaus Geld zur freien Verfügung. Der Hopfen war eine einträgliche Feldfrucht und problemlos im Transport, während Äpfel und Birnen, die sich nicht als Frischobst verkaufen ließen, immer noch zu *Cider* und *Perry* (Most) verarbeitet werden konnten. Mit dem Vieh und den Farmprodukten lief es gut. Er hatte auch nichts gegen das Geld der Aylesford einzuwenden. Er hatte die gleichen Vorstellungen wie Lady Bracknell in einer viel späteren Epoche: Wie man weiß, war sie eine entschiedene Gegnerin der Geldheirat, doch dachte sie nicht im Traum daran, sich von der Tatsache, daß sie kein eigenes Vermögen besaß, abhalten zu lassen, den reichen Lord Bracknell zu heiraten.[73]

Während er um Susannah warb, kamen Charles Zweifel, ob er seinen Garten wirklich nach den richtigen Gesichtspunkten umbaute, und so faßte er den Entschluß, Lord Mountravers' prächtiges Landhaus zu besuchen, das an die 20 Meilen entfernt lag, um zu sehen, wie der Adel seine Gärten gestaltete.

Heutzutage meint man, daß die Besichtigung von Herrschaftshäusern und deren Gärten durch einfache Leute ein Phänomen der heutigen Zeit sei, aber das ist keineswegs der Fall. Wenn man ein Gentleman war, oder wie ein Gentleman aussah, konnte man mit einem Trinkgeld für den Hausmeister oder den Obergärtner erreichen, daß man in den Genuß einer Führung kam, wenn nicht gerade irgendeine Gesellschaft stattfand.

Nachdem er eine Empfehlung für den Hausmeister bekommen hatte, plante Charles seinen Besuch mit nicht geringer innerer Erregung. Er würde einen Tag vorher auf seinem besten Pferd hinüberreiten und in einem örtlichen Gasthaus in der Nähe übernachten, damit er sich am nächsten Tag in bester Form präsentieren konnte. Er würde vielleicht, wer weiß, sogar Seine Lordschaft oder Ihre Ladyschaft persönlich kennenlernen, und mit seiner ansehnlichen Erscheinung – gekleidet in seinen bauschigen grünen Rock und mit einem neuen betraßten Dreispitz auf dem Kopf – würde er einen vorteilhaften Eindruck machen. Und dann würden sie ausführlich über Gärtnerei diskutieren.

Seinem Vorhaben war dann jedoch nur ein Teilerfolg beschieden. Der geschwätzige Hausmeister plauderte endlos lange über seine Familie, während Charles sich danach sehnte, endlich in den Garten zu gelangen. Der Gärtner hingegen war sehr einsilbig und hatte es eilig, wieder an seine Arbeit zu gehen. Ihre Ladyschaft war abwesend. Lord Mountravers befand sich im Aussichtsturm, und als Charles sich näherte, trat er heraus, streckte dem Besucher die Hand mit den Worten entgegen: «Ich hoffe, Ihnen gefällt mein kleiner Garten» (er erstreckte sich über gut vier Hektar), und bevor Charles richtig zu Wort kommen konnte: «William, versäumen Sie nicht, Mr Mumford (war das vielleicht eine beabsichtigte Beleidigung?) das Ananas-Haus zu zeigen, und geben Sie ihm eine Ananas, wenn eine reife da ist.» Dann begab er sich zurück in seinen Aussichtsturm. Charles entfernte sich betrübt. Doch als der Obergärtner sah, daß sein Arbeitgeber den Besucher zu billigen schien, wurde er etwas gesprächiger. Charles sah und bewunderte die Orangerie, die Statuen und Springbrunnen im Italienischen Garten, Alleen, einen See, einen Irrgarten, Baumverschnitt und wundervolle Stauden. Voll neuer Ideen und mit der Gewißheit, daß er unbedingt einen *stove,* ein Gewächshaus, haben mußte, machte sich Charles wieder auf den Heimweg.

Nach Charles' Heirat ließ das Tempo, in dem neue dekorative Pflanzen in den Garten aufgenommen wurden, merklich nach. Er hatte genug damit zu tun, sich um die Neuerwerbungen zu kümmern. Nach dem Tod seines Vaters packte ihn erneut der Ehrgeiz, ein Gewächshaus zu installieren, was dazu führte, daß er die Blumen ziemlich vernachlässigte.

Wir wenden uns nun einigen äußerlichen Veränderungen zu, die Charles im Garten vornahm, und den Umbildungen auf den Gemüsebeeten und im Obstgarten, die mehr von den angestellten Gärtnern herrührten als vom «jungen Master» selber.

Als erstes machte sich Charles daran, die *knottes* zu verbessern. Er entfernte die mit Schafknochen abgestützten Planken, die sowieso schon zu vermodern begannen, und ersetzte sie durch einen Ziegel- und Steinrand und Buchsbaum- und Lavendelhecken. Die beiden Schafsschädel auf den Säulen am Eingang zum Hauptgarten ersetzte er durch Steinkugeln, die, wie man ihm versichert hatte, genauso wirkungsvoll gegen Blitzeinschlag waren – im Grunde genommen eine zutreffende Behauptung, da weder das eine noch das andere in dieser Hinsicht etwas nützte.

Besondere Aufmerksamkeit schenkte Charles den Weißdorn-, Eiben- und Ligusterhecken und machte auch die neue Mode mit, sie in Formen zu

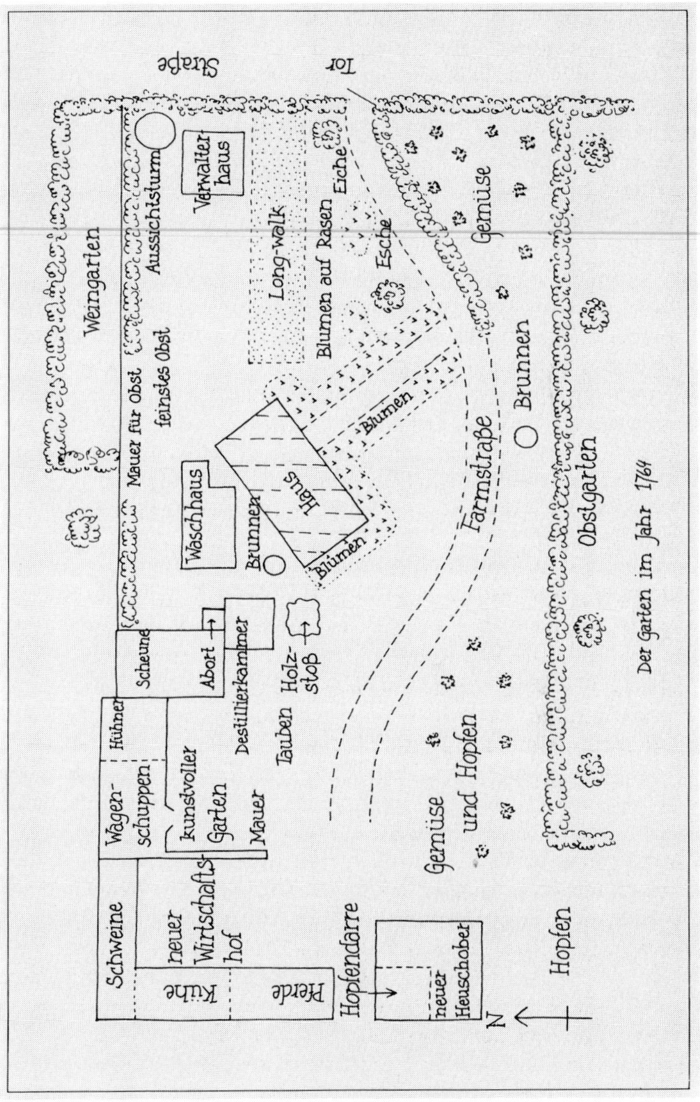

Der Garten im Jahr 1764

schneiden, zu säuberlichen Kegeln, Pyramiden und Tieren. Sein Vater vertrat die Ansicht, daß es Unsinn sei und Zeit in Anspruch nehme, die viel sinnvoller auf Blumen, Obst, Gemüse und Rasen verwandt werden könne. Isaac las regelmäßig den *Guardian* und hatte die Nummer, die Alexander Popes Verdammung der Baumverschnittpraxis enthielt, sorgfältig aufbewahrt, um sie seinen verschnittbegeisterten Nachbarn zu zeigen. Später grub er sie wieder aus, um Charles zu verunsichern, als dieser zur Heckenschere griff. Pope schrieb:

> In welch einem Gegensatz zu dieser Einfachheit steht die moderne Praxis der Gärtnerei! Es scheint unser Bestreben zu sein, uns von der Natur zu entfernen. Das findet seinen Ausdruck nicht nur im unterschiedlichsten Tonsurieren von Grünflächen zu den regelmäßigsten und steifesten Formen, sondern auch in den monströsen Versuchen, die die Möglichkeiten jedweder Kunst übersteigen. Überall stoßen wir auf Skulpturen, und es bereitet uns größeres Vergnügen, unsere Bäume in ungeschlachten Menschen- und Tiergestalten zu sehen, statt sie in ihrem eigenen höchsten Gleichmaße zu bewundern ... Und die Ladies, denen es zu Gefallen ist, können ihr eigenes Abbild in Myrthe und das ihrer Ehegatten in Weißbuche bekommen.

«Die liebreiche Einfachheit schmuckloser Natur» –
Der Garten des Alkinoos aus Homers *Odyssee.* [60]

Der Satiriker fügte sodann eine Liste der verfügbaren Formbäume an. Ein Angebot lautete: «Adam und Eva in Esche; Adam, etwas zerknirscht wegen des Sturzes des Baumes der Weisheit im Großen Sturm. Eva und die Schlange in blühendster Verfassung.»[b]

Charles jedoch ließ sich von solch altmodischen Gedanken nicht beeindrucken und schuf, gemeinsam mit seinen Gärtnern, eine Reihe interessanter Gebilde, sein Prachtstück war eine zu einem großen *S* verschnittene Eschenhecke zu Ehren von Susannah.

In der zweiten Hälfte dieser Periode machten die Gärtner der Munroyds große Fortschritte in der Gemüseabteilung. Es wurden verbesserte Kultursorten von Kohl angebaut, wie etwa die Sorten *Battersea* und *Sugar Loaf*. Man nannte sie «Michaelis-Kohl», da sie in dieser Zeit (Ende September) erstmals und dann den ganzen Winter hindurch geerntet werden konnten.

Der «Russische Kohl» war inzwischen nicht mehr so beliebt und wurde von dem ziemlich faden *Savoy* verdrängt, der allerdings auch den ganzen Winter über hielt. Blumenkohl wurde sehr verbessert, und für die Küche gab es zwei Sorten Rüben oder Raps, die «Weiße Rübe» und die «Herbstrübe». Es kamen auch verschiedene Broccoli-Sorten neu hinzu, die «flachen», «roten», «weißen» und «länglichen». Daß man Saatgut für den Garten kaufte, geschah relativ selten: die meisten Gärtner behielten ihr eigenes. Bei den Rüben hatte das zur Folge, daß zwischen diesen Feldfrüchten eine Menge Fremdbestäubung stattfand, die ständig neue Sorten hervorbrachte, die allerdings nicht notwendigerweise besser waren als die alten. Als Ergebnis dieser ganzen Fremdbestäubung konnte so der *Battersea*-Kohl der Munroyds völlig anders aussehen als die ursprüngliche Sorte, die nach jenem gesunden Vorort Londons benannt worden war.

In dem Gärtnereibuch, das die Munroyds benutzten, James Wheelers *The Botanist's and Gardener's New Dictionary*, 1763, empfiehlt der Verfasser in einem Absatz über Spargel, Pflanzen aus Samen zu ziehen, und «da der Erfolg sehr von der Güte des Samens abhängt, ist es viel besser, ihn aufzubewahren als ihn im Geschäft zu kaufen».[72] Das ist genau das Gegenteil von dem, was heutzutage empfohlen wird.

Die Munroyds hatten einige bessere Spargelspitzen von ihrem Farmnachbarn bekommen. Sie hatten ab 1690 ein ertragreiches Beet mit dieser köstlichen Lilienpflanze und erweiterten und erneuerten es mit ihrem eigenen Saatgut. Wie allgemein bekannt, dauert es drei bis vier Jahre, bis ein aus Samen gezogenes Spargelbeet soweit ist, und in ihrem pflanzten die Munroyds in den ersten Jahren Zwiebeln, Salat und Feuerbohnen als Zwischenfrüchte zwischen die Reihen junger Spargel. Im Sommer des Jahres 1696 schärfte Joseph in Anwesenheit seiner Frau Ruth und seines Gärtners ein langes dünnes Messer, stieß die Klinge in die Erde und stach die ersten Stengel. In jener Nacht wurde ein Festmahl veranstaltet, und der Gärtner bekam auch seinen Anteil.

Brassica-Gemüse, vor allem Rüben, wurde manchmal schlimm von der «Fliege» oder dem Rübenaaskäfer befallen, und die Munroyds gingen dazu über, die Rüben zwischen Spinatreihen zu säen, da sie feststellten, daß die Rüben oft von den Insekten verschont blieben, wenn sie so angepflanzt wurden.

Um 1750 konnte man im Garten schon regelmäßig Kartoffeln ernten. Es wuchsen dort sogar benannte Sorten, die konstant blieben, da die Vermehrung vegetativ, über Knollen, erfolgte. Zu den Frühkartoffeln zählten

Smooth Yellows, Red Champions und *Kidneys.* Als «Spätkartoffeln» galten die grobe, doch ertragsstarke *Ox-noble* und die *Old Winter Red,* die sich nach Angaben der Munroyds nie rollte. Doch sie hatten lediglich Glück gehabt. Tatsächlich war diese Sorte auch nicht widerstandsfähiger gegen den Virus als andere Kultursorten.

Weitere Neuheiten waren Eierkürbis und Süßholz. Letzteres betrachtete man als wertvolle Bereicherung in der Reihe der Heilpflanzen. Süßholz kam aus Italien in Form von bewurzelten Trieben, die aus den Seiten von Wurzelstöcken genommen worden waren. Im Februar 1723 wurden zwei Reihen gepflanzt. Da aber erst in zwei bis drei Jahren eine erste Wurzelernte zu erwarten war, wurde der Boden im ersten Jahr mit Zwiebeln bepflanzt. Als es dann soweit war, wurde das schwarze klebrige Harz aus den Süßholzwurzeln herausgekocht und dann als Mittel gegen Husten verwendet. Süßholz hatte auch noch einen weiteren wichtigen medizinischen Verwendungszweck, nämlich den Geschmack und die Konsistenz vieler unangenehmer Präparate aus der Pharmakopöe zu verdecken. Die Munroyds taten sogar etwas davon in Bierkontingente, die nicht ganz gelungen waren, um den Beigeschmack zu überdecken.

Seit vielen Jahren schon war Rhabarber ein hochgeschätztes importiertes Arzneimittel, und auch ein sehr teures: als Laxativ verwendet, war es doppelt so teuer wie Opium und kam aus China über Rußland.[c] Die Munroyds versuchten ihn anzubauen, doch ohne Erfolg, da sie den Pontischen Rhabarber *(Rheum rhaponticum)* hatten und nicht *R. palmatum,* die chinesische Sorte, die die Ärzte benötigten. Der Pontische Rhabarber war die Sorte, die genießbare Stengel, doch giftige Blätter hatte – wie sich herausstellte, als die ganze Familie erkrankte, nachdem man die Blätter als Spinatersatz verwendet hatte. Danach betrachtete man die Pflanze mit Mißtrauen.

Die Munroyds interessierten sich auch weiterhin für Obst und pflanzten verschiedene neue Apfelsorten, wie den *Ribstone Park Pippin* – ein «Pippin» war eine Frucht mit Flecken («pips») auf der Schale –, den *Moil, Must* und *Golden Pippin.* -Den *Ribstone Pippin* gibt es heute noch. Ähnliche Verbesserungen wurden bei den Birnen gemacht, und man stellte bald fest, daß sie besser gediehen und größere Erträge brachten, wenn sie auf Quittensämlinge veredelt wurden.

Isaac Munroyd mochte Schwarze Johannisbeeren [englisch *black currants*] besonders gern und erweiterte die ihnen zugeteilte Anbaufläche, obgleich Charles diese starkriechende, altmodische Frucht möglichst loswerden wollte. Sie wurde *currants* genannt, weil die Beeren wie die kleinen schwarzen getrockneten Trauben aussahen, die aus Korinth kamen. Anne entdeckte, daß Schwarzer-Johannisbeer-Sirup ein nützliches Wintergetränk war und die winterlichen Erkältungen und Halsschmerzen lindern half, zweifellos aufgrund des Vitamin C, das er enthielt. Der Verdacht hielt sich, daß Anne Schwarze Johannisbeeren auch benutzte, um Kaffee zu versetzen und so die Kosten für dieses modische Getränk, nach dem Charles so oft verlangte, zu verringern. Tee war ebenfalls ein teurer Luxusartikel, dem getrocknete Schwarze-Johannisbeer-Blätter beigegeben wurden.

Die Erdbeerbeete hatten sich in der ganzen Zeit so gut wie gar nicht verändert. Sie enthielten Sorten wilder Erdbeeren, die nach Größe ausgewählt und im Wald gesammelt worden waren. Sie hatten nichts von der modernen Erdbeere, die erst viel später in Erscheinung trat.

James Onways Lektüre von John Roses Buch *The English Vineyard Vindicated* (1666)[d] [62] hatte zu einer großen Neuerung geführt. Im Jahr 1674, als er 22 war, hatte er beschlossen, auf einem leicht geneigten Stück Land nördlich des Hauses einen Weingarten anzulegen. Er gedieh und wurde eine der Attraktionen, die Joseph Munroyd dazu bewogen, das Grundstück im Jahr 1689 zu kaufen. Mit der Cider-Presse konnte man auch die Trauben pressen, und wenn Trauben manchmal ausblieben, waren ja noch die Äpfel da. James baute blaue und weiße Trauben an und machte die Entdekkung, daß blaue Trauben, wenn man sie sofort nach dem Pflücken in die Presse tat, weißen Saft ergaben.[e]

Charles hatte schon seit längerem vorgehabt, im Garten einen *stove,* ein Gewächshaus, zu errichten, wie sie zu Anfang des 18. Jahrhunderts sehr in Mode kamen, doch Isaac war nicht damit einverstanden, und so konnte Charles sein Gewächshaus erst 1758 bauen, einige Jahre nach dem Tod seines Vaters. Es wurde an die Südwest-Mauer des Hauses angebaut, und Charles führte dabei gleich eine Neuheit ein, drei Oberlichter im Dach. Zu jener Zeit waren *stoves* hohe, mit einer Glasfront versehene Konstruktionen, die ein festes Dach hatten und anfangs hauptsächlich dazu dienten, in den Wintermonaten Zitronen- und Apfelsinenbäume zu beherbergen.

Die Oberlichter waren eingebaut worden, weil Charles John Evelyns Bemerkung gelesen hatte, daß «Licht die Hälfte der Pflanzennahrung ausmacht»,[30] was in der Tat zutraf. Gleichzeitig erkannte er, daß das Haus auch zu heiß werden konnte, und er ließ jedes zweite Oberlicht mit einer Klappvorrichtung zum Öffnen versehen und auf der Sonnenseite innen an der Glasfront Jalousien aus Rohrstreifen anbringen. Die Jalousien wurden oben befestigt, von unten aufgerollt und mit einer Schnur gehalten und bedient. Durch den zusätzlichen Einbau von Oberlichtern konnte eine erheblich größere Auswahl von Pflanzen gezogen werden, und es ließen sich bereits im Frühling Sämlinge hervorbringen, die gleich nach dem letzten Frost im Garten ausgepflanzt werden konnten. Außerdem hatte Charles die Oberlichter mit Angeln ausstatten lassen, so daß man sie zur Lüftung und Verhinderung von Überheizung öffnen konnte.

Eine der Schwierigkeiten, die der erfolgreichen Benutzung eines Gewächshauses im Wege standen, war die Ermittlung der genauen Temperatur. Festzustellen, ob es zu heiß war, war relativ leicht. Man brauchte sich nur kurz im Gewächshaus aufzuhalten. Doch es war sehr schwer herauszubekommen, wann es für die meisten Gewächshauspflanzen zu kalt war. Ein grober Test, den Charles und Susannah zunächst durchführten, bestand darin, eine Untertasse mit Wasser auf eine der Bänke zu stellen und auf den Moment zu achten, wo es anfing zu gefrieren. Doch das hatte einige Nachteile. Zum Beispiel mußte man die Untertasse sehr lange beobachten, womöglich eine ganze Nacht lang, und außerdem konnten eine Menge empfindlicher Gewächshauspflanzen bei sinkenden Temperaturen Schäden davontragen, lange bevor der Gefrierpunkt des Wassers erreicht war. Charles' Interesse an seinem Glashaus blieb ungeschmälert, und so gelang es ihm schließlich, in den Besitz eines wissenschaftlichen Instruments für die Messung seiner Gewächshaustemperatur zu kommen – es war ein Thermometer. Das erste, das er besaß, hatte starken, mit Koschinelle gefärbten Brandy in der Kugel, doch es wurde bald durch Dr. Fahrenheits Instrument aus den Niederlanden ersetzt, bei dem Quecksilber benutzt wurde. Beide Modelle sind heute noch in Gebrauch.

Anfangs wurde das Gewächshaus im Winter mit Pfannen voll brennender Holzkohle beheizt. Das Problem mit Holzkohle ist, daß sie nicht vollständig verbrennt, genauer gesagt, ein Bestandteil verbrennt nur teilweise, was die Bildung von giftigem Kohlenmonoxyd (CO) statt des Kohlendioxyds (CO_2), das die Pflanzen mögen, zur Folge hat. Charles und Susannah hörten auf, Holzkohle zu verwenden, nachdem ihnen von den Abgasen schlecht geworden war, und benutzten statt dessen große Kerzen. Diese gaben jedoch nicht sehr viel Wärme ab, und so installierten sie schließlich, gegen 1760, einen Ofen, der sich mit Kohle und Holz heizen ließ. Ein Abzugsrohr verlief unter dem Gerüst an der Hausfront entlang zum Schornstein am andern Ende. An beiden Enden waren Türen angebracht, damit man das Rohr reinigen konnte.

In ihrer Begeisterung für das Gewächshaus begingen Charles und Susannah anfangs eine Menge Fehler, bis sie begriffen, daß nicht alle «Gewächshauspflanzen» die gleichen Temperatur-, Licht- und Feuchtigkeitsverhältnisse vertrugen. An die hintere Wand des Gewächshauses pflanzten sie einen Pfirsich-, einen Apfelsinen- (Bitterorange, *Citrus aurantium*), einen Zitronen- und einen Kaffeebaum. Charles fand die Idee spannend, sich seinen Kaffee selber anzubauen, ohne zu ahnen, daß ein einziger Baum ihn nicht länger als ein oder zwei Wochen lang versorgen würde, da er, auch völlig ausgewachsen, nicht mehr als ein knappes Pfund Kaffee pro Jahr produziert hätte, Charles aber verbrauchte mindestens 12 Pfund.

Für den Pfirsich- und den Kaffeebaum waren die Bedingungen günstig, und sie gediehen beide, doch die nächste ehrgeizige Neuerwerbung war ein Mißerfolg, ein Papaya-Baum, ein neuer, modischer Import aus der Karibik. Daß der Erfolg ausblieb, hatte zwei Gründe: der erste war, daß der Papaya zweihäusig ist, das heißt, daß die männlichen und die weiblichen Blüten sich auf verschiedenen Bäumen befinden, und Bartons End hatte nur eine männliche Pflanze bekommen. Männliche und weibliche Pflanzen sind erst voneinander zu unterscheiden, wenn sie blühen, also nach etwa drei Jahren. Und selbst wenn sie eine weibliche Pflanze bekommen hätten, hätte sich ohne Bestäubung durch eine männliche keine Frucht entwickelt. Der zweite Grund war, daß das Gewächshaus im Winter nicht warm genug gehalten wurde. Der Papaya starb und wurde schließlich durch einen Rebstock ersetzt.

Der Mißerfolg mit dem Papaya veranlaßte Charles, sich einige pflegeleichtere Neuheiten auszusuchen, mit denen er seinen Sohn, den kleinen George, und die Nachbarn überraschen konnte, und so verfiel er auf die *Mimose* eine empfindliche Pflanze, die er in einer Reihe von Töpfen einpflanzte. Charles, George und seine Freunde hatten viel Spaß daran, zu beobachten, wie die Blättchen sich auf Berührung zusammenfalteten: Sie behaupteten, die Mimose sei halb Pflanze, halb Tier. Im warmen feuchten Wetter falteten sich nicht nur die Blätter zusammen, sondern auch die Stengel wurden schlaff, und selbst die flaumigen rosa Blütenkugeln schienen den allgemeinen Eindruck der Traurigkeit zu verstärken. Nach so einem Schauspiel blieb der damals siebenjährige George Munroyd oft bis zu einer Stunde bei der Blume, um zu beobachten, wie sie ihren gewohnten Habitus wieder einnahm.

Der Vorgang ist tatsächlich sonderbar, und man kann über den Überlebenswert von soviel Energieverbrauch spekulieren. Die Mimose ist keine seltene Pflanze; in manchen tropischen Regionen gilt sie als lästiges

Unkraut. Vermutlich bewirkt das Zusammenfalten der Blätter, daß die Pflanze von Tieren, vor allem Insekten, die von ihr fressen könnten, nicht so leicht bemerkt wird. Ferner kann es die Funktion haben, den Wasserverlust zu reduzieren, wenn die Pflanze von starken Winden geschüttelt wird. Die Blätter legen sich zusammen, und die dem Wind ausgesetzte Fläche verringert sich auf diese Weise.

Charles' Erfolg mit seiner «Tierpflanze» ermunterte ihn, nach weiteren ähnlichen Kuriositäten Ausschau zu halten. Da war z. B. der insektenverzehrende Sonnentau, eine in sumpfigem Gelände lebende einheimische Pflanze, die kaum in einem Gewächshaus gezogen werden mußte. Charles behauptete, daß der Sonnentau das Gewächshaus von Insekten freihalte, weil er eine Menge von ihnen verzehrte, wenn er feuchtgehalten wurde und gut gedieh. Der Sonnentau bezieht den größten Teil des von ihm benötigten Stickstoffs von Insekten, die er fängt und verdaut. Er ist eine sonderbare Lebensform und ein erstaunliches Beispiel für Entwicklung in dem evolutionären Kampf ums Überleben. Es gibt eine Unzahl von Insekten, und sie dienen einer großen Zahl von Tieren als Nahrung. Viele Vögel, zum Beispiel, füttern ihre Jungen ausschließlich mit Insekten. Daß Pflanzen sich auch einen Anteil dieser Beute nehmen, ist nur gerecht.

Der Sonnentau ist in Sumpfgebieten zu finden, wo normalerweise Pflanzennährstoffe, vor allem Stickstoff, nicht vorhanden sind. Durch eine Serie evolutionärer Entwicklungen von einer (unbekannten) Ahnenpflanze begannen die Pflanzen späterer Generationen eine nicht im Boden befindliche Quelle dieses chemischen Stoffes zu suchen. Der Sonnentau hat klebrige Blätter, deren Ränder rundherum von steifen Drüsenhaaren, den Tentakeln, gesäumt sind. Jedes Tentakel hat an der Spitze ein rotes Köpfchen, das mit einer klebrigen, wäßrig-weißen, klebstoffähnlichen Substanz bedeckt ist, die Nektar und einen Insekten-Lockstoff enthält, mit einer vor allem auf Fliegen und Ameisen wirkenden Zusammensetzung. Hungrige nahrungsuchende Insekten beginnen von dem Klebstoff zu fressen und verfangen sich. Wenn sie erst einmal gefangen sind, gelingt es nur sehr wenigen zu entkommen, und durch sein Zappeln verfängt sich das Insekt nur noch mehr in benachbarten Kügelchen und Tentakeln. Die Energien des Tieres sind schnell erschöpft, und bald beugen sich die restlichen Tentakel über das Insekt, und auch das Blatt faltet sich zusammen. Es dauert nicht lange, und die Beute ist tot. Selbst wenn ein Insekt dem ersten Kontakt entkommt, kehrt es gewöhnlich zu einem weiteren Versuch zurück, da der Klebstoff so verlockend ist; und weil es jetzt schon etwas schwächer ist, wird es beim zweiten Mal mit ziemlicher Sicherheit endgültig gefangen. Wenn das Insekt tot ist, sondert das Blatt ein Enzym ab, das die weichen Teile auflöst und somit dem Blatt ermöglicht, die dringend benötigte stickstoffhaltige Nahrung wie auch Pottasche und Phosphat zu absorbieren, was mehrere Tage dauern kann. Dann richten sich die Tentakel wieder auf, das Blatt öffnet sich, wird wieder flach und enthüllt die ausgesaugten Überreste des Insekts, die schließlich herunterfallen. Wieder sickert Klebstoff über die Kügelchen, und die Falle ist bereit für das nächste Opfer.

Wenn ein unverdaubarer Gegenstand, etwa ein winziges Steinchen, auf ein Blatt fällt, dann beugen sich die Tentakel zwar zunächst vor, doch – und das ist das Bemerkenswerte – sie erkennen sehr bald ihren Irrtum und bringen sich wieder in Fangstellung. All das hat große Ähnlichkeit mit entsprechenden Verhaltensweisen von Tieren, und man kann verstehen, wie sehr Charles Munroyd davon fasziniert war, so sehr sogar, daß er von der Existenz riesiger, tropischer, menschenfressender Pflanzen in fernen Ländern überzeugt war.

So spektakulär diese Aktivitäten auch waren, hatten sie doch keinen nennenswerten Einfluß auf die Anzahl der Insekten im Gewächshaus, da besonders lästige Schädlinge wie Blattläuse sich sehr schnell vermehren können. Selbst wenn an die 100 Blattläuse getötet wurden, blieben noch so viele am Leben, daß die Blattlausproduktion sich wieder sehr schnell erholen konnte.

Charles sammelte sogar den Aronstab, der im Englischen eine ganze Reihe von Namen hat, wie *cuckoo-pint, wake-robin, wild william, crow flower, meadow lichynie* oder *lords and ladies,* um nur einige zu nennen. Charles interessierte sich für diese Pflanze, weil sie ebenfalls Insekten anzulokken schien. Es ist eine erfolgreiche Pflanze, die man überall findet und die deswegen vielleicht auch so viele Namen hat. Charles, der sich sehr für Naturkunde interessierte, sah zu der Zeit, als das Gewächshaus gebaut wurde, die Geschlechtlichkeit bei Pflanzen bereits als Tatsache an, und er wußte, daß bei den meisten Blumen kein lebensfähiger Samen produziert wurde, wenn nicht die «farina» der männlichen Blüten oder die männlichen Teile (die Antheren) zweigeschlechtlicher (monoziöser) Blüten die weiblichen Teile (die Stempel) erreichten.

Beim Aronstab, so stellte Charles damals fest, bildet der braune Kolben, der aus dem grünen Hüllblatt emporsteigt, einen Ring von Antheren am Boden und nicht an der Spitze, wie das bei Blumen eher üblich ist. Direkt über den Antheren ist der Ball durch einen Kranz nach unten zeigender

Aronstab mit Fliegenfalle

Härchen geschützt. Unterhalb der Staubbeutel befindet sich ein Ring von Stempeln, von denen die oberen einen Kreis steifer Haare tragen.

Die Blüte verströmt einen starken aasartigen Geruch, der selbst von der menschlichen Nase wahrgenommen werden kann. Der Geruch lockt bestimmte Fliegen und Eintagsfliegen an, die normalerweise ihre Eier auf Aas ablegen. Die Insekten dringen in das Hüllblatt ein, bewegen sich durch den Haarkranz wie durch eine Reuse und sind dann in dem Raum um die Staubbeutel herum gefangen, da sie weder nach oben gegen den Kranz mit seinen nach unten gerichteten Haaren entkommen können noch nach unten wegen des Borstenkreises, der die Stempel schützt. In diesem Raum werden die Insekten mit Blütenstaub bedeckt, doch viele von ihnen sterben in der Falle. Charles, der mehrere Pflanzen vorsichtig aufgeschnitten und untersucht hatte, schloß daraus, daß diese Pflanzenart, wie der Sonnentau, Insekten fraß. Obgleich sie den Bonus von etwas zusätzlicher proteinhaltiger Nahrung nicht verschmäht, hat das Einfangen der Eintagsfliegen in erster Linie den Zweck, Fremdbestäubung zu gewährleisten. Nach einiger Zeit schrumpfen die Haar- und Borstenringe, und so können die noch lebenden Insekten, inzwischen gut mit Pollen bestäubt, jetzt die darunterliegenden Stempel erreichen und davonfliegen und den Blütenstaub zu den Stempeln eines anderen Aronstabs bringen. Offenbar funktionierte der Mechanismus, denn der Aronstab mit seinem Band reifer roter Beeren war und ist weitverbreitet. Das Leben im Gewächshaus sagte ihm nicht so zu, doch gelang es Charles, eine kleine Anzahl der roten Samen zum Keimen zu bringen, so daß er ein paar Töpfe mit Aronstab neben seine Sonnentau-Galerie stellen konnte.

Diese Kuriositätenpflanzen waren eigentlich Charles' Spielzeug. Der große Gewächshauserfolg jedoch war das Beet mit Gartennelken (oder *gilly flowers,* wie sie im Englischen auch genannt wurden), die Susannah sehr am Herzen lagen, nicht zuletzt wegen ihres wunderbaren Duftes, der den abscheulichen Gestank von Charles' Aronstab neutralisierte. Und was hatte der überhaupt im Gewächshaus zu suchen, wo man ihn doch fast unter jeder Hecke finden konnte?

Charles begann sich dann auch für Gartennelken zu interessieren und hatte sich bald ebensosehr in dieses Gebiet vertieft wie davor in seine Tier-Pflanzen-Geschöpfe. Mit *gilly flowers* waren *Dianthus ssp.* gemeint, die Nelken, nicht der Goldlack oder das Seifenkraut, beides Pflanzen, die damals auch *gilly flowers* genannt wurden. Er war dabei, sich unaufhaltsam zu einem «Floristen» zu entwickeln.

Verschiedene Dianthus-Arten waren schon seit einiger Zeit im Garten gepflanzt worden, doch im Jahr 1792 erwarb Charles die Wurzeln einer verbesserten Kultursorte der Gartennelke *(D. caryophillus)* und stürzte sich mit Leidenschaft in das Gebiet, das zu der Zeit gerade in Mode kam. Er stellte fest, daß sie nur im Gewächshaus gediehen und daß es zwei Hauptsorten gab, *Bursters* oder *Broken Flowers* mit einem gespaltenen Blütenkelch und *Whole Blowers* mit einem vollständigen Blütenkelch. Die zweite Klasse wurde wieder nach Muster und Färbung in *Flakes, Flames, Bizarres, Piquettes* und *Painted Ladies* aufgeteilt. In den ländlichen Regionen breitete sich eine Nelkenmanie aus, und Charles organisierte Nelkenschauen, bei denen er oft Preise gewann, womöglich weniger aufgrund der Qualität seiner Schaustücke als wegen seiner gesellschaftlichen Position. Einen seiner ersten Preise errang Charles dadurch, daß er Mr Kit Nun, Barbier in Enfield und ein berühmter «Nelkenbinder», verpflichten konnte, seine Ausstellungsstücke zu präparieren. Er hielt es für eine lohnende Investition. Mr Nuns Kunst bestand darin, Blumen auszuwählen und sie zu binden. Er zupfte entstellende Blütenblätter ab, arrangierte die Blumen geschmackvoll und band einen Faden um den Blütenkelch, um zu verhindern, daß er sich spaltet. Heute macht man das im Blumenladen mit einem Gummiband.

Die Nelken waren ein großer Erfolg und wurden in einem besonderen Beet in einer Ecke des Gewächshauses angepflanzt. Andere Pflanzen wurden in Töpfen, die auf den Bänken standen, gezogen – darunter der Dreifarben-Fuchsschwanz (oder Ganges-Fuchsschwanz)(im Englischen auch unter den Namen *Joseph's coat* oder *flower-gentle* bekannt), eine in Indien heimische Pflanze, die wegen ihrer dekorativen Blätter gepflanzt wird; der Felsensäulenkaktus, dem die feuchte Luft nicht gut bekam und der daher meist ins Haus gebracht wurde, da sein seltsamer Wuchs Charles gefiel; weiter Kreuz- oder Greiskraut, das dazu gebracht werden konnte, im Winter zu blühen; *Diffenbachia seguine,* eine Neuheit aus Amerika; der Sumach oder Perückenstrauch, ein Busch, der bald zu groß für das Gewächshaus wurde; Ruhmkrone oder Prachtlilie, eine Kletterpflanze, die gut abgestützt werden mußte; Gloxinien und *Chrysocoma linosyris (goldilocks).*

Charles widerstand der Versuchung, Ananas, damals sehr in Mode in den Adelshäusern, anzupflanzen, da er dafür die Nelken hätte herausnehmen müssen, um Platz zu schaffen. Auch heute noch begehen unerfahrene Eigentümer von Gewächshäusern den Fehler, zu viel auf einmal pflanzen zu wollen. Charles hatte schon zu viele Sorten an seiner hinteren Wand und mußte bald einige entfernen. Die Apfelsinen- und Kaffeebäume mußten dran glauben. Am Gewächshaus nahm er noch zwei zusätzliche Neuerungen vor. Ein Wasserbehälter kam in den Boden des Gebäudes, und ein Rohr wurde angebracht, das vom Behälter zur Küchenspüle verlief, wo es ein Drehgelenk hatte, das in einem Trichter endete. Der Trichter konnte unter das Pumpenspeirohr gedreht und der Wasserbehälter im Gewächshaus von Zeit zu Zeit nachgefüllt werden, was einem viel mühsames Wassertragen ersparte. So ein Behälter hatte den Vorteil, daß das Wasser allmählich die Gewächshaustemperatur annahm, so daß die Pflanzen beim Wässern keinen Schock bekamen. Der oben offene Behälter trug auch dazu bei, die Luft feucht zu halten.

Während dieser ganzen Zeit wurden die Bäume auf Bartons End nicht vernachlässigt. In dem kleinen Wäldchen wurden die einheimischen Eichen, Kastanien, Eschen und Ulmen gepflegt, die ältesten wurden gefällt und neue Sämlinge besonders gefördert. Im Jahr 1764 pflanzte Charles den vermeintlichen Götterbaum *(Ailanthus altissima)* im Garten ein. Er kam aus China und wurde so genannt, weil sich seine Äste zum Himmel reckten. Doch sind die europäischen Exemplare falsch benannt, da der echte chinesische Götterbaum der *A. moluccana* ist. Trotzdem wuchsen die Äste von Charles' Baum schön nach oben, als wollten sie es ihrem Verwandten *altissima* gleichtun. Der Baum ist zweihäusig, und glücklicherweise hatte Charles sowohl männliche als auch weibliche Pflanzen erworben, so daß die rotgoldenen verdrehten Samen sich schön im Wind verstreuten. Heute ist der Baum in Städten sehr beliebt, weil er sehr widerstandsfähig gegen Schadstoffe in der Luft ist.

6. Kapitel

Der Garten von George Munroyd, Charlotte Munroyd und John und William Hackshaw

1764–1852

Säugetiere

Als Charles Munroyd 1764 im Alter von 48 Jahren starb, war seine Witwe Susannah fest entschlossen, ihrem Sohn George, wenn er im Jahr 1775 volljährig würde, einen prächtigen Garten zu vermachen. Sie spielte mit dem Gedanken, den gesamten Garten völlig neu zu gestalten, und wollte sich von einem erstklassigen Fachmann einen modernen, «natürlichen» Garten entwerfen lassen. Doch verschiedene Dinge brachten sie wieder davon ab. Zum einen zeigte der berühmte Gartenspezialist «Capability» Brown, den sie für ihr Vorhaben gewinnen wollte, kein Interesse. Kentische Farmer, mochten sie auch noch reich sein, waren für ihn kleine Fische, mit denen er sich nicht abgab. Zum andern war sie nicht die einzige Treuhänderin des Besitzes. Sie wußte, sie würde die Familienanwälte nie dazu überreden können, einer derartig drastischen Veränderung zuzustimmen. Dann waren es nur noch elf Jahre bis zu Georges Volljährigkeit, kaum Zeit genug, einen Garten anzulegen, wie er ihr vorschwebte, und wenn sie es doch täte, müßte auch ein neues Haus her. Und alles in allem würde es teuer werden. Sie war erst 35 und würde vielleicht noch einmal heiraten. In diesem Fall wäre es günstig, etwas Geld zur Verfügung zu haben. Nein, dachte sie, sie würde sich darauf beschränken, den gegenwärtigen Garten zu verbessern. Ihr schwebte eine *ferme ornée* vor, wie Philip Southcote 1754 vorgeschlagen hatte: « . . . 14 Hektar, in höchstem Maße geschmückt, mit Bäumen und Sträuchern und Blumenrändern . . . ein ornamentaler Weg, alles auf einer Farm.»

Als eine der ersten Maßnahmen riß sie das eine oder andere «Spielzeug» von Charles aus, vor allem den Aronstab, den sie schon immer gehaßt hatte. Als nächstes baute sie ein neues Gewächshaus und pflanzte die modische Ananas. Der Praxis des übertriebenen Baumstutzens bereitete sie auch ein Ende, allein das große *S* in Esche, das bei Charles' Werbung um sie eine so wichtige Rolle gespielt hatte, blieb verschont. Die Eschen-, Liguster- und Weißdornhecken wurden sorgfältig geschnitten, so daß die Seiten grade waren und nur oben etwas schmaler als unten, damit es keine Lücken gab. Ein wenig später kam noch ein drittes Gewächshaus im allerneusten Design hinzu, in dem das ganze Jahr über Blumen und dekorative Blattpflanzen gezüchtet wurden.

Susannah rodete noch ein Stück von dem Wäldchen und errichtete eine nach Süden verlaufende Mauer, die immer noch steht und an der sie Obst anbauen wollte. Sie hatte einige ganz neue Sorten: eine Aprikose und die rote *Newington*-Nektarine, drei Pflaumen – *White Mogull, Virginall* und *Queen Mother* – und die *Spanish Musk*-Birne. Ob ihre *Spanish Musk* irgend etwas mit Spanien zu tun hatte, läßt sich schwer sagen; sie schmeckte jedoch sehr gut. Zu jener Zeit wurden ungeheuer viele neue Birnensorten und Birnennamen geschaffen, die ziemliche Verwirrung verursachten. Selbst Gerard hatte erwähnt, wie zahlreich und von welch unterschiedlicher Qualität die Birnensorten schon zu seiner Zeit waren. Er schrieb:

> ... Ich selber weiß um einen absonderlichen Menschen, welcher auf einem Stück Landes an die sechzig verschiedene Birnensorten besitzet, die alle gar köstlich munden. Ohn Zweifel, wäre es ihm um die Menge zu tun gewesen, hätte er leicht ein gleich Quantum minderer Sorten collektionieret.

Susannah hatte Glück mit den Birnen, weil ihr Gärtner sie auf Quittenunterlagen veredelte – besonders geeignet für Mauerobst – auch hatte er mehrere verschiedene Sorten nahe beieinander gepflanzt, so daß die Befruchtung gewährleistet war.

Susannahs besondere Liebe galt den Pfirsichen. Sie behauptete, daß die an der frischen Luft gereiften viel besser seien als die Gewächshausfrüchte, und sie hatte keine Angst, köstliche, frische, rohe Pfirsiche zu essen, auch wenn die Ärzte davon abrieten. Sie hatte eine Sammlung von 6 verschiedenen Sorten, zwei mit Namen, *Rosanne* und *Yellow Alberge,* und vier gute Bäume, die sie von Sämlingen gezogen hatte. Sie war entschlossen, einige neue, prächtige Sorten durch das Aussäen von Pfirsichkernen zu schaffen, und sie bestand darauf, dies auf eine recht provozierende Art und Weise zu tun. Einige der besten Früchte, die mit einem Stück weißer Schnur gekennzeichnet waren, wurden unberührt am Baum gelassen. Sie reiften heran und brachten jeden, der sie sah, in große Versuchung, sie zu pflücken, doch wehe dem, der es tat. Selbst der junge George wagte es nicht, sich ihnen auch nur zu nähern. Dort blieben sie hängen, bis sie durch ihr eigenes Gewicht zu Boden fielen. Die Kerne waren dann voll ausgereift und wurden sofort in ein Beet mit leichter, fruchtbarer Erde gesetzt. Im Winter wurden sie mit einer Strohbedeckung geschützt, und im Frühling schlugen kräftige Triebe aus. Neue Bäume aus Kernen zu ziehen, war ein langwieriges und mühsames Unterfangen, denn es dauerte drei bis fünf Jahre, bis aus einem Kern ein früchtetragender Baum wurde, und diese Früchte waren, wenn sie dann schließlich kamen, vielleicht nicht besser, oder gar schlechter als die, von der sie abstammten. Doch wenn man mit einem voll ausgereiften Samen begann, verkürzte das die Zeitspanne zwischen Säen und Früchtetragen. Gegen Ende des Jahrhunderts hatte Susannah eine köstliche, große und widerstandsfähige Frucht gezüchtet, die sie «Charlotte» nannte, nach ihrer 14jährigen Enkelin.

Ein weiterer Triumph in dieser Zeit, den Susannah allerdings nicht mehr erlebte, war die neue Erdbeere, eine Frucht, die in Kent große wirtschaftliche Bedeutung erlangte. Einheimische Walderdbeeren waren zwar durchaus schmackhaft, doch waren sie sehr klein und es war zeitraubend, sie zu pflücken. Die französische *Hautbois* hatte mehr Geschmack, doch sie war kaum größer. Amerika war ja eine große Quelle für neue Pflanzen, die amerikanische Erdbeere aber war eine Enttäuschung. Obwohl besser im Geschmack, war sie genauso groß wie die europäischen Sorten. Ein französischer Wissenschaftler, M. Frézier – mit dem Namen geradezu prädestiniert dafür, sich mit Erdbeeren zu beschäftigen –, brachte Anfang des 18. Jahrhunderts eine große, weißfruchtige Erdbeere aus Südamerika mit. Sie wurde in der Gegend um Brest viel angebaut. Um 1762 züchtete man in Cherbourg bereits eine Kreuzung mit der nordamerikanischen Pflanze, der Ananas-Erdbeere. Doch die richtige moderne Erdbeere erschien erst im Jahr 1821, als Michael Keen, ein Züchter in Isleworth, eine Reihe von Kreuzungen aussetzte, die in dem berühmten «Keens Sämling» gipfelten. Er brachte «riesige» Früchte (mit einem Durchmesser von über 3 cm) mit gutem Geschmack. Jeder pflanzte ihn und machte auch seine eigenen Ableger.

Zu jener Zeit erntete ein Züchter für seine jahrelangen Forschungsarbei-

Keens Erdbeersämling

ten und Mühen oft keine große Belohnung, da seine neue Kultursorte, wenn sie erst einmal im Besitz eines konkurrierenden Züchters oder irgendeines Gärtners war, von jedermann vermehrt werden konnte. Der Züchter zog keinerlei Vorteile aus einer solchen Produktion. Heute kann ein Züchter zumindest theoretisch Tantiemen von jenen verlangen, die eine von ihm gezüchtete neue Sorte verkaufen. Ein Grund, warum ständig neue Kultursorten produziert wurden, war, sich die Gewinne zu sichern, die der Erfolg des ersten oder zweiten Jahres abwarf. Danach wurden die neuen Sorten bereits überall angeboten.

Pflanzenneuheiten waren ein profitables Geschäft, und in dem Maße, wie sich botanische Wissenschaft und Praxis entfaltete, vergrößerte sich auch die Zahl der Pflanzenforscher. Eine ganz einfache Erfindung half ihnen bei ihrer Arbeit. Es war die «Ward Box».[71] Nathaniel B. Ward war Arzt. Er entdeckte, daß viele Pflanzen gut an einem geschlossenen Behälter wuchsen. Tagsüber nahmen sie genügend CO_2 auf, und in der Nacht gaben sie genug Sauerstoff ab, um zufriedenstellendes Wachstum zu gewährleisten; sie benötigten keine Luft von außen. Das Wasser, das sie zu Anfang enthielten, kondensierte und reichte auch aus. In solchen Behältern überstanden Pflanzen einen langen Transport aus dem Ausland viel besser als auf offenem Deck, wo sie den Winden und der salzigen Gischt ausgesetzt waren. Die luftdicht versiegelte Glaskugel, die heute so in Mode ist und in der seltsame Pflanzen ewig wachsen können, ist nichts anderes als eine Ward Box.

Als Susannah das Wäldchen zurückdrängte und die Obstmauer baute, die vom Haupthaus aus ostwärts verlief, beschloß sie, die ersten paar Meter des Waldrandes mit Rhododendren zu bepflanzen. Der Boden war an dieser Stelle recht sauer und enthielt eine Menge torfartige organische Materie. Zunächst wurde Spanischer Rhododendron eingesetzt, eine Spezies, die erst kurz zuvor aus Lusitanien und Armenien (dem alten Pontus) eingeführt worden war und die trichterförmige Blüten hatte. Er gedieh im Wäldchen von Bartons End und begann die Haselnußsträucher zu verdrängen. Die Rhododendren gefielen Susannah und ihrer Schwiegertochter Sophia, und von Zeit zu Zeit pflanzten sie weitere Arten an, zum Beispiel einen weißen *ponticum*, den gelben Sibirischen, die Dahurische Bergrose, und Anfang des 19. Jahrhunderts kam ein ganzer Schwung aus der Himalaya-Region hinzu, *R. anthopogon, arboreum* und *campanulatum.* Bartons End wurde regelrecht berühmt für seine Rhododendren.

Als George das Erbe seines Vaters Charles antrat – anfangs unter der

Obhut seiner Mutter –, war er erst zehn Jahre alt. George pflegte und kultivierte seinen Garten von klein auf bis zu seinem Tod im Jahr 1808. Sophia, seine Frau, war seine Erbin. Sie starb im Jahr darauf und vermachte den Besitz ihrem einzigen Kind, Charlotte.

Charlotte Munroyd liebte den Garten und tat eine Menge, ihn «der Natur zurückzugeben», wie es der Mode in der späten georgianischen Periode entsprach. Sie war jedoch kränklich und blieb, obwohl sie schön war und auch Stahlaktien geerbt hatte, unverheiratet; sie starb 1817, 31-jährig, ohne ein Testament zu hinterlassen, so daß nun die Nachkommen von Isaac Munroyds Tochter und die einer Tochter von Charles Munroyd anteilig erbten. Sie verkauften den Besitz, allerdings erst nachdem sein Wert durch die komplizierten juristischen Prozeduren erheblich vermindert worden war. Der Käufer des Besitzes war ein Major Hackshaw, ein «Veteran» der Napoleonischen Kriege. Der Major hatte sechs Kinder. Er starb 1833, und der Besitz ging an seinen Sohn William. William heiratete im Jahr 1819 Emily Hempstead und hatte mit ihr zwei Kinder, Alfred und David. William, der relativ wohlhabend geworden war, starb 1852 und hinterließ den Besitz seinem Sohn Alfred, der damals 30 Jahre alt war. Alfred hatte sich zu einem Ästheten entwickelt. Mit Landwirtschaft, Industrie und irgendwelchen Berufen, überhaupt mit jeglicher Arbeit, hatte er nichts im Sinn, und das Geld seines Vaters ermöglichte es ihm, in Venedig das Leben eines Kunstliebhabers zu führen. Um sich der Verantwortung zu entledigen, verpachtete Alfred 1853 die Farm an Emmanuel Burrows. Er verkaufte sie nicht, weil sein Neffe, Oscar Hackshaw, Sohn seines Bruders David, sehr an dem Besitz hing. Er machte den Vorschlag, den Besitz dem jungen Oscar zu überlassen, sofern er nicht selber heiraten und eigene Kinder haben sollte. Das hielt er allerdings für unwahrscheinlich, denn die Ehe lockte ihn nicht. Wohl aber Venedig. Auf die Möglichkeit, verheiratet zu sein und dennoch in Venedig zu leben, schien er irgendwie nicht gekommen zu sein.

Während William Hackshaws Zeit wurde auf Bartons End den Rosen besonders viel Aufmerksamkeit geschenkt, und Bartons End erwarb eine Auswahl neuer Kultursorten von Rivers, dem Züchter in Sawbridgeworth, Hertfordshire. In dem 1836 erschienenen Katalog dieser Firma sind 524 Rosensorten aufgelistet, zu Preisen von 1 bis 3 Shilling für Sträucher und bis zu 10*s* 6*d* für hochstämmige Sorten. Das Rosenzüchten hatte 1792 großen Aufschwung bekommen, als George III. Lord Macartney mit kostbaren Geschenken für den Kaiser nach China schickte. Die Gesandtschaft hatte gehofft, wichtige Handelsposten gründen zu können, doch zu jener Zeit betrachteten die Chinesen die Menschen der übrigen Welt als Barbaren, die dem großen chinesischen Kaiserreich untertan waren, und der Kaiser nahm die Geschenke als einen längst überfälligen Tribut an. Der König wurde dazu beglückwünscht, daß er die chinesische Provinz England gut verwaltete, und Lord Macartney erhielt vom Kaiser lediglich die Chinesische Rose (oder Bengalrose, *Rosa chinensis*, auch *R. indica* genannt). Die Expedition schien ein totaler Mißerfolg zu sein, doch die chinesische Rose hatte tiefgreifende Auswirkungen auf die Rosenzucht. Ganz unbewußt hatte der Gesandte seinem Land großen Nutzen gebracht. *Chinensis* führte zu den Teerosen und den mehrmals blühenden Rosen und brachte der Züchterzunft einen enormen Aufschwung. Unter den Rosen, die Sophia und Charlotte hatten, waren eine neue Moosrose, *Rouge de Luxembourg*, die riesige Centifolie (Kohlrose oder Provencerose), eine patriotische Kreuzung «George IV X Chinesische Rose», eine Reihe von Damaszenerrosen (die sich gut als Unterlagen für Veredelung eigneten), sechs Sorten der Chinesischen Rose und einige Zwergsorten, eine *L'Isle de Bourbon* aus Frankreich, in England kaum bekannt, und *Princesse Hélène*, eine mehrmals blühende Hybride, die erste Rosensorte, die in der ganzen Welt Triumphe feierte.

Eine wichtige Gartenentdeckung in dieser Zeit betraf die Empfindlichkeit von Pflanzen gegenüber Kälte. Der starke Frost des Winters 1837/38 zeigte, daß viele Pflanzen, die man für kälteempfindlich gehalten hatte, es gar nicht waren. Zu seiner großen Überraschung stellte William Hackshaw fest, daß die Großblütige Magnolie den Frost überstand, wie auch ein prächtiger, erst vor kurzem eingeführter *Leptosporium*, ein Erdbeerbaum *(Arbutus uredo)* und viele andere «empfindliche» Pflanzen. Die unter Gärtnern bis dahin landläufigen Vorstellungen bezüglich pflanzlicher Zartheit hatten sich nach jenem Winter erheblich gewandelt.

Amerika hatte die Kartoffel beschert, die, als William Hackshaw den Besitz erbte, bereits in jedermanns Garten wuchs. Doch die Tomate, die ebenfalls aus Amerika kam, war William nicht recht geheuer. Er störte sich etwas an den Namen, die sie damals hatte: etwa «Liebesapfel», «Stinkender Goldapfel» und «Wolfspfirsich» *(Lycopersicum)*. Eines Tages, im Jahr 1842, hörte er, wie seine Frau, Emily, einen Hausierer fragte, ob er Liebesapfelsamen habe. «Nein, Ma'am, dieses gräßliche, stinkende Zeug hab ich nicht. Damit sollten Sie nichts zu tun haben, Ma'am. Nur die Lords und Ladies und solche Leute stehen auf solche Sachen, und die nennen sie ‹Tomaties›.»

Hundsrose und Chinesische Rose

Mr Hackshaw war so verärgert über die Herabsetzung seines gesellschaftlichen Status', daß er sofort beschloß, Tomaten anzubauen.

Und der Familie schmeckten die Tomaten auch. Die erste Pflanze wurde recht nah beim Haus eingesetzt, doch Emily fand ihren Geruch so penetrant, daß Tomaten nie wieder direkt neben einem Fenster gepflanzt werden durften. *

Bislang ging es bei der Geschichte um Bartons End hauptsächlich um pflanzliches Leben. Doch es lebten dort auch viele Tiere. Maulwurf und Regenwurm wurden schon beschrieben, doch ist es jetzt an der Zeit, auf Ankunft, Aufstieg und Fall einiger anderer Tiere einzugehen.

Wie bei den meisten Tieren im Garten kann man auch bei den Säugetieren zwischen «Bewohnern» und «Besuchern» unterscheiden. Im Laufe der langen Geschichte des Gartens hielten sich die verschiedenen Säugetierarten jedoch unterschiedlich lange. Maulwürfe zum Beispiel waren von Anfang an da und sind heute dort immer noch anzutreffen. Feldmäuse, Hausmäuse und Wühlmäuse kamen und gingen, je nach den Umständen, waren aber fast immer anwesend. Hermelin und Wiesel, die Mäuse und Wühlmäuse jagten, ließen sich von Zeit zu Zeit im Garten nieder, vor allem wenn die Nagerpopulation hoch war. Bestimmte Tiere wurden von den Menschen absichtlich in den Garten ausgesetzt. Die kleine Prudence Onway, die 1654 geboren wurde, konnte eine Fledermaus erfolgreich zähmen und hielt ab 1661 einige Jahre lang Igel als Haustiere. Drei Jahrhunderte später hielten sich auch die Frazer-Kinder Igel als Haustiere.

Die Feldmaus war oft sehr zahlreich in Bartons End, doch wurde sie nie zu einer solchen Plage wie früher einmal die Hausmaus. Die Feldmaus ist mehr oder weniger ein Allesfresser und sucht gerne Gärten wie Bartons End auf, die viel Deckung bieten. Sie findet auch eine Menge Nahrung im Hausmüll, vor allem heutzutage. Diese Mäuse sind gewöhnlich nachts aktiv, und tagsüber ziehen sie sich in ihre Nester zurück. Das Nest ist eine etwa 15 cm breite Kammer, die zur Hälfte mit zerpflücktem Gras gefüllt ist und sich am Ende eines bis zu einem Meter langen Tunnels befindet.

Obwohl Feldmäuse die Waben und Maden von Hummeln angreifen und fressen, werden alte Mauselöcher von Hummeln oft als Nestplätze benutzt, eine Tatsache, die Charles Darwin Gelegenheit gab, auf schlichte Weise die wechselseitige Abhängigkeit von Leben verschiedenster Art zu veranschaulichen. Eine gute Ernte von Kleesamen, so behauptete er, hinge in beträchtlichem Maß von der Zahl der in der Umgebung lebenden unverheirateten Damen ab. Der Klee konnte nur von bestimmten Hummeln bestäubt werden. Es gab viele Hummeln, wenn es reichlich Nestplätze gab, die wiederum durch die Anwesenheit der Feldmäuse zustande kamen, die Höhlen anlegten und wieder verließen. Doch Katzen jagen und vernichten Mäuse, was wiederum weniger Plätze für Hummelnester zur Folge hatte. Das führte dazu, daß es weniger Hummeln gab und somit weniger Klee bestäubt wurde, so daß der Samenertrag gering blieb.[a]

Die Nestkammer der Maus hat gewöhnlich einen «Nebenraum», den sie mit Wintervorräten, Samen, Beeren und Wurzeln füllt. Die Mäuse vermehren sich von März bis Oktober, und ihre Lebensdauer beträgt zwölf Monate oder etwas weniger. Sie fallen vielen Feinden zum Opfer – dem Hermelin, Wieseln, Füchsen, Turmfalken und Sperbern, Ottern und selbst großen Kröten.

In all den Jahren beschädigten die Feldmäuse nur gelegentlich die Feldfrüchte, wenn sie ihr Gartenrefugium verließen und das junge Getreide abfraßen. Doch die Gartenkulturen litten oft erheblich unter ihnen, vor allem die Saatbeete mit Erbsen, Bohnen, Wicken und Blumenzwiebeln. Die Samen wurden mit allen möglichen übelriechenden Substanzen vermischt, wie etwa Teer und, später, Paraffinöl, was, wie man meinte, die Mäuse abschreckte.

Auch die Erdmaus oder Wühlmaus wurde im Garten gefunden, und heute gibt es immer noch welche im kleinen Wäldchen. Die Wühlmaus bevorzugt ruhiges Grasland, so daß ihre Population im Wäldchen nach dem periodischen Fällen der Bäume stets für einige Jahre zunahm, ebenso im Garten, in Zeiten, in denen er vernachlässigt wurde und überall das Gras sproß.

Die Wühlmaus ernährt sich hauptsächlich von den harten Stengeln und Halmen von Gräsern. Härte ist wichtig für Nager, da ihre Zähne ständig wachsen und dauernd abgewetzt werden müssen. Wenn die Schneidezähne zu lang werden, kann das Tier nicht mehr fressen und verhungert. Das gleiche gilt für Kaninchen und Hasen: sie haben zwei Paar Schneidezähne, was sie von den Nagetieren unterscheidet, die nur ein Paar haben. Das zweite Paar liegt direkt hinter dem ersten, und die Zähne sind insgesamt kleiner. Das Dentin im Innern der Zähne ist weicher als der Zahnschmelz und wird so schneller abgenutzt und hinterläßt eine scharfe Zahnschmelzschneide. Die Zähne wachsen ständig, wie bei uns die Fingernägel. Wenn durch irgendein Unglück ein Zahn wegbricht, wird der entsprechende Zahn am andern Kiefer nicht abgenutzt. Er wächst weiter, rollt sich oft nach hinten, hindert das Tier am Fressen und führt schließlich zum Hungertod.

Die Wühlmaus legt flache Höhlen im Boden an und hat oft auch oberirdische Laufstraßen (oder Wechsel) unter einer Grasdecke. Wühlmäuse sind nicht sehr unternehmungslustig und bleiben gerne in der Nähe ihrer Wohnplätze. Sie vermehren sich von Februar bis September, und Tiere, die Anfang des Jahres geboren werden, sind schon im Herbst geschlechtsreif. Die Lebensdauer beträgt ungefähr ein Jahr, und die Population scheint in einem Zyklus von vier oder fünf Jahren anzusteigen und zu fallen, von, sagen wir, unter 50 pro acre [etwa 4000 m^2] auf über 500.[52] Doch sind 500 nichts im Vergleich zu den Mengen, die bei einer Mäuse- oder Wühlmausplage vorkommen.

Zu Wühlmausplagen kommt es von Zeit zu Zeit eigentlich ohne einen ersichtlichen Grund, vor allem in Schottland und in wilden Gegenden mit viel rauhem Grasland, doch Hausmäuse konnten im Garten von Bartons End zur Plage werden, da die Spezies der Hausmaus in unterschiedlichen Lebensräumen lebt. John und Mary Barton und Mäuse waren die ersten Säuger, die das Haus bewohnten. In einer ländlichen Gegend wie Bartons gab und gibt es drei verschiedene Bevölkerungen der Hausmaus. Erstens die kommensale Hausbevölkerung («kommensal» nennt man die Lebewesen, die am Nahrungsgewinn anderer Tiere – oder Menschen – teilhaben und auch den Lebensraum mit ihnen teilen). Diese Gruppe findet man heute nur noch selten im Haus. Zweitens die halbkommensale Feldmausbevölkerung, die man auf Höfen und in Gärten findet und die heutzutage am weitesten verbreitet ist, und drittens die Freilandbevölkerung, deren Lebensraum Felder, Wiesen und Hecken sind. Man beachte, daß es sich bei allen um dieselbe Spezies handelt, physiologisch vollkommen identisch. Es ist somit etwas dran an der im Volksglauben verankerten Vorstellung von der Stadt- und der Landmaus.

Diese verschiedenen Bevölkerungen vermischen sich gewöhnlich nicht. Sie haben nicht direkt Reviere, wie viele andere Tiere, sondern jede Gruppe hat ein gemeinsames Wohngebiet, «das ihnen gut vertraut ist und in dem sich ihr Lebenszyklus vollzieht.»[68]

Die Hausmaus ist ein sehr anpassungsfähiges Tier und kann in den unterschiedlichsten und gegensätzlichsten Lebensräumen leben, in Kühllagern wie in Getreidesilos. Eine Maus kann ihr ganzes Leben (ein Jahr bis

Feldmaus

18 Monate) in einem Sack Getreide verbringen, ohne ihn auch nur einmal zu verlassen. Bis vor relativ kurzer Zeit war der Getreideschober ein beliebter Lebensraum für die halbkommensale Feldmausbevölkerung, ein sehr gemütlicher Aufenthaltsort, den sie selten vor der endgültigen Katastrophe verlassen mußte. Regen und Tau auf dem Strohdach sorgte für Wasser, und der Nahrungsvorrat war fast unerschöpflich.

Die Mäusepopulation in einem Getreideschober kann zwischen 50 und 2000 Tieren betragen, und wenn es 2000 sind, fressen die Mäuse an die 6 Kilo Getreide pro Tag. Mäuse knabbern das Getreide an und produzieren so eine Menge «Ausschuß» (beschädigtes Getreide). Die Population verdoppelt sich alle zwei Monate und verunreinigt fast genauso viel Getreide, wie sie frißt. Zur Dreschzeit strömten die Mäuse zu Hunderten aus den Schobern und in den Garten von Bartons End sowie in die umliegenden Felder.

Die Ankunft des Mähdreschers trug mehr dazu bei, die Zahl der Mäuse zu verringern als irgendwelches Giftauslegen oder Jagen durch Hunde und Katzen. Heute werden keine Getreideschober mehr gebaut. Das Getreide wird gleich beim Schneiden gedroschen und in mäusesichere Trockner und Silos gebracht. Doch die Hausmaus hat den Kampf ums Dasein keineswegs verloren. Der Getreideschober ist zwar weg, doch der Komposthaufen und der Mülleimer haben ihn als Nahrungsquelle ersetzt, und auch Krümel von im Freien veranstalteten Mahlzeiten und Picknicks sind willkommen. Die kleinen Nager finden oft Leckerbissen in Küchenabfällen, die auf dem Komposthaufen landen, und auf Rastplätzen an den Hauptstraßen sind die Mäuse auch schon zu Hause.

Mäuse vermehren sich sehr schnell. Ein Weibchen kann bereits einen Tag nach der Geburt ihrer Jungen wieder trächtig werden, und in einem Getreideschober können die Weibchen an die 10 Würfe im Jahr haben. Theoretisch können es maximal 13 bis 14 sein. Wir wollen einmal sehen, was es bedeuten würde, wenn alle Mäuse überlebten. Beginnen wir mit der niedrigsten Zahl in unserem Schober, 50, dann bedeutet das, daß wir 25 Weibchen haben. Nehmen wir an, sie haben 4 Junge pro Wurf, 2 Männchen und 2 Weibchen, und 8 Würfe pro Saison. Bei ihrem ersten Wurf produzieren die 25 Weibchen 50 Weibchen und 50 Männchen, insgesamt 100 Mäuse. Nach dem zweiten Wurf wird es 100 Weibchen und 100 Männchen geben und so fort. Nach dem achten Wurf werden 128 000 Mäuse da sein, die bei einem Gewicht von etwa 28 g pro Maus über 3,5 Tonnen wiegen. Ein Schober, der an die 10 Tonnen wiegt, würde allerdings zusammenstürzen, bevor 3,5 Tonnen Mäuse sich seiner bemächtigen könnten. Aber natürlich überleben nicht alle Mäuse. Wenn Nahrung und Lebensraum nicht mehr ausreichen, greifen die natürlichen Feinde ein und fressen, und man könnte von Mäuse-Geburtenkontrolle sprechen, wenn die Weibchen ihren Jungen die Köpfe abbeißen. Einige junge Mäuse verlassen auch die Schober und suchen einen neuen Lebensraum auf den Feldern und Wiesen oder, wie in Bartons End, in den Gärten.

Nach einigen guten Erntejahren, zum Beispiel zwischen 1680 und 1690, wenn die Bedingungen für Mäuse, doch nicht unbedingt für die Bauern, günstig sind, kann eine Population sehr schnell zur Plage anwachsen, doch nach einem Jahr kann sie sich ebenso plötzlich wieder verringern.

Im Jahr 1684, als James Onway das Haus bewohnte, gab es eine Mäuseplage. Fallen wurden gestellt, Katzen ermutigt, Löcher verstopft, Eulen beschworen, Gifte (Eisenhut, Arsen und andere) ausgelegt. Die Population nahm ab. Aber weder die Zunahme der Mäuse noch viel weniger die Abnahme haben viel mit irgendwelchen dramatisch veränderten Verhaltensweisen der natürlichen Feinde oder des Menschen zu tun, auch nicht mit dem Vorhandensein oder Nichtvorhandensein von Krankheit, sondern sie sind Folge einer relativ geringen Zunahme oder Abnahme der Vermehrungsrate.

Würden bei einem sich schnell vermehrenden Tier wie der Maus alle Jungen überleben und ein Leben von normaler Lebensdauer führen, so ist ziemlich klar, daß die Welt bald knietief mit ihnen bedeckt wäre. Selbst bei einem sich langsam vermehrenden Tier wäre die Zunahme phänomenal, wie zum Beispiel bei Charles Darwins Elefanten. Darwin zufolge würden aus einem Paar Elefanten, das im Laufe seines 100-jährigen Lebens 6 Junge produziert, in 750 Jahren 19 Millionen Elefanten entstehen, wenn alle überleben würden. Wenn sie sich mit dieser Rate noch weitere 750 Jahre oder so vermehrten, würde es in der Welt nur noch Elefanten geben.

Ein dermaßen unbeschränktes Populationswachstum gibt es nicht, nicht einmal beim Menschen, obwohl es in manchen Gegenden schon fast erreicht ist. Damit eine Population zahlenmäßig stabil bleibt, ist eine bestimmte «Überlebensrate» erforderlich: diese Rate gibt den Prozentsatz der Jungen an, die geboren werden und bis zum fortpflanzungsfähigen Alter überleben, und sie kann mathematisch ermittelt werden. Nehmen wir den Fall der Hausmaus. Hier lautet die Formel für die Überlebensrate:

$$\frac{1}{\left(r + \frac{r}{2}\right)^{n}}$$

r = Zahl der Mäuse pro Wurf
n = Zahl der Würfe pro 3 Monate

Wenn bei einer normalen Population von, sagen wir, 50 Paar Mäusen pro acre [etwa 4000 m²] (das ist eine Population, die der Lebensraum unter den bestehenden ökologischen Bedingungen tragen kann) die Zahl der Würfe pro Dreimonatsperiode (n) gleich 2 ist und die Zahl der Jungen pro Wurf 3, dann muß die Überlebensrate 16 % betragen, das heißt:

$$\frac{1}{\left(1 + \frac{3}{2}\right)^{2}} = 0.16 = 16\ \%$$

Wenn nun aufgrund reichlich vorhandener Nahrung eine Veränderung stattfindet, sagen wir ein Anstieg auf 4 Mäuse pro Wurf und 4 Würfe pro Vierteljahr, also keine große Änderung, dann kann die Überlebensrate auf wenig über 1 % reduziert werden, um das Populationsniveau stabil zu halten, ein beträchtlicher Unterschied zur vorherigen Rate von 16 %. Die Berechnung lautet:

$$\frac{1}{\left(1 + \frac{4}{2}\right)^{4}} = 0.01234 \text{ oder } 1.2\ \%$$

Zu Beginn der Veränderung wird die Überlebensrate kaum fallen, wenn überhaupt, so daß die Populationszahl nach oben schießt und es eine Mäuseplage gibt. Dann setzt die Abnahme ein. Die Konkurrenz um Nahrung und Lebensraum wird größer, und die jungen Mäuse sind stark beansprucht. Obwohl natürliche Feinde und Krankheiten auch zunehmen, werden sie heute nicht mehr als die Hauptursache für ein dramatisches Absinken der Mäusezahlen betrachtet. Heute glaubt man, daß die Erschöpfung des adrenopituitären Systems der Tiere einen wesentlichen Faktor bei der Verminderung der Population darstellt.[52] Wenn das pituitäre System betroffen ist, wird die Fortpflanzung reduziert, und die Abnahme der Population wird noch zusätzlich durch den erheblichen Anteil alter Tiere gefördert. Die Reduzierung der Vermehrungsrate ist also der Hauptgrund für die Veränderung.

Nun wenden wir uns den Säugetieren zu, die von Zeit zu Zeit jeweils für kurze Perioden im Garten lebten: Igel, Kaninchen, Fledermäuse und Eichhörnchen.

Die junge Prudence Onway (1654 geboren) interessierte sich sehr für Tiere und Pflanzen. Sie adoptierte einen Igel, den sie zunächst im Garten herumstöbern hörte und dann auch erblickte. Der Igel war etwas Besonderes: ein Albino, eine Form, die auch heute gelegentlich anzutreffen ist.

Zuerst hielt Prudence ihr neues Haustier im Stall in einem kleinen Verschlag, aus dem es nicht entkommen konnte. Sie machte ihm ein Nest in einem Kasten, wofür sie Heu und trockenes Laub verwendete, und fütterte das Tier ausgiebig mit Fleischstückchen, Mehlwürmern, anderen Insekten, Nacktschnecken, Gehäuseschnecken, Regenwürmern, Eicheln, Beeren und Milch. Bald konnte sie ihren *Hedioc* – sie nannte ihn «Schneeball» – frei herumlaufen lassen. Er wurde so gut gefüttert, daß er es vorzog, sich nicht allzusehr von einer so reichlich fließenden Nahrungsquelle zu entfernen. Prudence stand sich sehr gut mit dem Stallburschen, der sie davor warnte, den Igel so viel herumzuzeigen. Er sagte, der Kuhknecht sei ein erklärter Feind der Igel, weil er glaube, daß die Igel den Kühen Milch stehlen. Es ist allerdings ziemlich unwahrscheinlich, daß eine Kuh einem Igel, der sehr scharfe Zähne hat, gestatten würde, Milch zu saugen. Andererseits kann es schon vorkommen, daß Igel Milch von einer Kuh, die auf einer Sommerweide liegt, auflecken, wenn sie ein sehr volles Euter hat und Milch aus ihren Zitzen tropft.

Des Kuhknechts Krieg gegen Igel entsprang weniger dem Wunsch, die Interessen seines Arbeitgebers zu schützen (die Gedankenlosigkeit und Unzuverlässigkeit von Angestellten ist ein sehr altes Thema),[b] als vielmehr der Tatsache, daß die Tiere sich zu einem sehr schmackhaften Gericht zubereiten ließen. «Das beste Fleisch in England», behauptete er. Er hatte etwas von einem Zigeuner und bereitete das Tier gerne nach «Zigeunerart» zu. Er nahm es aus, füllte es mit Salbei, Zwiebeln und Brotkrumen, nähte es zu und bestrich es rundum mit feuchtem Ton. Dann wurde es über ein offenes Feuer gehängt und ständig gewendet. Wenn der Ton zersprang, war das Mahl bereit. Die Stacheln gingen zusammen mit dem Ton ab.

Später traf der Kuhknecht eine Vereinbarung mit Prudence, und er versprach, Schneeball keinen Stachel zu krümmen. Er dachte, daß das Tier vielleicht Weibchen anlocken würde und somit jede Menge leckere Mahlzeiten.

Der Albino von Prudence war nicht der einzige Igel, der in der langen Geschichte des Gartens dort lebte. Es wurden immer wieder *Hediocs* als Haustiere gehalten, und mindestens einmal gab es auch eine Freilandbevölkerung. William Daker, der zwischen 1869 und 1899 Pächter von Bartons

End war – ein guter Naturkundler, aber ein schlechter Farmer –, hatte ein Paar, und als er die Farm aufgab, ließ er die Tiere einfach frei. Sie überlebten und vermehrten sich. Als Robert Dunchester den Besitz im Jahr 1909 kaufte, gab es mindestens zwei Paare, die sich in dem verwilderten Garten herumtrieben.

Igel machen ziemlich viel Lärm, wenn sie auf Nahrungssuche sind. Sie grunzen, schnaufen und keckern und stoßen sogar gellende Schreie aus, wenn sie Schmerzen haben. Igel, Spitzmäuse und Siebenschläfer sind die Urheber vieler mysteriöser Geräusche, die man nachts auf dem Land hören kann. Oft sind sie die «Wesen, die zu nächtlicher Stunde ihr ‹Unwesen› treiben». Die Haselmaus wurde 1902 in Tring, Hertfordshire, absichtlich ausgesetzt, und sie ist erst vor kurzem bis nach Kent vorgedrungen.

Igel haben zweierlei Methoden, sich gegen Feinde zu verteidigen. Die eine, wesentliche, ist allgemein bekannt: das Tier rollt sich zu einer Kugel zusammen, so daß es durch die Stacheln, die eigentlich modifizierte Haare sind, geschützt ist. Die weichen, unteren Körperteile sind von den Hautmuskeln bedeckt, die die stacheligen Ränder zusammenziehen, und so bietet das Tier dem Angreifer eine Stachelkugel. Leider ist das keine wirksame Verteidigung gegen eine moderne Gefahr, das Auto. Ein Igel, der sich nachts auf der Straße befindet und von herannahenden Scheinwerfern erschreckt wird, rollt sich zu einer Kugel zusammen, statt unter die Hecke zu flüchten, und wird dann totgequetscht.

Als zweite Verteidigungsmethode benutzt der Igel seine scharfen Zähne und Kopfstacheln, die er nach vorne aufrichten kann. Er nimmt es mit jedem gleich großen Tier auf, rollt sich aber zusammen, wenn ein größeres Tier, wie ein Fuchs oder Dachs, angreift. Trotzdem scheinen Füchse und Dachse eine Igelkugel ziemlich leicht «knacken» zu können, sie fressen das Tier und lassen nur Haut und Stacheln übrig.

Die Stacheln sind kräftig und fest verankert. Man kann einen Igel an einem Stachel hochheben ohne Schaden für Tier oder Stachel, obwohl ein Igel über zwei Kilo wiegen kann. Ein Stachel hat einen schmalen Hals an seinem unteren Teil, darunter wird er wieder breiter und bildet den Stachelkolben. Der schmale Hals ist ein flexibles Gelenk, was zweierlei Vorteile hat. Wenn er herausgerissen wird, bricht der Stachel an dieser schmalen Stelle ab, und ein neuer wächst aus dem Follikel, genau wie ein Haar bei anderen Tieren. Der zweite Vorteil des flexiblen Gelenks besteht darin, daß der Stachel, wenn er einen Stoß erhält, was oft passiert, nicht ins Fleisch des Tieres getrieben wird, sondern sich umbiegt. Igel sind gute

Igel

Kletterer und fallen oft von erhöhten Stellen herunter, wobei die Stacheln als Stoßdämpfer dienen. Igel lassen sich sogar oft absichtlich hinunterfallen oder rollen sich zusammen und kullern einen Hang hinunter. Das ist die schnellste Methode, derartiges Gelände zu überqueren.

Die Igel haben die seltsame Gewohnheit, ihre Stacheln mit schaumiger Spucke einzuspeicheln. Es ist gut möglich, daß dieses Einspeicheln die Funktion hat, Insekten zu vertreiben oder zu töten, da Stacheln im Gegensatz zu Haaren den einen Nachteil haben, daß eine Fellsäuberung wie bei anderen Tieren nicht möglich ist. Igel werden daher stark von Flöhen und Milben befallen. Der klebrige Speichel muß wohl, wenn er nicht tatsächlich als Insektizid wirkt, viele dieser lästigen Parasiten verkleben und immobilisieren. Prudence stäubte Schneeball immer mit den pulverisierten Blättern von Flohkraut sowie mit Holzasche ein, um ihn von den Flöhen zu befreien.

Im Winter hielt Schneeball Winterschlaf, doch begann er sehr viel später damit als die meisten Winterschlaf haltenden Gartentiere – bei ihm begann der Winterschlaf meist im Dezember. Trotzdem bereitete er sich wie andere Winterschläfer darauf vor, indem er einen großen Vorrat ansammelte und sich ein gemütliches Winternest machte. Etwas Kälte konnte er vertragen, doch bei zu starkem Frost hätte er nicht überleben können. Winterschlaf ist ein schlafähnlicher Zustand, bei dem die Körpertemperatur gesenkt wird, und ist bei einem warmblütigen Tier ein viel bedeutenderer Vorgang als bei einem kaltblütigen, wie einem Insekt, einer Schnecke oder Schlange. Das Fett dient dazu, den Stoffwechsel in Gang zu halten, und da die Körpertemperatur des Tieres gesenkt wird, geht der Lebensprozeß in vermindertem Tempo weiter. Tatsächlich löst die Akkumulierung von Fett den Vorgang aus, und weniger die längeren Nächte und die sinkenden Temperaturen.

Die Körpertemperatur sinkt in den verschiedenen Körperteilen des Tieres unterschiedlich stark. Die Extremitäten sind kalt, doch im Herz hat das Blut eine relativ hohe Temperatur, eine, von der das Tier normalerweise aufwachen würde. Bei warmem Winterwetter passiert es, daß der Igel aus dem Winterschlaf erwacht und sich auf Nahrungssuche begibt. Wenn die Temperatur sinkt, setzt er seinen Winterschlaf wieder fort. Leider sind Igel auch Überträger der Maul- und Klauenseuche bei Rindern und anderem Nutzvieh.

Obwohl Kaninchen meistens nur Besucher im Garten waren, gab es zeitweilig auch welche, die ständig dort lebten. Zum einen gab es zahme

Kaninchen, die in kleinen Ställen gehalten wurden, und zu Anfang dieses Jahrhunderts, als das Haus leerstand, begannen auch einige Wildkaninchen einen Erdbau im Garten anzulegen.

Kaninchen, die zumeist in der Nähe ihres Baus auf offenem Grasland äsen, haben ein bemerkenswertes Alarmverhalten. Ein Kaninchen, das einen sich nähernden Feind entweder wittert, hört oder sieht, kann zweierlei tun: mit einem Hinterlauf auf den Boden trommeln und/oder zu seinem Bau flüchten, wobei sein weißer Schwanz für alle sichtbar wird, den Feind eingeschlossen. Mit beiden Verhaltensweisen lenkt das Tier die Aufmerksamkeit auf sich und erhöht damit die Wahrscheinlichkeit, daß es vom Jäger geschossen oder vom Fuchs gerissen wird. Doch dieses Verhalten ist in jedem Fall auch eine Warnung für andere Kaninchen, die als Reaktion darauf in ihren Bau flüchten, wobei die vielen weißen Stummelschwänzchen den Jäger beim Zielen und den Fuchs beim Angriff verwirren, so daß die Kaninchen sich leichter in Sicherheit bringen können. Das erste Kaninchen legt also ein selbstloses Verhalten an den Tag. Es hätte eine größere Überlebenschance, wenn es nur wie ein Hase erstarren oder einfach zu seinem Bau flüchten würde, ohne zu trommeln. Mit dem Trommeln warnt es die anderen Mitglieder der Kolonie. Es ist wahrscheinlich, daß die gewarnten Tiere Verwandte des ersten Kaninchens sind und somit viele Gene besitzen, die es selbst auch hat. So mag also das erste Kaninchen mit dem Trommeln die Aufmerksamkeit auf sich lenken und sterben, wodurch seine Gene verlorengehen, doch durch seine Warnung schützt es das Leben der gleichen Gene in seinen Verwandten. Der Gen-Pool profitiert also.[22]

Der Volksmund sagt, daß Kaninchen sich sehr schnell vermehren. Das trifft zu. Sie tun es wirklich. Trotzdem haben sie ein fast einzigartiges System der Geburtenkontrolle. Zunächst einmal sind Kaninchen zu fast jeder Jahreszeit paarungswillig, obgleich die hauptsächliche Fortpflanzungszeit zwischen Januar und Juni liegt, mit einem Höhepunkt im März und im April. Das Weibchen muß nicht in Hitze sein, und Ovulation wird durch Kopulation herbeigeführt. Würfe mit drei bis sieben Jungen folgen schnell aufeinander. Das Weibchen kann etwa 12 Stunden nach dem Werfen bereits wieder trächtig werden. Die Trächtigkeit dauert 28 bis 30 Tage, ein Wurf im Monat ist also normal, und die früh geborenen Weibchen sind selbst schon geschlechtsreif, bevor sie voll ausgewachsen sind. Diese Tatsachen lassen nicht vermuten, daß irgendeine Mengenbeschränkung im Gang ist, das ist aber dennoch der Fall.[11] Etwa 60 % der empfangenen Würfe werden nicht geboren. Es kommt jedoch nicht zu einer Fehlgeburt, sondern die Embryos werden vom Mutterkörper wieder absorbiert. Trotz dieses Verlustes ist die Zuwachsrate immer noch sehr hoch. Die Jahresproduktion eines weiblichen Kaninchens liegt bei 10 oder 11 Jungen. Um eine stabile Population zu gewährleisten, ist eine Überlebensrate von etwa 2 % erforderlich. Wenn alle empfangenen Embryos auch geboren würden, wäre sie erheblich geringer.

Ein rezessives «letales» Gen scheint hier am Werk zu sein, und auf den ersten Blick erscheint es sonderbar, daß bei einem so erfolgreichen Tier wie dem Kaninchen dieses Gen nicht durch natürliche Auslese eliminiert worden ist. Doch bei weiterer Überlegung leuchtet ein, daß Geburtenbeschränkung gar nicht so ungünstig ist für das Überleben und die Ausbreitung der Spezies. Weniger Junge bedeutet geringere Konkurrenz innerhalb der Spezies und eine bessere Überlebenschance für die, die geboren werden.

Die Kaninchenpopulation konnte vielleicht nicht durch letale Gene reduziert werden, doch ganz gewiß durch die Krankheit Myxomatose, die 1953 ausbrach. Sie hat die Spezies sogar fast gänzlich ausgerottet. Bereits 1959 tauchten dann Kaninchen auf, die gegen die Krankheit immun waren, und heute besuchen sie den Garten und beschädigen Kulturen wie Erbsen und Salat, doch sie wohnen dort nicht mehr, auch nicht als Haustiere.

Ein weiteres sonderbares Merkmal der Kaninchen ist ihre Fähigkeit, Pflanzen zu fressen, die für andere Säugetiere giftig sind, wie die Tollkirsche und den Grünen Knollenblätterpilz. Nach einer solchen Mahlzeit ist das Kaninchenfleisch giftig für empfindliche Lebewesen wie den Fuchs und den Menschen. [32] In Frankreich wird eine Vergiftung durch den Grünen Knollenblätterpilz manchmal behandelt, indem man dem Patienten Kaninchenmagen und -hirn in kleingehackter Form verabreicht, und diese Behandlung soll schon viele Leben gerettet haben. Andererseits ist Wegerich giftig für Kaninchen, aber nicht für Schafe.

Eichhörnchen, und zwar das Rote Eichhörnchen, lebten im Wäldchen, als der Garten erstmalig angelegt wurde. Sie hielten sich dort und später auch in den Gartenbäumen, als diese eine gewisse Höhe erreicht hatten, ungefähr bis zum Jahr 1900. Dann wurden sie langsam durch das amerikanische Graue Eichhörnchen, das 1876 nach England eingeführt wurde, verdrängt. Heute ist nur noch das Graue Eichhörnchen im Garten von Bartons End ansässig. Die Tiere nutzen ihre Beliebtheit geschickt aus und lassen sich von den Menschen, die jetzt im Haus wohnen, füttern und zähmen.

Daß das Rote Eichhörnchen zahlenmäßig zurückgegangen ist und scheinbar von dem etwas größeren siegreichen Grauen verdrängt wurde, ist, nach Meinung von Wissenschaftlern, nicht die Folge eines Antagonismus zwischen den beiden Arten,[52] obwohl die Umstände den Schluß nahelegen, daß das Graue das Rote vertrieben hat. Es sind zwar Scharmützel zwischen Roten und Grauen beobachtet worden, doch geht es bei solchen Auseinandersetzungen um die Verteidigung des eigenen Reviers – Rote und Graue bekämpfen auch Angehörige ihrer eigenen Art, um ihr Gebiet zu verteidigen. Die Roten sind nicht anfälliger für Krankheiten als die Grauen. Wo ihre Gebiete sich überschneiden, leben die beiden Eichhörnchenarten zusammen und stecken ihre Reviere ab, ohne dabei mehr als üblich aneinanderzugeraten. Doch wenn eine Gegend ungefähr 15 Jahre lang von Grauen bevölkert ist, beginnt die Zahl der Roten abzunehmen. Die «Anti-Antagonismus»-Therorie besagt, daß Tierpopulationen in einem schwankenden Jahreszyklus steigen und fallen, und so könnte es sein, daß hier lediglich ein langzyklischer Rückgang des Roten Eichhörnchens und die Ankunft und Verbreitung des Grauen Eichhörnchens zeitlich zusammentreffen.

Beide Eichhörnchenarten bauen ihre Nester («Kobel») hoch oben in den Bäumen. Die Roten bevorzugen Nadelbäume und die Grauen Buchen, obwohl beide Arten bereitwillig in jedem Baum nisten, wenn Größe und Standort dafür geeignet sind. Die Nahrungssuche der Eichhörnchen findet hauptsächlich auf dem Erdboden statt, und typisch für sie ist das Sammeln heruntergefallener Nüsse für den Wintervorrat. Eichhörnchen brauchen einen großen Vorrat, da sie keinen Winterschlaf halten. Man kann oft beobachten, wie ein Eichhörnchen eine Nuß sammelt, schnell zu einer scheinbar ausgewählten Stelle huscht und sie dort vergräbt. Doch seltsamerweise werden diese Stellen nicht vorher ausgesucht, sondern nur aufs Geratewohl gewählt. Wenn dann der Winter kommt, haben die Eichhörnchen viele dieser Verstecke schon wieder vergessen, so daß die Nüsse unberührt bleiben. Die Kerne beginnen zu keimen, und es wächst ein weiterer junger nußtragender Baum heran. Was also auf den ersten Blick als vergebliche Mühe seitens des Eichhörnchens erscheint, stellt sich längerfristig als vorteilhaft heraus. Eine vergrabene Nuß hat größere Chancen, gut zu keimen und einen kräftigen Sämling hervorzubringen, als eine, die nur auf der Oberfläche liegt, und mit ihrem planlosen Vergraben von Nüssen sichern die Eichhörnchen den Nahrungsvorrat für ihre zukünftigen Artgenossen. Es ist ein weiteres Beispiel für unbewußten Altruismus: indem die Art einen Verlust von Winterfutter in Kauf nimmt, hilft sie zukünftigen Generationen.

Eichhörnchen sind gute Schwimmer, und sie sind durchaus in der Lage, einen ein Kilometer breiten See zu überqueren. Obgleich sie, was ihre Nußvorratslager betrifft, vergeßlich sein können, besitzen sie doch eine gewisse Lernfähigkeit. Ein junges Eichhörnchen knabbert so lange an einer Nuß herum, bis sie zufällig aufspringt, doch wenn es älter ist, knabbert es eine lange Kerbe in eine Seite, klemmt einen Zahn in die Spalte und spaltet die Nuß, was viel weniger Zeit und Anstrengung erfordert.[51]

Fledermäuse haben den Garten vom allerersten Tag an durchflogen, weil Gärten Insekten, die Hauptnahrung der Fledermäuse, hervorbringen. Prudence Onways Abendsegler, «Mr Milton», war ein regelmäßiger Besucher, und im Garten entstanden Fledermausflugbahnen, als 1845 Abendsegler in den Dachstühlen hausten. Im Jahr 1903, als das Haus leer stand, stürzte die Nordseite des Daches ein, so daß sich dort eine Kolonie von Zwergfledermäusen einnisten konnte. Sie nutzten auch den Garten.

Die Fledermäuse zeigen beim Fliegen und beim Fangen ihrer Beute, die vor allem aus Insekten und Spinnen besteht, eine erstaunliche Geschicklichkeit. Um fliegende Insekten zu orten, benutzen die Tiere ein Ultraschallsystem. Die Fledermaus sendet ein Schallsignal aus, das auf ihre hochempfindlichen Ohren zurückgestrahlt wird und das Tier darüber informiert, was genau sich vor ihm in der Luft befindet. Handelt es sich um etwas Eßbares, wird die Fledermaus es sich schnappen, und ist es ein Hindernis, weicht sie ihm aus. Dieser Mechanismus ist so hochentwickelt, daß eine Fledermaus in einem verdunkelten Raum einem quer hindurch gespannten Draht ausweichen kann. Die Signale bestehen, wie gesagt, aus Ultraschallwellen und sind für die meisten Menschen unter vierzig und für alle, die älter sind, unhörbar. Diese bemerkenswerte Fähigkeit der Fledermäuse ähnelt dem Radarsystem, nur daß Fledermäuse den Schall verwenden, der sich mit einer Geschwindigkeit von ca. 660 Kilometern in der Stunde fortbewegt. Im Radar-System wird Elektrizität benutzt, die sich mit Lichtgeschwindigkeit fortbewegt, 279 600 Kilometer pro Sekunde. Dieses System hat also eine unvergleichlich größere Reichweite als das der Fledermäuse, das nur über wenige Meter funktioniert. Die Tatsache, daß eine Fledermaus auf die künstliche Fliege eines Anglers, der gerade seine Angel zur Abendstunde auswirft, herabstürzt, kann ihre Geschicklichkeit veranschaulichen. Es ist möglich, daß der Haken die Fledermaus erwischt, doch meist am Flügel und nicht im Maul. Das bedeutet, daß das Signal, das die Fledermaus zurückbekam, ihr im letzten Moment anzeigte, daß die Beute nicht erstrebenswert ist: die Verfolgerin drehte ab, doch nicht schnell genug, und der Haken erwischte sie am Flügel.

Fledermäuse sind eine Bereicherung für einen Garten. Es ist faszinierend, ihren Abendflug zu beobachten, und sie vertilgen große Mengen schädlicher Insekten. Zwar fressen sie auch nützliche Insekten und Spinnen, doch insgesamt gesehen sind sie eine Hilfe im Kampf gegen Schädlinge.

Pferde gehörten zum normalen Arbeitsalltag auf der Farm und kamen daher recht häufig durch den Garten, doch kann man sie kaum als Besucher bezeichnen. Während des 19. Jahrhunderts jedoch gab es tatsächlich regelmäßige Besuche von Ponies, und zwar etwa von 1827 bis zu dem Zeitpunkt, wo der Garten aufgegeben wurde.

Der erste regelmäßige Pferdebesucher war ein Shetland Pony, das von 1827 bis etwa 1832 den Hackshaw-Jungs, Alfred (geboren 1822) und David (geboren 1823), gehörte. Shetlands waren damals gerade der letzte Schrei unter den Zwergponies. Die Jungs ritten manchmal darauf und durften allein im Garten und im Farmhof in einem schmucken kleinen Ponywagen herumfahren. Sie pflegten ihre schicke Kutsche sehr sorgfältig und brachten die ohnehin schon blitzenden Messingteile noch einmal auf Hochglanz, bevor sie ausfuhren. Von 1848 an bis zu dem Zeitpunkt, wo die Rasenflächen vernachlässigt und schließlich aufgegeben wurden, kam ein Pony aus dem Farmstall, um die Mähmaschine zu ziehen. Für das Tier wurden spezielle, mit Leder und Wolle besohlte Stiefel angefertigt, damit seine Hufe die Sode nicht beschädigten – es war keine leichte Aufgabe, das Tier an diese Fußbekleidung zu gewöhnen. Weil das Schneiden von Rasen mit einer Sense große Geschicklichkeit und viel Zeit erforderte und somit sehr kostspielig war, hatten Erfinder sich darangemacht, den Vorgang zu mechanisieren. Im Jahr 1830 hatte sich dann auch schon ein Mr Edward Budding den Walzenrasenmäher patentieren lassen: rotierende Blätter schnitten das Gras gegen ein feststehendes Schneideblatt, und im wesentlichen war dies schon die gleiche Maschine wie der moderne Walzenrasenmäher. Die Maschine arbeitete am wirkungsvollsten bei trockenem Gras, während der Sensenmann bei feuchtem Gras die besten Resultate erzielte, weswegen er schon frühmorgens mit dem Mähen anfing, solange noch der Tau auf den Halmen lag.

William Hackshaw ging nur widerstrebend zum mechanischen Mähen über, doch ihm blieb keine andere Wahl, wenn er weiterhin einen gepflegten Rasen haben wollte. Die horrenden Löhne, so behauptete er, könne man einfach nicht mehr bezahlen. Ihm mißfielen aber besonders die dunklen und hellen Streifen, die die Maschine zurückließ, wenn sie das Gras zu Boden drückte, erst in die eine Richtung, dann in die andere, wenn die Maschinenwalze vor- und zurückrollte. Heute ist dieses Muster das Zeichen für einen gut gepflegten Rasen. Mr Hackshaw zeigte gerne, wie gut er die Sense handhaben konnte, und zur Sommerszeit stand er bei Tagesanbruch auf und mähte auf diese Weise den größten Teil des Rasens, soweit man ihn vom Haus aus sehen konnte. «Wer will schon einen Haufen verdammter Eisenbahngleise im Garten haben?» fragte er gern entrüstet. Daß Alfred Hackshaw sich dafür entschied, Bartons End zu verkaufen, als sein Vater 1852 starb, hatte sicherlich auch etwas damit zu tun, daß dieser sich trotz beharrlichen Widerstandes ständig bemüht hatte, bei seinen Kindern die gleiche Begeisterung für die Sense zu wecken.

7. Kapitel

Der Garten von Emmanuel Burrows und William Daker

1853–1899

Insekten

Im Garten von Bartons End gibt es mehr Insektenarten als alle anderen Tierarten zusammengenommen. Mehrere Bände wären nötig, wenn man auf alle genau eingehen wollte, und so können wir sie hier nur allgemein behandeln und wollen uns dabei auf einige konzentrieren, die für den Garten von besonderem Interesse sind. Wir werden einige der staatenbildenden Hymenopteren (Bienen, Wespen, Ameisen) kennenlernen, dann die fast sozialen Hemipteren, die Blattläuse, und schließlich einige Schmetterlinge und Falter.

Besonders bemerkenswert an Insekten ist ihre Nützlichkeit im allgemeinen ökologischen Plan, wo immer sie auch leben. Sie scheinen nur zu existieren, um von einer Vielzahl von Tieren gefressen zu werden, vor allem von Vögeln, Spinnen und einigen Säugetieren, wie Maulwürfen, Igeln und Füchsen. Viele Vögel, wie Spatzen und Meisen, veranlassen die Menschen durch ihre Reize dazu, sie großzügig aus Futterhäuschen mit Futter zu versorgen, ihre Jungen füttern sie jedoch immer mit Insekten. Insekten sind ein wichtiger Faktor bei der Übertragung von Pflanzenproteinen und Kohlehydraten auf Tiere, und die Vegetationsmenge, die Insekten während ihrer Entwicklung verzehren können, ist erstaunlich, denn typischerweise ist die potentielle Zuwachsrate bei Insekten sehr hoch.

Die Insekten bilden eine Klasse des Stammes der kaltblütigen Gliederfüßer, zu dem auch Spinnen, Milben und Krustentiere gehören. Insekten haben gewöhnlich in irgendeiner Phase ihrer Lebensgeschichte sechs Beine und einen in drei Teile gegliederten Körper: Kopf, Thorax (der die Beine und Flügel trägt) und Hinterleib. Die meisten machen eine «vollständige Metamorphose» durch, das heißt, ihr Leben besteht aus vier Phasen – Ei, Larve, Puppe und fertiges Tier. Die ungeheure Vermehrungsfähigkeit der Insekten hat den Existenzkampf unter ihnen so verschärft, daß jede vorstellbare Nische der Natur, die als Lebensraum für Insekten irgendwie in Frage kommt, von ihnen ausgenutzt wird. Entsprechend haben sich sehr unterschiedliche Lebensverläufe herausgebildet. In Bartons End zum Beispiel überwintern die meisten Lepidopteren (Schmetterlinge und Falter) als Eier oder Puppen, doch der stattliche Zitronenfalter findet es vorteilhafter, den Winter als fertiges Tier zu verbringen, gewöhnlich zwischen Efeublättern versteckt.

Insekten sind in der Lage, sich schnell auf einen neuen Wirt, sei es Pflanze oder Tier, einzustellen, der in ihrem Lebensraum erscheint. Als der vielbeschimpfte Hopfen eingeführt wurde, stellte eine Blattlausart, die von der Damaszenerpflaume und von Schlehe lebte, fest, daß ihr der Hopfen sehr zusagte, und wählte ihn zu ihrem Sommerwirt, wodurch an dieser einträglichen Feldfrucht großer Schaden angerichtet wurde. Im Herbst kehrten die Blattläuse zur Damaszenerpflaume zurück und legten dort ihre Eier ab. Es hätte der Art tatsächlich nicht gedient, wenn die Blattläuse ihre Eier auf den Hopfenranken abgelegt hätten, da diese im Winter sterben und abfallen.

Das Leben der Insekten unterscheidet sich sehr von dem der Menschen, und es ist für uns nur schwer zu begreifen. Das Tier ist sich selbstverständlich der Gründe für seine Aktivitäten in keiner Weise bewußt. Das Insekt lebt in der Gegenwart und weiß nicht, was in der Vergangenheit passiert ist oder was in der Zukunft wahrscheinlich passieren wird. Trotzdem treffen viele Insekten komplizierte Vorkehrungen für ihre Nachkommen, die sie zum großen Teil nie sehen werden. Schmetterlingsweibchen wählen mit großer Sorgfalt genau die richtigen Blätter für ihre Eiablage aus, damit die jungen Raupen, wenn sie schlüpfen, leichten Zugang zu ihrer Nahrung haben und vor Feinden geschützt sind. Bei der Eiablage gehen Schmetterlinge auf zweierlei Weise vor. Eine Möglichkeit ist, daß der Schmetterling es vermeidet, seine Eier auf Blätter abzulegen, auf denen sich bereits andere Eier befinden, damit es keine Konkurrenz zwischen den frischgeschlüpften Raupen gibt. Ein Beispiel hierfür ist der Admiral, der seine Eier einzeln auf Brennesseln ablegt. Die andere Möglichkeit ist, Eier massenweise abzulegen. Der Kleine Fuchs legt auch auf Brennesseln einen bis zu 1000 Stück zählenden Eierhaufen ab. Nach etwa zehn Tagen schlüpfen die

Raupen und teilen sich in Gruppen von je 200. Jede Gruppe sucht sich eine eigene Brennessel, wo sich die Masse der jungen Raupen ein Netz spinnt und sich mit synchronen Bewegungen vor Feinden schützt.

Instinkt bestimmt den Verlauf des Insektenlebens. Instinkt ist das Muster, das ihnen von ihren Genen vorgegeben wird. Insekten können auch lernen, doch ist ihre Lernfähigkeit sehr begrenzt. Bienen und Wespen lernen den Weg zurück zu ihrem Stock oder Nest. Wenn die Wespenkönigin im Frühling aus dem Winterschlaf erwacht, beginnt sie, ein Nest zu bauen. Wenn sie einen geeigneten Platz gefunden hat, etwa einen Erdtunnel, fliegt sie vor dem Eingang mehrere Male auf und ab und schwebt dabei mit dem Kopf zum Eingang, um sich mit der Umgebung vertraut zu machen. Das nennt man den «Orientierungsflug».[25] Wenn irgend etwas, wie z. B. ein Grashalm, vor den Gang fällt, ist die Wespe verwirrt und macht weitere Orientierungsflüge. Die Königin unternimmt wiederholt Flüge zu der ausgewählten Stelle und schleppt dabei Kugeln aus «Papier» oder zerkautem Holz für den Nestbau herbei. Bei den ersten Rückflügen landet sie in der Nähe des Nests und läuft umher, um den Eingang zu orten. Später weiß sie genau, wo er sich befindet, und fliegt ihn direkt an.

Beim Kampf ums Dasein kompensieren Insekten ihre begrenzte Lernfähigkeit und Intelligenz mit ihrer enormen Vermehrungskapazität. Eine Insektenart kann ein Problem also nicht durch den Einsatz von Intelligenz lösen, sondern dadurch, daß sie Tausende von Nachkommen produziert, die bezüglich Größe, Farbe, Nahrungspräferenz usw. unterschiedliche Ausprägungen aufweisen. Unter den vielen Nachkommen können welche dabei sein, die einige der Eigenschaften besitzen, die die Lösung eines gegebenen Problems ermöglichen. Diese Rasse wird dann gegenüber ihren Verwandten im Vorteil sein und sich auf deren Kosten vermehren. Die neue Eigenschaft wird dann schließlich instinktiv und somit Bestandteil des normalen Verhaltens dieser Spezies. Das Beispiel der «Hopfen-Damaszenerpflaumen»-Blattlaus zeigt, auf welche Weise Insekten mit dem Problem, ein neues Territorium optimal zu nutzen, fertig werden. Wenn der Mensch mit einem ähnlichen Problem konfrontiert ist, denkt er zuerst lange darüber nach und schickt schließlich einen Columbus, einen Captain Cook oder einen Aldrin und Armstrong mit einem Haufen technischer Ausrüstung los. Das Insekt vermehrt sich einfach solange, bis es das Problem, zum Beispiel die Verwertung einer neuen Nahrungsquelle, löst, indem es einige Exemplare produziert, die diese neue Nahrung benutzen können.

Insekten vermehren sich sehr schnell, denn sie legen nicht nur sehr viele

Der Kleine Fuchs und Raupe auf Brennessel

Eier, sondern viele Arten, wie etwa die Blattläuse, haben auch mehrere Generationen pro Jahr, und das kommt ihrer Vermehrungsrate noch zusätzlich zugute.

Als Alfred Hackshaw Bartons End erbte, war er nicht daran interessiert, es zu bewirtschaften oder überhaupt dort zu leben, und so suchte er nach einem Pächter. Schließlich, im Jahr 1853, nahm ein Mr Emmanuel Burrows die Farm, das Haus und den Garten in Pacht. Mr Burrows war keineswegs ein armer Mann. Er war ein erfahrener kentischer Farmer, doch auf Bartons End war er nur Pächter, und so verhielt er sich auch. Ihm und seiner Frau Marjory gefiel der Garten, doch sie hatten nicht vor, viel Geld auszugeben, um ihn oder die Farm zum Nutzen des Besitzers zu verbessern, der es ihnen dann danken würde, indem er die Pacht nach Beendigung des Pachtverhältnisses erhöhte, weil der Wert des Grundstücks inzwischen gestiegen war. Die spät-viktorianische Gesetzgebung, die schließlich Pächtern eine Entschädigung zubilligte für Wertverbesserungen, die während ihres Pachtverhältnisses vorgenommen wurden, sowie für Bodenverbesserungen durch Düngung, brachte weitblickende Gesetzeswerke hervor, die die Landwirtschaft ein großes Stück voranbrachten, doch kam sie zu spät, um Emmanuel Burrows' Einstellung zu beeinflussen.

Während dieses ersten, 16 Jahre dauernden Pachtverhältnisses wurde der Garten hauptsächlich von Marjory Burrows gepflegt, einer intelligenten und sehr aktiven Frau. Als erste Sparmaßnahme sorgte sie dafür, daß weniger Zeit und somit weniger Geld für die Rasenflächen benötigt wurde. Sie führte die Mähmaschine wieder ein und begradigte viele krumme Wege am Rasenrand, was das Schneiden der Ränder erleichterte. Aber eine noch bessere Methode, die vor kurzem erst wiederentdeckt wurde, bestand darin, den Weg mit einem Backsteinrand zu versehen. Dieser Rand war genau auf einer Höhe mit dem Gras, und die Mähmaschine konnte mit einem Rad auf dem Backsteinrand fahren und so den Rasen bis zum Rand schneiden. Auf diese Weise blieb nur wenig Gras übrig, das über die Backsteine wuchs. Das Ergebnis war zwar nicht so sauber, wie wenn man die Rasenränder mit der Hand schnitt, doch sparte man auf diese Weise eine Menge Arbeitszeit ein.

Marjory Burrows stand mehr oder weniger vor dem gleichen Problem wie an die 300 Jahre vor ihr Mary Barton. Es war schwer, genügend

Arbeitskräfte zu finden, um das Grundstück in einem guten Zustand halten zu können. Beide Ehemänner wollten einen Garten haben, der gepflegt und voller Blumen war und der gute Gemüsebeete hatte, doch für ihn Geld ausgeben, das heißt, Arbeitskräfte von der Farm abzweigen, wollten sie nicht. So fragte Marjory ihren Mann immer wieder, ob er wolle, daß man sie für einfache Cottagers halte, die mitten in einer Unkrautwildnis hausten? Sie dürften einfach nicht zulassen, daß der prächtige Garten der Hackshaws verkomme. «Denk nur an die Zukunft unserer Kinder, Mr Burrows. Willst du, daß unsere Töchter später mal Arbeiter heiraten müssen?» Emmanuel gab sich schließlich geschlagen und erlaubte Marjory, einen Jungen ganztags als Gärtner einzustellen. Aber er gestattete nur einfaches Gärtnern – darauf bestand er – und verbat sich irgendwelche albernen Neuheiten aus den entferntesten Winkeln der Welt.

Die Burrows hatten vier Kinder, die ersten drei Töchter waren damals gerade im Teenager-Alter. Sie alle halfen im Garten mit, so daß er unter der sorgfältigen Pflege gedieh, wenn auch auf niedrigerem Niveau als unter der Fürsorge der Hackshaws. Die Exoten mußten das Gewächshaus verlassen. Es wurde jetzt hauptsächlich dazu verwendet, Sämlinge, Nelken und die verdächtige Tomate zu ziehen. Marjory hatte soviel Erfolg mit ihren Tomaten, daß beträchtliche Nachfrage nach ihrem Saatgut entstand, da man nun die Burrows-Mädchen, die von geradezu beispielhafter Wohlerzogenheit waren, als Beweis dafür hatte, daß die Pflanze die vermutete unheilvolle Wirkung anscheinend doch nicht besaß. Es wurde auch sehr gutes Gemüse angebaut. Es gab ein paar neue Kohlsorten, wie den frühen *Battersea* und den späten *Sugar Loaf* und den *Matchless.*

Trotz der allgemeinen Vernachlässigung des Gartens – verglichen mit dem Zustand zu Zeiten der Hackshaws – wurden gegen Ende des 19. Jahrhunderts einige neue Pflanzen, vor allem pflegeleichte, aufgenommen, denn die Züchter brachten ständig neue Sorten auf den Markt.

Marjory Burrows führte die Staudenrabatte ein, eine große, arbeitssparende Neuerung. Sie pflanzte verschiedene Achillea-Sorten ein, zunächst die Rasenunkräuter Schafgarbe *(A. millefolium)* und Niesgarbe *(A. ptarmica)*, ein nützliches Heilkraut, das den Niesreiz fördert und die Nase freimacht. Später pflanzte sie einige Importpflanzen dazu, wie den Weißen Speik *(A. clavannae)* und *A. cupatorium*, die wunderschöne gelbe Blütentrauben hat. Als nächstes kamen die Kornblumen *(Centaurea cyanus)* und dann die verwandten Arten wie die großblütigen Centaureen aus Armenien und die *Amberboa moschata* aus Persien. Weitere Pflanzen in der Rabatte waren der Panterwürger oder die Gemswurz *(Doronicum pardalianches),* sein kleinblütiger Verwandter *D. plantagineum,* diverse Kugeldisteln, Lupinen, Glattblattastern aus Nordamerika, Phlox, ebenfalls aus Amerika, und einige Fetthennensorten, vor allem *Sedum gentianoides.*

Mrs Burrows war stets darauf bedacht, die Arbeit im Garten zu reduzieren, und nahm daher auch Bodendecker in den Garten auf. Sie fand das Immergrün und das Maiglöckchen sehr dankbar – es war erstaunlich, wie die zartblütigen Maiglöckchen sich immer mehr ausbreiteten. Zu ihren großen Erfolgen gehörten auch die Christrose und die später blühende Pfingstrose, die beide bei den Kindern besonders beliebt waren.

Mrs Burrows war eine begeisterte Imkerin, und sie stellte mehrere Bienenstöcke im Garten auf, wodurch die Obstzucht dank besserer Blütenbestäubung sehr verbessert wurde.

Die Honigbiene ist ein äußerst soziales und erfolgreiches Tier. Ihren Erfolg hat sie größtenteils ihrer Nützlichkeit für den Menschen zu verdanken, die ganz und gar unbeabsichtigt ist. Zu der Zeit, als der Garten von Bartons End angelegt wurde, waren die Bienen der hauptsächliche Süßstofflieferant für die meisten Familien. Aus Zuckerrohr hergestellter Zucker kam nur in sehr geringen Mengen aus Afrika, Spanien und Indien nach England und war sehr teuer.

Bienen haben den Nachteil, daß sie kaltblütig sind, keine Werkzeuge haben, keine Stimme (wenn auch eine Art von Sprache), keinen Finger und keinen Daumen, keine große Intelligenz und keine Kombinationsfähigkeit, doch mit ihrem Bienenstaat haben sie ein äußerst erfolgreiches System entwickelt, ein System der Nützlichkeit sowohl für sich selbst als auch für andere. Ihre wesentliche Schwäche scheint auf den ersten Blick die zu sein, daß sie es bislang nicht verhindern konnten, daß die Menschen ihnen die Hälfte ihres Reichtums, also ihren Honig und ihr Wachs, rauben. Doch möglicherweise sind sie schon dabei, mit diesem Problem fertigzuwerden – die Rasse der afrikanischen Mörderbienen ist in Brasilien in nördlicher Richtung auf dem Vormarsch. Wenn sie sich festsetzen kann und unsere gegenwärtige gutartige Rasse ersetzt, könnte die Bienenzucht für den Menschen zu gefährlich werden und schließlich verschwinden.

Doch daß der Mensch sich der Biene bedient, ist nicht unbedingt schlecht für sie. Weil sie ihm nützlich ist, wird die Biene geschützt, sie bekommt Stöcke für neue Nester, und ihre Krankheiten, Feinde und Parasiten werden erforscht und kontrolliert. Die Honigbiene ist heute wegen ihrer Bedeutung für den Menschen weiter verbreitet, als sie es ohne ihn wäre.

Während des Sommers sammeln die Bienen Pollen und Nektar und verarbeiten diesen zu Honig, indem sie ihn kauen und einen Teil des in ihm enthaltenen Wassers herauspressen. Dann lagern sie den Honig in der Wabe ein. Leute, die einen schockieren wollen, wie der dicke Junge in den *Pickwick Papers*, weisen darauf hin, daß Honig eine Mischung aus Nektar, Bienenspeichel und Hochgewürgtem ist, und bei Tannenhonig kommen noch Blattlausexkremente hinzu. Honig ist die Winternahrung des Bienenvolkes. Wenn der Mensch im Herbst zuviel davon wegnimmt, können die Bienen den Winter nicht überstehen. Heutzutage entfernt der Mensch natürlich den größten Teil des Honigs aus dem Stock und gibt den Bienen dafür künstliches Futter, nämlich Zucker. Honig, der zu 76 % aus Zucker besteht, hat aufgrund seiner angenehmen Konsistenz, seines Geschmacks und Geruchs einen weitaus höheren Marktwert als weißer Zucker. Nach Zuckergehalt gemessen, ist Honig etwa siebenmal so teuer wie weißer Zucker, der Bienenzüchter macht also einen Gewinn, indem er seinen Bienen den Honig wegnimmt und ihnen dafür als Winterfutter Zucker gibt.

Im Gegensatz zur Wespenkönigin, die für die Gründung ihres ersten Volkes hart arbeiten muß, verläßt die Bienenkönigin ihren Stock zusammen mit einer Gruppe Arbeitsbienen – einem Schwarm. Der Imker verfolgt dann den Schwarm, sammelt ihn ein und setzt ihn in einen leeren Stock. Die Königin beginnt dann mit der Eiproduktion, die zunächst langsam anläuft, sich aber so weit steigert, daß sie schließlich 2000 Eier pro Tag betragen kann. Ihre große Fruchtbarkeit kommt dadurch zustande, daß sie sich mit mehreren Männchen gepaart hat, weil das Sperma aus einer einzigen Kopulation für ihr langes Leben nicht ausreichen würde. Die Eier werden in die von den Arbeitsbienen gebauten sechseckigen Wachszellen der Wabe abgelegt, die am Dach und an den Seiten des Stocks hängt. Nebenbei sei bemerkt, daß diese Zellen so ebenmäßig, so schön und geheimnisvoll sind, daß zu Anfang des 19. Jahrhunderts der große französische Wissenschaftler Réaumur der Kommission von Joseph-Louis Lagrange, die das metrische System in Frankreich entwerfen sollte, vorschlug, daß die neue Längeneinheit und somit die Basis des ganzen Systems dem Durchmesser dieser sechseckigen Zelle der Biene entsprechen solle. Der Vorschlag wurde abgelehnt, weil die verschiedenen Bienenrassen unterschiedlich große Zellen bauen.

Die Arbeitsbienen sind unfruchtbare Weibchen, die ihr Leben lang zur Fütterung der Brut und der Königin Nektar, Pollen und Wasser sammeln,

Waben bauen, die Jungen pflegen und das Nest verteidigen und säubern. Arbeitsbienen haben auf die Möglichkeit, eigene Nachkommen zu haben (und somit ihre eigenen Gene weiterzugeben), verzichtet, um die Wahrscheinlichkeit zu vergrößern, daß die Nachkommen der Königin in größerer Zahl überleben. Dieser Altruismus kann als ein listiger Trick der Bienengene betrachtet werden, der hilft, der Rasse noch größere Überlebens- und Vermehrungschancen zu sichern. Das Vorhandensein dieser sterilen Arbeiterinnen bei den sozial organisierten Insekten – Bienen, Wespen, Ameisen und Termiten – hat zur Folge, daß diese Gruppen viel erfolgreicher sind als die alleinlebenden Spezies verwandter Gattungen.

Gegen Ende der Brutzeit, nachdem Tausende von normalen Zellen gebaut worden sind, bauen die Arbeitsbienen einige erheblich größere Zellen und veranlassen die Königin, unbefruchtete Eier in ihnen abzulegen. Aus diesen Eiern entstehen die Männchen oder Drohnen. Die Männchen tragen so nur die Erbanlagen ihrer Mutter, doch diese Gene der Mutter kommen von männlichen Vorfahren aus der Zeit, bevor sich der haploide Fortpflanzungstypus (Vermehrung durch einfache Chromosomensätze) entwickelte. Obwohl die Männchen also nur die Gene ihrer Mutter tragen, können diese Gene ein breites Spektrum väterlicher Faktoren enthalten. Das ist an den Resultaten der mehrfachen Paarungen einer Königin zu erkennen. Sie kann Eier legen, die, sagen wir, dunkle Bienen ergeben, und dann plötzlich helle produzieren. Der Grund dafür ist, daß das Sperma eines dunklen Männchens aufgebraucht ist und nun der Samen eines anderen Männchens in Aktion tritt. Die dunkelmachenden und die hellmachenden Eier tragen demnach sehr unterschiedliche Gene, doch diese väterlichen Gene werden über das Weibchen vererbt.

In einem erfolgreichen Bienenstock nimmt die Population im Sommer sehr schnell zu, so daß er bald zu klein wird. Die Arbeitsbienen bauen dann einige besonders große Zellen und ziehen mehrere junge Königinnen in ihnen groß, indem sie normale weibliche Larven mit dem berühmten *Gelee Royal* füttern. Das ist eine joghurtähnliche Substanz, die von den Schlund- und Mandibeldrüsen der Bienen abgesondert wird.

Die junge Königin, die als erste aus ihrer Puppenhülle schlüpft, geht im Nest herum und sticht alle anderen jungen Königinnen zu Tode. Man beachte, daß eine Biene bei einem weichen Opfer, also zum Beispiel bei einer Bienenlarve, ihren Stachel viele Male benutzen kann, während der mit einem Widerhaken versehene Stachel sich nicht mehr herausziehen läßt, wenn die Biene in eine härtere Oberfläche wie die menschliche Haut

Honigbienen - Königin, Drohne und Arbeiterin

sticht. Die Eingeweide werden herausgerissen, und die Biene stirbt. Mit ihrem Tod trägt sie zum Überleben des Volkes bei.

Nachdem sie ihre potentiellen Rivalinnen getötet hat, begibt sich die junge Königin Nr. 1 auf ihren Hochzeitsflug, sie steigt hoch in die Lüfte auf, verfolgt von einem Schwarm begieriger Drohnen. Sie paart sich mit mehreren von ihnen während des Flugs und kehrt dann in ihr Nest zurück, sammelt eine Gruppe Arbeitsbienen um sich und vermeidet es, der herrschenden Königin zu begegnen, die immer versuchen wird, ihre junge Rivalin zu töten. Nach der Paarung sterben die Männchen. Nachdem sie ihre Funktion erfüllt haben, wird den Männchen, die bereits draußen sind, der Wiedereintritt in den Stock verwehrt, und jene, die sich noch drinnen befinden, werden hinausgeworfen.

Wenn die alte Königin noch relativ kräftig ist, es ihr jedoch nicht gelingt, die junge Königin zu töten, was meistens der Fall ist, sammelt sie etwa die Hälfte der Arbeitsbienen um sich und verläßt den Stock, um sich an einem andern Platz niederzulassen, den besondere Kundschafter, die zuvor ausgesandt werden, ausgewählt haben. Die Königin und die sie begleitenden Arbeitsbienen bilden nun den Schwarm. Bevor er zu dem von den Kundschaftern ausgewählten Platz abfliegt, läßt der Schwarm sich erst noch an einer geeigneten Stelle in der Nähe des alten Nestes nieder. An diesem Punkt greift der Imker ein. Um seine Bienen nicht zu verlieren, verfrachtet er den Schwarm in einen Kasten und setzt ihn dann in einen Stock um, der etwas Honig und Wachs als Köder enthält. Die Umsetzung ist nur dann erfolgreich, wenn er die Königin finden kann, denn wenn sie erst einmal in der neuen Unterkunft ist, werden die übrigen Bienen ihr folgen. Kurz vor dem Ausschwärmen stopfen sich die Bienen mit Honig voll, der als Winternahrung in der Wabe gelagert wird. Sie sind dann nicht so stechfreudig.

Greift der Mensch nicht ein, macht sich der Schwarm schließlich davon zu einem der ausgewählten Plätze. Das kann durchaus ein leerer Stock sein, denn Stöcke – besonders die modernen – gefallen den Bienen sehr, oder es ist ein hohler Baum, eine Hohlwand, ein Schornstein oder die Ecke in einem Schrank oder Schuppen.

Viele Gärtner in Bartons End hielten Bienen, doch Mrs Burrows' Vorgänger hatten alle den traditionellen Strohkorb benutzt, was in der Regel zur Vernichtung des Volkes führte, wenn der Honig entfernt wurde. Mrs Burrows führte den Bienenstock mit beweglichem Rahmen ein. Die Honigrähmchen können leicht aus dem Stock entfernt werden, ohne daß die Bienen Schaden nehmen, vorausgesetzt, daß ihnen die Nahrung ersetzt wird.

Dieser Bienenstock wurde gegen 1789 von François Huber erfunden, einem Schweizer Zoologen, der trotz seiner Blindheit tiefschürfende Forschungen über Bienen und Ameisen anstellte. Der neue Bienenstock wurde in England erst gegen 1851 richtig bekannt, als Reverend L. L. Langstroth ihn populär machte. Mrs Burrows gehörte zu den ersten, die sich diese große Verbesserung zunutze machten.

Es wurde bereits erwähnt, daß Bienen eine Art von Sprache haben. Dies ist ein sehr umstrittener Punkt, und es kommt dabei ganz darauf an, wie man «Sprache» definiert. Bienen übermitteln Informationen durch einen komplizierten Tanz, und die wesentliche Funktion der Sprache ist ja die Übermittlung von Information.[34] Eine Kundschafterbiene, die Nahrung gefunden hat, kehrt zum Nest zurück, und durch einen komplizierten Schwänzeltanz auf der senkrechten Honigwabe zeigt sie den Arbeitsbienen, die sich um sie drängen, an, in welcher Richtung im Verhältnis zum Stand der Sonne sich Nahrung befindet und wie weit sie entfernt ist. Auf diese Weise bleibt der für die Nahrungssuche notwendige Energieaufwand sehr gering. Diese zunächst verblüffende Hypothese wurde gegen 1926 von Karl von Frisch aufgestellt und von den meisten Wissenschaftlern sehr skeptisch aufgenommen. Einen von diesen Zweiflern, einen Engländer namens Mr Thorpe, überzeugte er von der Richtigkeit seiner Hypothese mit einem höchst erstaunlichen Experiment. Während eines Urlaubes in Tirol stellte er Mr Thorpe einen Beobachtungsstock mit verglasten Seiten und einen Winkelmesser zur Verfügung. Dr. von Frisch sagte: «Im Park habe ich eine Untertasse mit Honig aufgestellt, die die Bienen finden werden. Sie werden sie auch finden können, und zwar einzig und allein durch die Information, die die Bienen Ihnen geben.» Mr Thorpe wandte die Hypothese an, benutzte seine Uhr und den Winkelmesser und beobachtete den Tanz, setzte sich dann in die angezeigte Richtung in Bewegung, und nach etwa 300 Metern stolperte er fast über die Untertasse mit Honig.

Bienen überwintern, indem sie sich zu einer langsam kreisenden Masse zusammendrängen, in der eine ziemlich hohe Temperatur herrscht, selten unter 13 Grad Celsius, und sie ernähren sich von ihrem sorgfältig gelagerten Honig oder, falls der Imker ihn weggenommen hat, von dem Sirup, den er ihnen als Ersatz gegeben hat.

Wir können uns mit Recht fragen, was eine Biene veranlaßt, Nahrung zu suchen, Wachs abzusondern, Waben zu bauen, die Jungen zu pflegen, auszuschwärmen usw., und dies immer zum Nutzen des Volkes. Die Antwort darauf scheint in bestimmten chemischen Stoffen zu liegen. Die Bienen lecken sich ständig gegenseitig und tauschen ausgekröpfte Nahrung aus, ein Vorgang, den man «Trophyllaxe» nennt. Pheromone, chemische Substanzen, die Verhalten steuern und von der Königin in kleinen Mengen abgesondert werden, befinden sich in der Nahrung, die an das ganze Bienenvolk weitergegeben wird. Durch die Pheromone werden in den Arbeitsbienen bestimmte Aktivitäten entweder gehemmt oder ausgelöst. Die Königin gibt zum Beispiel eine sogenannte «Königinnensubstanz» (auch «Weiselstoff» genannt) ab, durch die die Arbeitsbienen gehemmt werden, die größeren Königinnenzellen zu bauen und somit Rivalinnen der Königin zu produzieren. Doch wenn die Königin älter wird und die Zahl der Arbeitsbienen zunimmt, verringert sich die Abgabe des Weiselstoffes, und die Arbeitsbienen stellen Königinnenzellen her. Die Arbeitsbienen ihrerseits füttern die Königin mit Substanzen, die deren Aktivitäten steuern.

All das basiert auf Trophyllaxe, dem Austausch ausgekröpfter Substanzen unter den Tieren des Bienenvolkes. Trophyllaxe erscheint uns Menschen eher als ein abstoßender Vorgang, doch auch bei uns findet er zu einem gewissen Maße statt: bei einer Party oder in einem vollen Zug atmet man jedesmal, wenn man Zigarettenrauch riecht, etwas von der Luft ein, die sich erst kurz zuvor im Mund oder in der Lunge eines anderen Menschen befunden hat.

Bienen sind äußerst soziale Tiere. Eine isolierte Biene ist hilflos und stirbt. Dies hat den französischen Wissenschaftler Chauvin 1968 zu der Behauptung veranlaßt, daß das Bienenvolk als Ganzes als das eigentliche Tier angesehen werden müsse.[16] Das ist eine geistreiche Idee, und auch hier hängt es davon ab, wie man «Tier» definiert, ebenso wie es bei dem Argument bezüglich der Bienensprache von der Definition dieses Begriffes abhängt.

Das «Tier» wiegt dann so an die 4 bis 5 Kilo und enthält 40 000 bis 50 000 Bienen. Die Bienen, meint Chauvin, sind nur die Zellen des Tieres, die unterschiedliche Funktionen ausüben, so wie bei uns die Zellen in unseren Händen, unserem Herz und unserer Leber, nur daß es im Fall der Bienen Zellen sind, die sich zeitweilig umherbewegen, um sich dann immer wieder mit dem Hauptkörper zu vereinen. Ein wesentlicher Aspekt in Chauvins Theorie ist, daß das «Tier» wie ein Säugetier eine konstante Temperatur von 33–34 Grad Celsius hält, im Gegensatz zu anderen Insekten, die die Temperatur ihrer Umgebung annehmen.

1869 kam Emmanuel Burrows zu dem Schluß, daß er zu alt sei, die Farm noch weiter zu betreiben, und er ließ sich in einem kleinen Haus in Ashford als Pensionär nieder. Die Farm wurde an Mr William Daker verpachtet, einen begeisterten Naturkundler und Farmer. Er war unverheiratet. Seine Mutter, Jane Eleanor, kümmerte sich um das Haus und versuchte ihren Sohn dazu zu bringen, etwas für den Garten zu tun, doch ohne viel Erfolg. William hatte zwei verheiratete Schwestern, Janet und Julia, die ganz in der Nähe wohnten und zusammen mit ihren Kindern Bartons End oft besuchten. Ihre Proteste gegen den heruntergekommenen Garten fruchteten nichts, doch William liebte seine Neffen und Nichten, vor allem wenn sie ein reges Interesse an Naturkunde zeigten.

Neben den Bienen gab es auch andere staatenbildende Insekten im Garten, wie die Wespen, Ameisen und Blattläuse. Wegen des üppig vorhandenen Obstes in Bartons End gediehen dort zwei soziale Wespenarten (*Vespula vulgaris* und *V. germanica*). Ihr Lebensstil ist nicht so hoch entwickelt wie der der Honigbienen, auch wurde die Hilfe, die sie dem Menschen zuteil werden ließen, nicht gewürdigt. Weil sie stechen und im Gegensatz zu den Bienen wiederholt stechen können und weil sie Obst beschädigen, wurden sie als Feinde betrachtet. Und doch vertilgen sie große Mengen schädlicher Insekten. Zum Beispiel gab es im Sommer 1982 in vielen Gegenden nur deswegen so viele Fliegen, vor allem die kleinen *Drosophila*- oder Fruchtfliegen, weil es in dem Jahr so wenig Wespen gab.

Im Herbst, nach der Paarung, suchen sich die Wespenköniginnen und -jungköniginnen Plätze zum Überwintern, oft bloß unter Dächern, in Dachböden und hinter Gardinenbrettern. Alle übrigen Wespen, die Arbeiterinnen und die Männchen, sterben, nachdem sie sich noch einmal an jeder erreichbaren Nahrung vollgefressen haben – eine Tatsache, die William Daker aufgefallen war. Er hatte auch bemerkt, daß die herbstlichen Efeublüten auf männliche Wespen, die keinen Stachel haben, sehr anziehend wirken, wohingegen die Weibchen (Arbeiterinnen und Königinnen) sie nicht zu mögen scheinen. Wenn er mit Freunden und Kindern einen Naturkunde-Spaziergang durch den Garten machte, blieb er gerne stehen und wies auf die Wespen hin, die sich um die Efeublätter drängten. «Ich kann Wespen verzaubern», sagte er dann und strich mit seiner Hand über sie, ohne gestochen zu werden. Die Überraschung war groß. «Versucht ihr es doch mal», sagte er dann. Zum Glück für seinen Ruf tat es nie jemand. Doch mindestens einmal, als er diesen Trick vorführte, war unglücklicherweise auch eine Arbeiterin darunter, die ihn stach, eine Panne, die er jedoch mit spartanischer Standfestigkeit zu verbergen suchte.

William Daker hatte im Zusammenhang mit Wespen noch einen weiteren nützlichen Trick auf Lager. Immer wenn sie zu zahlreich wurden und über sein Obst herfielen, spürte er ihre Nester auf und vernichtete sie. Mit einem Trick fand er heraus, wo die Nester sich befanden. Wenn man einen Teller mit Marmelade in den Garten stellte, ließen sich bald einige Wespen anlocken. Er hielt einige Meter weißen Faden bereit, der an einem Ende eine Schlaufe hatte. Wenn man einer Wespe dann die Schlinge überstreifte, verlangsamte das ihren Flug, wenn sie sich auf den Heimflug machte, und führte Mr Daker wenn nicht direkt zum Nest, dann zumindest in dessen Nähe.

Wespen verlieren im Herbst alle ihre Arbeiterinnen – ein beträchtlicher Rückschlag für ihre Wirtschaft –, im Gegensatz zu den Bienen, die Arbeitsbienen für das nächste Jahr behalten. Außerdem muß die Königin nach Beendigung des Winterschlafs einen Nestplatz suchen, Waben bauen, Eier legen und die zuerst schlüpfenden Larven füttern – ein Full-time-Job, wieder im Gegensatz zur Bienenkönigin, die ihr neues Nest mit einem Stab williger Helferinnen aufbaut.

Eine andere Familie staatenbildender Insekten, die Ameisen, sind sowohl gegenüber den Bienen als auch gegenüber den Wespen im Vorteil. Die Ameisen in Bartons End machten ihre Nester im Boden und mußten nicht die beträchtliche Mühe auf sich nehmen, Material für Nestgebäude und Waben herzustellen. Zwar mußten sie das Nest ausheben, was viel Arbeit erforderte, und das mit Gängen durchsetzte Nest war auch nicht so stabil, doch insgesamt bereitet es weniger Mühe, ein Ameisennest zu bauen als ein Wespennest.

Ameisen teilen ihre Nester mit vielen anderen Tieren, mit Schmarotzern und Parasiten, während die Bienen keinerlei Eindringlinge dulden. Trotzdem gelingt es der Großen Wachsmotte manchmal, in den Stock einzudringen. Die Motte legt ihre Eier auf der Wabe ab, und die Raupen bohren sich hinein und ernähren sich von den Bienenmaden und richten damit großen Schaden an. Die Beziehung zwischen dem Lomechusa-Käfer und den Ameisen wurde schon im ersten Kapitel erwähnt.

Ameisen haben den Garten von Anfang an bevölkert. Am häufigsten war die Schwarzbraune Wegameise, doch es wurden auch noch drei weitere Arten gefunden: die Gelbe Wiesenameise, eine Spezies, die fast ihr gesamtes Leben unter der Erde verbringt, die Braune Wiesenameise, die das Gras im Obstgarten bevorzugte und kleine flache Hügel baut, und die Langdornige Rote Gartenameise. Diese letzte Art konnte man auf zweierlei Weise identifizieren, wie Mr Daker erklärte. Die einfachere bestand darin, daß man sich stechen ließ, eine Methode der Identifizierung, für die sich nicht jeder erwärmen kann. Ansonsten mußte man die Ameise mit einem Vergrößerungsglas untersuchen: die Taille (Petiole oder Stiel), die Hinterleib und Thorax verbindet, hat zwei Knoten (auch Schuppen genannt), während die *Lasius*-Art nur einen hat.

Die meisten Gärtner in Bartons End betrachteten die Ameisen als kleine Schädlinge. Tatsächlich konnte es manchmal geschehen, daß ein Nest mitten auf dem Rasen gebaut wurde und sein gleichmäßiges Aussehen verdarb, oder gar unter einer Lieblingspflanze, die dadurch abgetötet wurde. Doch nur die Rote Gartenameise war höchst unerwünscht, eben weil sie stach. Einige Gärtner, darunter Susannah Munroyd, hielten diese Ameisen für nützlich, da sie immer die Blattläuse auf den Rosen und den anderen Pflanzen anzugreifen schienen.

Das war eine fehlerhafte Beobachtung. Die Ameisen benutzten die Blattläuse als Vieh. Auf richtige Weise von Ameisenfühlern gestreichelt, scheidet eine Blattlaus einen zuckrigen Tropfen aus. Es ist der fast unveränderte Saft, den sie aus einer Pflanze gesaugt hat. Die Ameise absorbiert diesen Tropfen, kehrt zu ihrem Nest zurück, würgt den Tropfen hoch und verfüttert ihn an die Königin, an die Larven oder an eine andere Ameisenarbeiterin – wiederum der bereits im Zusammenhang mit den Bienen erwähnte Vorgang des Nahrungsaustauschs, der Trophyllaxe.

Die Ameisen bewachen ihre Blattläuse, vertreiben Feinde und Parasiten, beherbergen während des Winters Blattlauseier in ihren Ameisennestern, transportieren junge Blattläuse zu anderen Plätzen und so fort. Für die Leute, die behaupteten, daß die Ameisen die Blattläuse töten, hatte Mr Daker nur Spott übrig. Er sagte immer: «Wenn ihr das glaubt, dann habt ihr sie euch nie länger als fünf Sekunden lang angesehen. Benutzt doch eure Augen.» Ebenso verspottete er jene, die meinten, daß Marienkäfer, die in Wahrheit Blattläuse in großen Mengen vertilgen, die Helfer und nicht die Feinde dieses Schädlings seien.

Es besteht also ein beträchtliches Maß an Zusammenarbeit zwischen den Ameisen und den weichen und sehr verletzlichen Blattläusen. Sie geben Nahrung ab, erhalten als Gegengabe Schutz vor vielen Feinden, obwohl Vögel sich von den Ameisen nicht abschrecken lassen. Doch die Blattläuse haben zwei oder drei Möglichkeiten, sich vor Vogelangriffen zu schützen. Zunächst einmal sind sie sehr zahlreich und vermehren sich schnell, so daß

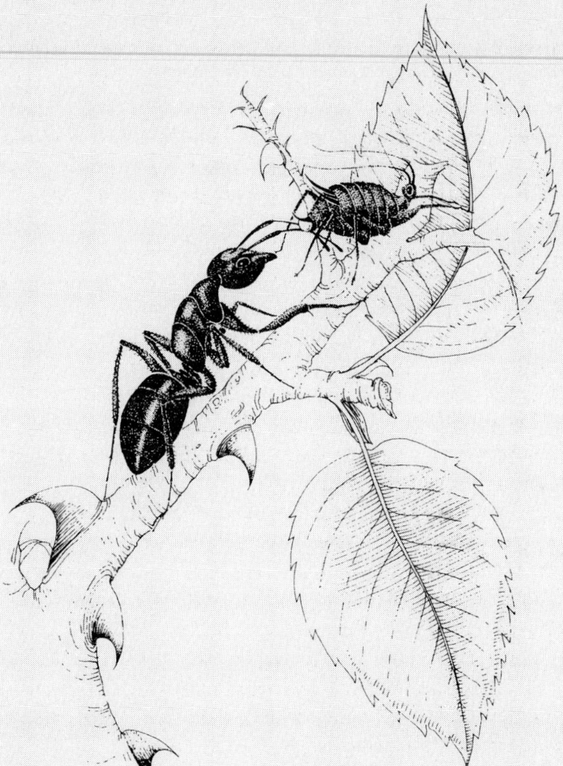

Ameise beim Melken einer Blattlaus

immer noch genug übrigbleiben, um die Art fortzupflanzen, selbst wenn, viele von den Vögeln gefressen werden. Einige sind geflügelt, andere flügellos, und normalerweise treten die geflügelten Formen in Erscheinung, wenn die Populationsdichte sehr hoch geworden ist. Diese Insekten fressen, indem sie ihren Rüssel in eine Pflanze stoßen und den Saft aufsaugen, und ihre zweite Selbstschutzmethode besteht dann darin, ihre Saugrüssel schnell herauszuziehen und sich zu Boden fallen zu lassen. Wenn die Gefahr vorüber ist, klettern oder fliegen sie wieder hoch. Die dritte Methode ist recht seltsam, da sie ein Kommunikationssystem voraussetzt: bei Gefahr kann eine ganze Kolonie geflügelter Blattläuse auf einem Stengel im Gleichtakt mit den Flügeln schlagen und so den Feind verscheuchen. Bislang ist unbekannt, wie diese Synchronität erreicht wird.

William Daker mähte nicht viel von dem im Garten wachsenden Gras, da sich davon einige schöne Schmetterlinge und Falter ernährten, wie er seiner Mutter und seinen Schwestern erklärte, wenn sie sich beschwerten. Er zeigte ihnen in einem Glaskasten eine Sammlung, bestehend aus einem Heufalter, drei Arten von Dickkopffaltern, dem Waldbrettspiel, dem besonders ansehnlichen Schachbrett, dessen Raupe einen gegabelten Schwanz hat, und der tagfliegenden Tigermotte, und sagte: «Ihr werdet doch nicht von mir verlangen wollen, daß ich den Rasen mähe und solche wunderschönen Tiere vernichte?» Durch Mrs Dakers Antwort, daß sie nichtsdestotrotz einen ordentlich gepflegten Rasen haben wolle, ließ er sich in keiner Weise beirren oder zu einer Änderung seines Verhaltens bewegen. Wie man sich denken kann, benutzte er das gleiche Argument, wenn es um die wuchernden Brennesseln ging. Wenn man den Garten von Brennesseln befreien würde, bedeute das, daß man fünf schönen Schmetterlingen und 18 hübschen Faltern die Nahrungsgrundlage entziehe, behauptete er. Mr Daker verschwieg, daß nur drei Schmetterlingsarten und keiner der genannten Falter sich ausschließlich von Brennesseln ernährten. Diese drei Schmetterlingsarten waren allerdings besonders schön. Es waren der Kleine Fuchs, das Pfauenauge und der Admiral *(Vanessa atalanta)*. Der Name «Admiral» war eine fehlerhafte Version des Wortes «admirable», die dann irgendwie offiziell übernommen wurde. Der Gattungsname *Vanessa* wurde von Linnaeus im Gedenken an Jonathan Swifts Lebensgefährtin, die schöne Esther Vanhomrigh, gewählt. Einer der tagfliegenden Falter, der Braune Bär, hat auch eine auffallende Färbung. Seine Raupe ist der haarige *Woolly bear*. Die Raupe wird meistens in Ruhe gelassen, weil die Haare leicht abgehen und Hautausschlag verursachen.

So sentimental William Daker auch war, wenn es um die Lepidopteren ging, bei bestimmten Arten hörte bei ihm die Sentimentalität auf. Der Kohlweißling und der Kleine Kohlweißling richteten große Schäden bei seinen Kohl- und Rübenkulturen an, und er ging energisch gegen sie vor. Er jagte die Schmetterlinge mit einem Schmetterlingsnetz und tötete sie. Er teilte auch an die Farmkinder Netze aus, damit sie das gleiche taten. Er setzte die Kinder darauf an, die Raupen einzeln per Hand von den Brassica-Pflanzen zu entfernen, mit Ausnahme derer, die einen dunklen Fleck hatten, da dies bedeutete, daß das Tier vom Ichneumon-Parasiten *Apantales* befallen war und von dessen Larven verzehrt wurde. Diese Larven töten die Raupe schließlich, kriechen aus ihr heraus und spinnen sofort Kokons, aus denen dann ausgewachsene Ichneumonfliegen schlüpfen, die sich sogleich auf die Suche nach Wirtsraupen für die nächste Generation machen.

Seine Bäume wurden auch von zahlreichen Raupen angegriffen. Zu diesen Schädlingen gehörten die Larven des Ringelspinners, die sich durch ein Zelt aus feingesponnener Seide schützen; der Apfelwickler, der viele prächtige Äpfel verdarb, indem er sie anbohrte; und der Eichenwickler, der die Bäume manchmal völlig entlaubte.

Ein weiterer Schädling der Kohlkulturen war, vom späten 18. Jahrhundert bis etwa 1910, die Runkelrüben-Blattwespe (oder Rübsenblattwespe). Die schwarze Raupe verwüstete die Ernten auf den Feldern wie im Garten. Sie war weitverbreitet und wurde mit verschiedenen Namen versehen, sie hieß *black palmer* (in der englischen Bibel werden Raupen als *palmer-worms* bezeichnet), *canker, slug* und so fort. Im Jahr 1835, zwei Jahre nachdem William Hackshaw Bartons End erworben hatte, wurde wegen der Tätigkeit dieses Schädlings kaum noch eine Rübe oder ein Kohlkopf angebaut. Alle Farmkinder, die beiden Hackshaw-Jungs eingeschlossen, wurden darauf angesetzt, die Raupen zu pflücken. Seltsamerweise ist heute die Runkelrüben-Blattwespe ein seltenes Insekt. Warum das so ist, ist nicht bekannt. Vielleicht liegt die verringerte Rübenanbaufläche unter der für die erfolgreiche Vermehrung der Insekten erforderlichen Größe.

Insekten und verwandte Tiere waren nicht die einzigen Schädlinge im Garten. Pflanzenkrankheiten, die meistens durch Pilze verursacht wurden, forderten auch ihren Zoll. Das dramatischste Ereignis dieser Art war die Kartoffelkrautfäule des Jahres 1845. William Hackshaw war Abonnent des *Gardener's Chronicle and Agricultural Gazette,* und in der Ausgabe vom 23. August 1845 las er: «Eine tödliche Krankheit ist unter der Kartoffelpflanze ausgebrochen. Von allen Seiten kommen Meldungen über vernichtende Schäden. In Covent Garden ist kaum mehr ein gutes Exemplar zu finden.» Zuerst faulten die Blätter weg, dann die Kartoffeln. Die Fäule wurde durch einen Pilz verursacht *(Phytophora infestans)*, doch wurde das eine ganze Zeitlang nicht zur Kenntnis genommen, trotz der klaren Beweise, die der *fungiferous curate*, der Reverend M. J. Berkeley, vorlegte. Es gab einen wissenschaftlichen Standpunkt, der sogar auch von Dr John Lindley, jenem hervorragenden Herausgeber des *Gardener's Chronicle*,[56] vertreten wurde, und demzufolge der Pilz, der auf den Blättern zu sehen war, die *Folge* der Fäule sei und nicht deren Ursache, und ein Mr A. Smee, Fellow of the Royal Society und Arzt bei der Bank von England, veröffentlichte 1846 ein Buch, das zu beweisen versuchte, daß eine Blattlaus die Ursache der Krankheit sei.[67] Gegen 1885 schließlich, während William Dakers Pachtzeit, wurden die Kartoffeln mit Bordelaiser Brühe besprüht, einer Mischung aus Kupfervitriol und gelöschtem Kalk, wodurch wieder erheblich bessere Ernten erzielt wurden.

Der alten Mrs Daker wurden nicht viele Arbeitskräfte für ihren Garten zugestanden. Sie pflegte die Rabatte und führte dann, zusammen mit ihren Enkelkindern, eine weitere arbeitssparende Neuheit ein, die sogenannte *Shrubbery* [Strauchrabatte], Wahrzeichen des viktorianischen Gartens. Die *Shrubbery* von Bartons End wurde mit den ziemlich langweiligen immergrünen Pflanzen, die in den kleinen viktorianischen Gärten so beliebt waren, angelegt: zu diesen ersten Exemplaren gehörten die Aukube, die schon früh nach England kam (1804), der Spindelstrauch, die Stechpalme und der Liguster. Die letzten beiden waren einheimische Pflanzen, und die Gärtner fanden bald zwei interessante Variationen, eine Stechpalme mit goldumrandeten Blättern und gelben Beeren und einen gelbblättrigen Liguster.

Mr Daker machte seine Neffen und Nichten auf eine eigenartige Sparmaßnahme der Stechpalme aufmerksam. Sie hatte, so sagte er, dornige Blätter, um die Rinder davon abzuhalten, sie zu fressen, doch hoch oben im Baum hatten die Blätter keine oder nur sehr wenige Dornen. Da die Rinder dort nicht mehr herankamen, war es nicht nötig, die Blätter mit Dornen zu bewaffnen.

Im Laufe der Zeit wurde die *Shrubbery* erweitert, und dekorativere Sträucher wurden eingeführt. Darunter der in China heimische Schmetterlingsstrauch *(Buddleia davidii)*, der von Mr Daker sehr geschätzt wurde, da er seinem Namen alle Ehre machte und Massen von Schmetterlingen anlockte; dann der Falsche Jasmin; die Blutjohannisbeere; Forsythie oder Goldglöckchen, ein Strauch, der zu dem Zeitpunkt, wo Mrs Daker ihn pflanzte, gerade erst aus China nach England gekommen war; und das Kelchartige Johanniskraut als Bodendecker. Es gab auch einige Importe aus Amerika, auf die sie sehr stolz waren, so die Sumach-Büsche mit ihrem seltsamen Wuchs und ihrem leuchtenden Herbstlaub. Schließlich gab es noch Jasmin, Geißblatt und Bohnenstrauch oder Geißklee. Sie pflanzten auch Rhododendron, doch ohne viel Erfolg, da der Boden an der ausgewählten Stelle nicht sauer genug für diese Gattung war.

Durch sein Interesse an Naturkunde war William Daker ein «Moderner» geworden und somit ein überzeugter Anhänger von Charles Darwin. Daß er den Garten vernachlässigte, war eher auf ökologische und finanzielle Gründe zurückzuführen als auf Faulheit. Er las regelmäßig die Werke von John Curtis[a] (1791 – 1862) und Miss Eleanor Ormerod[b] (1826 – 1901), die die Wechselbeziehungen zwischen den Lebensformen untersucht hatten und als Ergebnis praktische Vorschläge zur Schädlingsbekämpfung machten. Gärtnern war kostspielig. Er mußte die Farm rentabel halten, um die «enorme» Pacht bezahlen zu können, die immer bedrohlich über ihm schwebte. Und je mehr er den Besitz verbesserte, desto höher würde die Pacht werden und desto sorgenfreier würde dieser große Lebenskünstler, Alfred Hackshaw, in Venedig leben können: ein ungepflegter Garten war also genau das richtige, um ihn Mr Hackshaws Agenten vorzuzeigen und den Wert des Grundstücks zu drücken! Mr Daker war so etwas wie ein «gefährlicher Radikaler».

Im Jahr 1898 war William Daker 68 Jahre alt; seine Mutter war 89 und immer noch sehr aktiv für ihr Alter. Doch es machte ihr große Mühe, den Garten in Ordnung zu halten. In diesem Jahr zu Michaelis sagte William zu seiner Mutter: «Ich werde die Pacht nicht verlängern, Mutter. Ich habe da ein kleines Haus im Auge, wo wir uns niederlassen und einen schönen Garten anlegen. Du wirst dort deinen hundertsten Geburtstag feiern.» Und genau das tat sie, nach elf Jahren, zu Michaelis im Jahr 1909.

Alfred Hackshaw war gerade gestorben und hatte Bartons End seinem Neffen Oscar vermacht. Der Agent meinte, daß der Besitz mehr einbrächte, wenn man Farm und Haus getrennt verkaufen würde. Die Farm verkaufte sich auch tatsächlich sehr gut, doch nicht das Haus, und das führte dann dazu, daß der Garten sehr leiden mußte.

8. Kapitel

Die Gartenkatastrophe

1899–1909

Parasitäre Pflanzen, Spinnen, Weberknechte, Milben und Weichtiere

IM JAHR 1899, als William Daker die Pacht von Bartons End aufgab, rieten Oscar Hackshaws Agenten ihrem Klienten, den Besitz zu teilen und Farm und Haus mit Garten getrennt zu verkaufen, mit der Begründung, daß die Liberalen darauf aus seien, das Land mit ihren *Tenants' Compensation Acts* [Pächterentschädigungsgesetzen] zu ruinieren. Was waren das für Zustände, wenn ein Besitzer nicht mehr in den Genuß der natürlichen Verbesserungen kam, die nach Beendigung eines Pachtverhältnisses aus *seinem* Besitz erwuchsen? Grundbesitz abstoßen, lautete also der Rat der Agenten.

Die Farm verkaufte sich leicht, doch das große alte Tudor-Farmhaus war nicht dazu angetan, irgend jemanden aus der wohlhabenden, einflußreichen Mittelklasse des viktorianischen England zum Kauf zu verlocken. Die Räume waren niedrig, es gab kein Gas und keine Eleganz. Zugegeben, es gab einen prächtigen Garten, doch stellte das eher ein Problem dar, da er, als wesentlicher Vermögenswert des Grundstücks, gepflegt und unterhalten werden mußte. Zu diesem Zweck ernannten die Agenten einen der Farmvorarbeiter, Thomas Claridge, zum Gärtner. Als Gegenleistung gestattete man ihm, alles, was er anpflanzte, für den Eigenbedarf zu behalten. Thomas Claridge war ein intelligenter und ehrgeiziger Mann, ein Nachfahre des Thomas Claridge, der 1558 bei Mary Barton als Gärtner gearbeitet hatte. Der junge Thomas gehörte zu den ersten, die das *Whisky Money*[a] in Anspruch nahmen, ein Gesetz, das dem Grafschaftsrat Geldmittel für technische Ausbildungsprogramme zur Verfügung stellte.

Claridge hatte einen nützlichen Kurs über Gartenbau am Wye College besucht und war mit dem dort erworbenen Grundwissen in der Lage, sehr gute Kulturen von Blumen und Gemüse anzulegen. Selbstverständlich wandte er ein Minimum an Zeit dafür auf, das Grundstück in einem gepflegten Zustand zu halten, und ein Maximum, Blumen und Gemüse für den Verkauf anzubauen. Dies hatte tiefgreifende Auswirkungen auf das Tier- und Pflanzenleben im Garten.

Das Haus konnte nicht verkauft werden. Drei Jahre lang sorgte Claridge dafür, daß die Auffahrt und die *Shrubbery* einigermaßen gepflegt aussahen und die Grasränder gemäht und geschnitten wurden. Die weitläufigen Rasen ließ er wachsen, und sie wurden nur gemäht, um den nötigen Heuvorrat zu bekommen, mit dem die Claridge-Ziegen durch den Winter gebracht wurden. Mrs Claridge konnte ihre Ziegenmilch gut verkaufen, mit der Behauptung, daß sie ein viel gesünderes Getränk für Kinder sei als Kuhmilch – was zu jener Zeit zutraf, da Ziegen keine Tuberkulose übertrugen.

1903 erlitt Thomas Claridge einen Herzinfarkt und mußte die Gärtnerei aufgeben, doch seine Frau Sarah überzeugte die Agenten, daß sie das Grundstück unter den gleichen Bedingungen instandhalten könne.

Mrs Claridge war eine fähige Frau und Mutter von vier Kindern. Sylvia, die jüngste, wurde 1907 geboren und nach Sylvia Pankhurst, der Suffragette, benannt, woran man Sarahs Einstellung zur Situation der Frauen in ihrer Zeit erkennen konnte. Sarah war fest entschlossen, ihren Kindern ein gutes Leben zu ermöglichen, und die Invalidität ihres Mannes war ein schwerer Schlag für sie. Es war klar, daß sie allein, selbst mit der gelegentlichen Hilfe der älteren Kinder, den Garten nicht in dem Prachtzustand erhalten konnte, in dem er sich früher befunden hatte. Sie war nicht gewillt, ihre Jungs Farmarbeiter werden zu lassen oder unbezahlte Untergärtner zum Nutzen von Mr Oscar Hackshaw. Die Jungs mußten studieren, und wenn Sylvia es ebenfalls täte, würde ihr das auch nicht schaden. Sie versuchte, dies den Agenten klarzumachen, doch diese sahen keine Möglichkeit, ihr – die lediglich eine Verwalterin war – einen Gärtner mit ganzer Stelle zuzubilligen. Sie meinten sogar, sie hätten großzügig gehandelt, indem sie der Familie erlaubt hatten, auch nach Mr Claridges Zusammenbruch dort zu bleiben. Sie hatten den Vorfall noch nicht einmal ihrem Klienten in Venedig gemeldet. «Sorgen Sie nur dafür, daß die Zufahrten ordentlich aussehen», sagten sie, «und wenn das Grundstück verkauft wird, machen wir Ihnen ein Abschiedsgeschenk.»

Sarah Claridge hatte das Gefühl, daß man Unmögliches von ihr verlange. Ihr mißfiel die Arbeitslast, die die Agenten ihr aufhalsten, und was den Wert des in Aussicht gestellten Geschenks betraf, so hatte sie da ihre Zweifel – «eine silberne Uhr, nehm ich an» – und so rechnete sie sich aus – wie die meisten Verwalter es tun –, daß sie mehr davon haben würde, wenn sie so lange wie möglich blieb, wo sie war. Sie wurde bald zur Expertin darin, den Besitz gegenüber jedem potentiellen Käufer, der zur Besichtigung erschien, schlechtzumachen. Das Haus sei sehr feucht, völlig verfault und vom Holzwurm befallen, sagte sie. Ein Gasanschluß würde nie gelegt werden können, weil der Boden die Rohre angriff. Und diese neumodische Elektrizität – je weniger man über dieses gefährliche Zeugs redete, desto besser. Und die Kaninchen fräßen alles ratzekahl, und in der Nacht machten die Eulen so viel Krach, daß man kein Auge zutun könne. Nur eine Pumpe funktioniere überhaupt, und die fördere nur schmutziges Wasser zutage. Der Dachboden sei voller Fledermäuse, Schimmel und Holzwürmer. Die Arbeit auf dem Grundstück hätte ihren Mann fast umgebracht. Und die Steuern! Weiß Gott, wie hoch die Nachzahlungen waren, die ein neuer Besitzer zu zahlen hatte . . . und der Zehnte!

Sarah hätte eine gute Schauspielerin abgegeben, und sie hatte einen wunderbaren Trick, den sie anwenden konnte, wenn sie rechtzeitig über den Besuch eines potentiellen Käufers benachrichtigt worden war. In der Themse-Mündung und an der Küste von Romney Marsh gab es sehr viele Muscheln. Die Hopfenanbauer kauften damals ganze Zugladungen davon als Düngemittel, da das verwesende Fleisch Stickstoff lieferte und die Schalen Kalk. Der Geruch verwesender Muscheln war entsetzlich. Der Farmer auf Bartons End düngte seinen Hopfen zum großen Teil mit Muscheln. Er mochte die Claridges, und wenn man ihn darum bat, deponierte er eine Ladung Muscheln in der Nähe des Hauses, einen Tag bevor ein potentieller Käufer erwartet wurde. Diskret über die nähergelegenen Blumenbeete verteilt, trugen sie garantiert dazu bei, den Reiz von Bartons End zu schmälern. Bei der Grundstücksbesichtigung erwähnte Mrs Claridge den Geruch nie ausdrücklich als Nachteil, sondern ließ ihn selbst wirken. Und wenn man sie fragte: «Was ist denn das für ein entsetzlicher Gestank?», pflegte sie sogar zu antworten: «Was für ein Gestank?» Verfaulende Muscheln waren eines ihrer wirksamsten Abschreckungsmittel.

Im Jahr 1906 kultivierten die Claridges nur noch eine parzellengroße Fläche, der restliche Teil des Gartens war zum größten Teil verwildert.

Die erste große Veränderung, die bei dem ab 1899 einsetzenden Verfall des Gartens stattfand, konnte man an den vernachlässigten Teilen der Rasenflächen feststellen. Einige Teile ließ man wachsen und mähte sie nur, um Heu zu gewinnen, andere ließ man völlig verwildern. Auf den Flächen die für Heu gemäht wurden, verdrängten die groben Gräser allmählich die feinen Straußgräser, und es siedelten sich eine Reihe von Pfahlwurzelpflanzen an. Zuerst gab es Löwenzahn, Ampfer und Sauerklee, Fuchsschwänze und verschiedene Sorten von Disteln, doch bald wurde der Löwenzahn verdrängt, und die für Wiesenheu üblichen Unkrautpflanzen breiteten sich aus: Ampfer, Acker-Gänsedistel (oder Feld-Saudistel), Eselsdistel, Flockenblume und Schafgarbe. Interessant ist, nebenbei bemerkt, daß die Eselsdistel (englisch *Scotch thistle*) eine Mittelmeerpflanze ist. Anfang dieses Jahrhunderts erschien sie im schottischen Wappen, obwohl sie in dem Land noch nicht einmal wildwachsend vorkam. In Bartons End gedieh sie in den verlassenen Teilen des Gartens.

Der gleiche Vorgang fand auf den völlig vernachlässigten Rasenflächen statt, nur dort nicht, wo die Brombeerzweige aus den Hecken herauswuchsen, den Boden berührten und Wurzeln schlugen. Im Jahr 1902 waren diese verwilderten Rasenflächen bereits zu Brombeerdickichten geworden, in die nur einzudringen vermochte, wer Entschlußkraft, Lederbekleidung und eine riesige Gartenschere besaß. Zwischen den Brombeeren und anderen Pflanzen wuchs immer noch Gras, doch hauptsächlich die grobe Quecke. Die Brombeeren versuchten natürlich auch, sich der Teile des früheren Rasens zu bemächtigen, die jetzt der Heuproduktion dienten, doch hier waren sie nicht so erfolgreich, da die aus bewurzelten Spitzen und Sämlingen entstehenden jungen Pflanzen vom Rasenmäher zurückgeschnitten wurden, wenn das Heu geerntet wurde.

Die Ziegen der Claridges spielten eine wichtige Rolle bei der Unkrautbekämpfung. Kurz nach der Heuernte wurden sie auf dem Rasen angepflockt, wo sie die neuen Triebe abfraßen, die das Heuunkraut zu bilden versuchte. Auf diese Weise vernichteten sie die Eindringlinge oder drängten sie zumindest zurück. Über viele Jahre hinweg sorgten die Ziegen dafür, daß das Gras an der Hauptauffahrt zum Haus in einem einigermaßen guten Zustand blieb, und sie erleichterten damit die Rückwandlung dieses Gartenabschnitts in einen schönen Garten in späteren Jahren sehr.

Es ist klar, daß die neuen Bedingungen auf Bartons End zu einem erbitterten Existenzkampf zwischen vielen Lebensformen führten, der sich über lange Zeit erstreckte. Ein Beispiel dafür waren die vollständig vernachlässigten Rasenflächen, auf denen die Brombeerdickichte sich nicht gänzlich unangefochten ausbreiten konnten. Nach einigen Jahren schoben sich Baumsämlinge durch das Brombeerdickicht. Es waren Eschen, Eichen und Bergahorn sowie Haselnußbüsche. Sie schwächten die Brombeeren, indem sie ihnen das Licht entzogen, und nach weiteren zwanzig Jahren wäre die Vegetationsklimax eingetreten: die Bäume hätten die Gegend wieder zu Weald-Waldland zurückverwandelt, bei dem hier und dort auf dem Waldboden ein Brombeerstrauch wuchs.

Unter den Pflanzen, die um Vorherrschaft und Überleben rangen, waren auch eine Reihe Parasiten. Einige von ihnen hatten kein Chlorophyll und konnten somit ihre Nahrung nicht selbst herstellen, andere besaßen zwar welches, doch bezogen sie von ihren Wirtspflanzen die Mineralien, die sie brauchten. Das parasitäre Leben ist für solche Pflanzen leichter, doch dürfen sie nicht zu erfolgreich sein und ihren Wirt gänzlich vernichten.

Ein chlorophyllhaltiger Parasit, der den Claridges Nutzen einbringen sollte, war die Mistel *(Viscum album)*. Sie wuchs gut auf den alten vernachlässigten Apfelbäumen und auf bestimmten Waldbäumen, wie Ulmen und Pappeln. Für den Weihnachtsmarkt verkauften sich Schachteln mit Misteln außerordentlich gut, und die Pflanze erforderte keine kostspielige Kultivierung. Die zahlreichen Misteldrosseln trugen sehr zur Verbreitung dieses Parasiten bei. Sie mochten die süßen klebrigen Beeren, und nachdem sie das Innere gegessen hatten, reinigten sie ihre Schnäbel, indem sie sie an den Ästen abwischten. So gelangte der Samen in eine für das Keimen günstige Position, und der Parasit konnte sich verbreiten.

Thomas Claridge war fasziniert vom Charakter und vom Geheimnis der Mistel. Sie schien ihm eine alte Pflanze zu sein, weil sie, neben ihrem bekanntesten, viele Namen hatte: *kiss-and-go, churchman's greeting, muslin bush* und sogar *herbe-de-la-Croix,* weil man traditionellerweise Kreuze aus ihrem Holz fertigte. Dann gab es auch den Glauben, daß die alten Druiden die Mistel mit einer goldenen Sichel von der Eiche abzuschneiden pflegten, ferner hatten die ausladenden gelben Stengel magische Kräfte, sofern man die Pflanze nie den Boden berühren ließ. Wenn sie zu Boden fiel, war ihre ganze Zauberkraft verloren. Doch Thomas machten zweierlei Dinge stutzig. Er hatte zwar die Mistel auf vielen verschiedenen Bäumen wachsen sehen, doch nie auf einer Eiche, und außerdem waren ihre Zweige ziemlich hart, so daß man sie bestimmt nicht mit einer goldenen Sichel hätte abschneiden können. Vielleicht verlieh ihr gerade die Tatsache, daß sie höchst selten auf Eichen wuchs, einen besonderen Wert, wenn sie es einmal

Misteldrossel und Mistel

tat, und vielleicht wurden auch nur die Spitzen mit dem weichen Goldhaken geschnitten.

Wenn sie die Mistel für den Weihnachtsmarkt schneiden wollten, bedeutete das für die Claridges, daß sie auf hohen Leitern in viele Bäume klettern mußten. Sie achteten streng darauf, daß die Pflanze auf ausgebreitete Laken oder auf Sackleinen fiel, und in jede Kiste, die sie vollpackten, legten sie einen Zettel, auf dem stand: «Diese Mistel hat nicht den Boden berührt». Hatten vielleicht die Küsse, die man sich unter den Misteln der Claridges gab (ein verbreiteter Weihnachtsbrauch in der Zeit König Edwards) eine bindendere Wirkung als jene, die unter weniger sorgfältig geernteten Pflanzen ausgetauscht wurden?

Doch nicht nur die parasitären Pflanzen beuteten ihre Nachbarn aus, die Kletterpflanzen taten es auch, indem sie Bäume und Sträucher dazu benutzten, ihre Blüten und Blätter ans Licht zu bringen. Kletterpflanzen führen ein halbparasitäres Leben und können auf diese Weise sparsam mit ihren Ressourcen umgehen, denn eine Menge Pflanzennährstoffe sind erforderlich, um einen festen Stamm zu bilden. Der Efeu ist das herausragende Beispiel für diese Lebensweise, doch eine andere Kletterpflanze, das Geißblatt oder Jelängerjelieber, wuchs gut auf den verwilderten Rasenflächen und erwies sich als nützlich für Thomas Claridge.

Wegen seines Herzinfarkts war Mr Claridge nicht mehr in der Lage, harte Gartenarbeit zu verrichten, doch lag er keineswegs auf der faulen Haut, und sein Beitrag zur Vergrößerung des Familieneinkommens bestand darin, kunstvolle Spazierstöcke herzustellen. Wenn das Geißblatt an ein- oder zweijährigen Trieben von Bäumen oder Büschen wie Esche, Haselnuß und Kastanie hinaufkletterte, umklammerte es sie sehr fest. Beim Wachsen versuchte der Wirtstrieb sich auszudehnen, doch das Geißblatt verhinderte dies. Das Ergebnis war ein Trieb, der spiralenförmig verdreht war. Solche Triebe spürte Thomas auf und fertigte seine ungewöhnlichen Spazierstöcke daraus. Es war ein großer Triumph für ihn, als er ein besonders stark verdrehtes Exemplar für den bedeutenden Music-Hall-Künstler Harry Lauder herstellen durfte. Thomas erfuhr, daß Mr Lauder den Claridge-Spazierstock bei seinem Auftritt in einer Vorstellung benutzte, die 1908 auf königlichen Wunsch von Edward VII. stattfand.

Im allgemeinen hatte der Garten im Laufe seiner Verwilderung den größten Teil der dekorativen, kultivierten Pflanzen verloren, was nur beweist, wie wichtig Nützlichkeit für den Menschen oder Schönheit beim Kampf ums Überleben sind. Doch einige wuchsen immer noch, oft auf kleinen Fleckchen, wo die Bedingungen für sie besonders günstig waren. Einige der überlebenden Pflanzen hielten vielleicht nur wenige Jahre, doch andere hielten durch, bis der Garten wieder kultiviert wurde.

Der Schmetterlingsstrauch wuchs weiter und sproß sogar an neuen Stellen hervor, wo ein Sämling sich zwischen Steinen oder an einem Mauerwinkel festsetzen konnte. In einer solchen Position konnte die junge Pflanze ihren größten Feind, das Gras, vor allem die Quecke, besiegen. Wenn der Sämling erst einmal etwa 30 cm hoch war, konnte er das Gras in den Schatten stellen und im Herbst seine Blätter auf den Rivalen fallen lassen und ihm so Licht und Leben entziehen. Andere Überlebende waren der Hopfen, die Glattblattaster, die Herbstanemone, der Goldlack, die Primeln und die Engelwurz, doch der größte Triumph der kultivierten Pflanzen über die wildwachsenden fand in der *Shrubbery* statt. Die Lorbeerbüsche, Stechpalmen, Spindelsträucher (oder Pfaffenhütchen) und Ligusterbüsche hielten der zehnjährigen Vernachlässigung sehr gut stand. Doch dreißig Jahre später wären auch sie von den Waldbäumen beherrscht worden. Diese wären über sie hinausgewachsen und hätten sie zu Schwächlingen reduziert, die dann nur noch ein Schattendasein hätten fristen können.

Wenden wir uns nun einigen kleinen Gartenbewohnern zu, die bisher noch nicht erwähnt worden sind – Spinnen, Weberknechte, Milben und Weichtiere. Bis auf die Weichtiere handelt es sich um Gliederfüßer. Sehr zahlreich vertreten waren die Spinnen *(Araneae).* Daß sie seit eh und je vom Menschen so gefürchtet werden, ist seltsam, denn sie sind sehr nützlich für ihn, da sie große Mengen schädlicher Insekten töten. Die menschliche Haut ist zu hart, als daß man von irgendeiner in England lebenden Spinnenart richtig gebissen werden könnte. Allenfalls eine große Kugelspinne könnte einen sehr weichen Teil unserer Haut durchbohren, doch wäre so ein Biß nicht schmerzhafter als eine Hautreizung durch Brennesseln. So unerwünscht Spinnen im Haus auch sein mögen, so werden sie doch vom Menschen selten absichtlich getötet. In einem Zimmer oder einem Schuppen nimmt man sie – wenn nötig – in einem Tuch oder Glas auf und befördert sie hinaus – ein großer Fehler, denn sie dezimieren Fliegen, Kleidermotten und Holzkäfer –, um nur einige ihrer Opfer zu nennen. Vielleicht werden Spinnen nicht getötet, weil man glaubt, daß das Unglück bringt – eine unbewußte Anerkennung ihres Wertes für den Menschen.

Die Spinne ist kein Insekt. Ihr Körper ist in zwei Segmente unterteilt, in den Cephalothorax und den Hinterleib, nicht in drei wie bei den Insekten. Während Insekten sechs Beine haben, haben Spinnen acht. Sie haben einen kleinen Mund und zwei kräftige Kiefer, Cheliceren genannt. Die Chelicere ist zweigliedrig und besteht aus einem Grundglied und einer dagegen einschlagbaren Klaue. Durch ein kleines Loch fast an der Spitze der Klauen kann das Spinnengift in das Opfer eingespritzt werden, wodurch es ruhiggestellt und schließlich getötet wird. Das Gift scheint aus etwa sechs proteinähnlichen Verbindungen zu bestehen, von denen Spermin die wichtigste ist, und es enthält auch ein Enzym, das Kohlehydrate abbaut.[64] Das Gift scheint so zu wirken, daß die Produktion von Azetylcholin in den Nervenspitzen stimuliert wird. Das führt dazu, daß im Opfer der Vorrat dieses Stoffes, der die Muskeln entspannt, sehr schnell aufgebraucht wird. Fehlt das Azetylcholin, können die Nervenimpulse die Synapsen (Nervenendigungen) nicht mehr durchqueren, so daß die Muskeln verhärten. Wenn das Tier halbwegs bewegungsunfähig geworden ist, kann es von der Spinne alsbald getötet werden.

Eine seltsame Eigenschaft von Spinnen und anderen Tieren, die Gift verwenden, wie Bienen, Wespen und Schlangen, ist ihre Fähigkeit, erhebliche Mengen starker Gifte in ihren Körpern zu speichern, ohne selbst dadurch Schaden zu nehmen. Spinnen können ihr Gift benutzen, um andere Spinnen im Kampf zu töten. Demnach ist das Gift also auch für Spinnen giftig, wenn es an einer geeigneten Stelle eingespritzt wird. Wenn Schlangen miteinander kämpfen, benutzen sie kein Gift, so daß man annehmen kann, daß es für die Schlangen selbst giftig ist und daß diese Waffe in einer Art von beiderseitigem Einverständnis nicht eingesetzt wird, was an die bisherige Zurückhaltung der Menschen erinnert, Atomwaffen einzusetzen. Offensichtlich sind die Giftsäcke und -kanäle mit einem giftresistenten Stoff ausgekleidet – ein Beispiel für die komplizierten Strukturen, die sich in der Welt der Natur gebildet haben. Spinnen können keine feste Nahrung aufnehmen. Sie saugen ihrem Opfer die Körpersäfte aus oder zerkleinern und verflüssigen es mit Verdauungssäften, um so die nahrhaften Teile aufsaugen zu können. Spinnen sind ausschließlich Fleischfresser und fressen in der Regel nur Tiere, die sie auch selbst gefangen haben. Es sind meistens Insekten, die die ganze Welt der Natur mit Nahrung zu versorgen scheinen. Doch einige Insekten haben ihrerseits Schutzvorrichtungen gegen Spinnen entwickelt. Einige ihrer potentiellen Opfer, zum Beispiel Marienkäfer und Asseln, sind schwer gepanzert oder zu glatt, so daß die Spinne sie nicht in den Griff bekommen kann. Eine verbreitete Asselart in Bartons End, die Kellerassel *(Porcellio scaber)*, kann sich zu einer Kugel zusammenrollen und so den Angriff jeder Spinne abwehren. Andere Insekten, wie etwa viele Blattlausarten, haben in ihrem Körper Stoffe entwickelt, die sie für Spinnen ungenießbar machen. Ein weiteres Beispiel ist der Stachelspinner. Wenn eine Spinne ein Exemplar dieser Falterart angebissen hat, wird sie schnellstens zum Rand ihres Netzes eilen und alles, was sie an Saft schon ausgesaugt hat, ausspucken. Ein Biß schadet dem Falter nicht allzuviel, und er ist «klug» genug, sich nicht zu bewegen, um die Spinne nicht noch weiter zu erregen. Die Listigkeit des Stachelspinners erwies sich als nachteilig für den Garten, denn von der Verfolgung durch seinen schlimmsten Feind, die Spinne, verschont, konnte er zuweilen großen Schaden unter den Stachelbeeren und Johannisbeeren anrichten.

Spinnen haben Insekten sehr beeinflußt. Ursprünglich waren die vielen Insekten, die die Erde bevölkerten, flügellos und eine leichte Beute für Spinnen. Indem sie Flügel entwickelten und sich in die Lüfte erhoben, waren die Insekten den Spinnen eine Nasenlänge voraus, doch diese wußten den Trick bald zu kontern. Sie bauten das fast unsichtbare Netz, und die Insekten wurden aufs neue Spinnennahrung Nummer eins.

Spinnen haben sechs bis acht Augen, je nach Spezies, und verfügen so über einen guten Rundblick. Sie haben keine Fühler wie die Insekten, doch ihre beiden Taster übernehmen einige Fühlerfunktionen und werden auch wie Hände benutzt. Bei der Paarung zum Beispiel benutzt ein Männchen seine Taster, um einen Spermabeutel im Körper des Weibchens abzulegen. Es ist allgemein bekannt, daß Spinnenmännchen nach der Paarung vom Weibchen gefressen werden. Hier scheint die Natur dafür gesorgt zu haben, daß keine wertvolle Nahrung verschwendet wird. Der Vater gibt seine Substanz – im wörtlichsten Sinne – an seine Nachkommen weiter. Bei manchen Arten haben die Männchen allerdings zu einer verständlichen Schutzmaßnahme gegriffen. Einige megalomorphe Spinnen haben kleine Haken an den Innenseiten ihrer Beine. Bei der Paarung schiebt das Männchen diese Haken gegen die Klauen des Weibchens. Auf diese Weise wird es wirkungsvoll geknebelt, und das Männchen hat eine erheblich bessere Chance, nach Beendigung des Aktes dem Todeskuß zu entgehen.[64]

Spinnen waren wichtige Tiere, als der Garten in Bartons End erstmals angelegt wurde. Sie waren damals sehr zahlreich und sind es heute immer noch. Im Sommer können Felder, Wälder und Gärten von 1 bis 2 Millionen Spinnen pro *Acre* Land [etwa 4000 m^2] bevölkert sein. Spinnen wiegen nicht sehr viel. Eine Garten-Kreuzspinne zum Beispiel wiegt 1 Milligramm bei der Geburt und mehrere hundert Milligramm als ausgewachsenes Tier. In der Tudorzeit war das Gesamtgewicht der in England lebenden Spinnen größer als das der Menschen. 1,5 Millionen Spinnen zu je 4 Milligramm wiegen 6 Millionen Milligramm bzw. 6 Kilo pro *Acre.* Die menschliche Bevölkerung von England und Wales mit einer Gesamtfläche von 37 Millionen *Acres* betrug damals etwa 2 Millionen, und bei einem Gewicht von jeweils etwa 50 Kilo wogen sie insgesamt 100 000 Tonnen, was 2,7 Kilo pro *Acre* entspricht. Die Biomasse der Menschen betrug also, aufs ganze Land umgerechnet, weniger als die Hälfte der Biomasse der Spinnen. Heutzutage beträgt das Spinnengewicht pro *Acre* in etwa genausoviel wie damals, doch die menschliche Bevölkerung ist inzwischen auf 52 Millionen angestiegen, was eine menschliche Biomasse von knapp 70 Kilo pro *Acre* ergibt.

Einige Spinnen besitzen ein Stridulationsorgan, wie die Grashüpfer. Die meist sehr tiefen Töne werden nur von Männchen erzeugt, doch einige Spinnen können wie Bienen summen, andere schnurren wie Katzen. Wenn bemerkt würde, daß eine Spinne derartige Töne erzeugt, würde das die bereits vorhandene Aranaphobie nur noch verstärken.

Die Fähigkeit der Spinnen, Faden zu produzieren, ist das Wesensmerkmal, das ihnen zu ihrem großen Erfolg im Leben verholfen hat. Der Spinnfaden wird als Flüssigkeit in sieben verschiedenen Drüsen produziert, die eine gewisse Ähnlichkeit mit den giftproduzierenden Drüsen haben. Von diesen Drüsen gelangt die Flüssigkeit zu den Spinnwarzen, aus denen sie dann als Faden herauskommt. Sie wird nicht ausgedrückt wie Zahnpasta aus der Tube, sondern muß herausgezogen werden, und Spinnen bewerkstelligen dies mit großer Geschicklichkeit durch spezielle Beinbewegungen. Je nach der zu bauenden Konstruktion oder der zu erfüllenden Funktion werden verschiedene Arten von Faden produziert.

Faden wird benutzt, um gefangene Insekten zu fesseln und um Nester, Eierkokons, Wohngespinste und natürlich Netze zu machen. Wenn eine junge Spinne auf einer Erhöhung steht, hebt sie ihren Hinterkörper und stößt einen Spinnfaden aus, der in der Luft davonschwebt. Wenn die Reibung an der schwebenden Leine stärker ist als das Gewicht der Spinne, steigt diese in die Luft empor und wird zu einem neuen Revier davongetragen. Unzählige schwebende Spinnfäden in der Luft sind ein vertrautes Bild im Spätsommer. Schon Plinius hatte es vermerkt: «In dem Jahr, da L. Paulus und Claudius Marcellus Konsule waren (216 v. Chr.), regnete es

Kreuzspinne

Wolle.»[59] Zweifellos ein Massenflug von Linyphid-Spinnen. Faden wird auch als Sicherheitsleine benutzt, die es der Spinne ermöglicht, nach der Futtersuche oder nach einem Fall wieder zu ihrem Stützpunkt zurückzukehren. Und nun zum Netz.

Beim Bau des Radnetzes spannt die Spinne zuallererst einen Brückenfaden. Entweder sucht sie eine Stelle, wo viele Insekten fliegen, und legt sorgfältig eine Leine quer darüber, oder sie läßt einen Faden einfach vom Wind treiben und sich irgendwo verfangen. Wenn der Brückenfaden erst einmal gespannt ist, verstärkt die Spinne ihn, indem sie ihn mehrmals abläuft und jeweils einen neuen Faden hinzufügt. Nun beginnt der Bau des Rahmens. Zwei Fäden werden befestigt und nach unten zu einem zentralen Punkt gezogen, so daß sie ein V bilden. Die Spitze dieses V wird das Zentrum des Netzes, und es werden eine Reihe von Speichen unterschiedlicher Länge – aufgrund der Unregelmäßigkeit der Umgebung – hinzugefügt. Vom Zentrum aus spinnt dann die Spinne eine provisorische Spirale, die die Konstruktion verstärkt, und für sich selbst eine Halterung, während sie den «Fangbereich» baut. (Meistens sind es die Weibchen, die Netze bauen. Männchen tun dies nur zu Beginn der Brutzeit.) Hierfür wird ein anderer Faden benutzt, der fein und klebrig ist. Die Spinne arbeitet von außen nach innen und zieht dabei den Faden straff. Dadurch verdichtet sich das Klebrige auf dem Faden zu winzigen Tropfen. Das erleichtert später das Einfangen der Insekten, doch gleichzeitig bewirkt es, daß Tau auf den Strähnen kondensiert, wodurch das Netz, das in den frühen Morgenstunden dem Menschen einen Anblick von großer Schönheit bietet, auch für fliegende Insekten sichtbar wird, so daß sie ausweichen können. Doch Spinnen pflegen ihre Netze dort zu spannen, wo ein sanfter Luftzug herrscht, und die Insekten fliegen eigentlich weniger hinein, als daß sie hinein driften, ähnlich wie Fische, die in einem über eine Strömung oder einen Gezeitensog gespannten Netz gefangen werden.

Wenn die Ringe klebriger Fäden angebracht sind, ist das Netz stark genug, sich selbst zu halten, und die Spinne schneidet die provisorische Spirale weg und wartet nun auf die Ankunft der Beute. Die klebrigen Fäden werden täglich erneuert.

Erstaunlich bei dieser ganzen Bautätigkeit ist die Geschicklichkeit, mit der die Architektin vorgeht. Sie betätigt acht Beine und zwei Taster auf einem System von Fäden, die im Luftzug hin und her schwanken, weicht Fangfäden aus, die eine zappelnde Beute fesseln sollen, und ist dabei noch mit ein oder zwei eigenen Spinnfäden zugange, ohne sich jemals in ihren eigenen Fallen zu verfangen.

Wenn das Netz fertig ist, wartet die Spinne auf Beute. Die Garten-Kreuzspinne bezieht in der Mitte ihrer Netzkonstruktion Stellung. Wenn ein Insekt gefangen wird, zappelt es, und von dem Vibrationsmuster her weiß die Spinne, um was für eine Beute es sich handelt. Ist sie klein und eßbar, kann die Spinne sich nähern und sie mit einem Giftbiß töten. Ist sie mittelgroß, umgarnt die Spinne sie mit ihrem Faden, bis das Tier sich nicht mehr wehren kann. Ist sie groß und gefährlich, wie etwa eine Wespe, wird die Spinne sich vielleicht entschliessen, zu retten, was noch zu retten ist, und das Netz wegschneiden, damit das Tier sich befreien kann, bevor noch mehr Schaden angerichtet wird oder sie selbst gar einen tödlichen Stich erhält.

Spinnen machen auch Jagd auf ihre Artgenossen, und einige bedienen sich dabei höchst raffinierter Tricks. Ein Spinnenfresser (Familie *Mimetidae*) zum Beispiel schleicht sich vorsichtig und unbemerkt in ein Netz, schneidet einen Teil davon weg und hängt sich dann mit zusammengefalteten Vorderbeinen darunter. Der Spinnenfresser zieht dann am Netz und gibt das – falsche – Signal, daß eine eßbare Beute gefangen wurde. Und schon eilt die Besitzerin herunter, um nachzusehen. Der Eindringling schnellt seine langen Vorderbeine vor, fängt seinen Wirt und erledigt ihn mit einem lähmenden Biß, denn das verwendete Gift ist besonders stark.

Nicht alle Spinnen bauen Netze. Einige benutzen ihre Fadensubstanz auf andere einfallsreiche Weise: sie spucken einen Klumpen davon gegen ein Insekt, das dadurch wie festgenagelt ist, so daß die Spinne es in aller Ruhe verzehren kann. Einige Spinnen haben ein schlechtes Sehvermögen und fangen ihre Beute, indem sie mit ihren langen Beinen nach ihr tasten.

Es wurden auch viele Weberknechte *(Opiliones)* im Garten gefunden, vor allem in der Zeit, als man ihn verwildern ließ. Ihren englischen Namen *harvestman* [Erntemann] haben sie aufgrund der Tatsache bekommen, daß sie zur Erntezeit besonders häufig sind. Sie können leicht mit Spinnen verwechselt werden, von denen sie sich allerdings erheblich unterscheiden. Obwohl Weberknechte, wie Spinnen, vier Paar Beine haben, sind ihre Körper ganz anders gebaut. Der Körper besteht aus einem Stück und ist nicht zweigeteilt wie bei den Spinnen oder dreigeteilt wie bei den Insekten. Theodore Savory, der bekannte Spinnentierforscher, schreibt:[64]

> Die Weberknechte kann man gewiß als die Komiker unter den Arachniden bezeichnen: mit ihren rundlichen Körpern, die mit

kleinen Stacheln verziert sind, oben drauf zwei Augen, die wie die beiden Ziffernblätter einer Uhr Rücken an Rücken liegen. Die Tiere haben schwache Kiefer und einen unstillbaren Durst – sonderbare Typen, die selbst in einem sonderbaren Volk noch auffallen.

Beine sind besonders wichtig für Weberknechte. Wer sich mit Weberknechten beschäftigt, beschäftigt sich mit Beinen. Das zweite Paar Beine ist das wichtigste und führt die anderen. Wenn ein Bein verlorengeht, wächst ein neues nach und ersetzt das alte, doch wenn eines aus der zweiten Riege dran glauben muß, dann ist das Tier ernstlich behindert. Wenn beide Beine des zweiten Paares verlorengehen, stirbt der Weberknecht.

Weberknechte leben von tierischer Nahrung, zumeist von der besagten universellen Quelle des Lebens – den Insekten.

Milben oder Acari waren im Garten während seiner ganzen Geschichte immer recht zahlreich und wurden schon im 2. Kapitel im Zusammenhang mit der Bodenfauna erwähnt. Doch es gab auch Milben auf Pflanzen und Tieren, die für sie wie für den Menschen oft zu einer beträchtlichen Plage wurden.

Wissenschaftlich werden die Acari nach ihren physiologischen Merkmalen in sieben Unterordnungen eingeteilt. Jede Gruppe umfaßt Milben, die unterschiedliche Lebensweisen haben. Sie können räuberisch leben, Ekto- und Endoparasiten sein oder können sich von Pilzen, Abfall oder wachsender Vegetation ernähren.

Eine der räuberischen und parasitären Milben, die es auf Bartons End gibt, ist die Hühner- oder Vogelmilbe. Sie befiel das Hofgeflügel, die freilebenden Vögel und manchmal sogar die Menschen. Da diese Milbe nachts aktiv war, blieb sie oft unsichtbar. Die Milben dieser Unterordnung, die Notostigmata, gelangten in die Körperöffnungen warmblütiger Tiere, so zum Beispiel *Ptylonyssus hirsti* bei Spatzen. Doch sie waren nicht alle schädlich. *Blattisocius tarsalis* griff die Mehlmilbe an, die sich von Getreide ernährte, das als Hühnerfutter in Schuppen gelagert wurde. Diese Mehlmilbe ist gefährlich für Saatgetreide, da sie den Keim wegfrißt und so den Samen abtötet.

Die Zecken sind auch Acari, also Milben, doch viel größer als die meisten andern, wie etwa die Obstbaum-Spinnmilben (die allseits bekannten «Roten Spinnen»). Man fand sie von Zeit zu Zeit im Garten, wo sie hauptsächlich die wildlebenden Tiere und die Haustiere befielen und Träger für viele Tierkrankheiten waren. Sie besitzen nach innen gebogene Zähne, die nicht den Zweck haben, die Haut ihrer Wirte zu durchstechen, sondern den, das Tier in seiner Position zu verankern. Wenn man eine Zecke einfach nur aus der Haut ihres Wirts, etwa aus dem Ohr eines Kindes, herauszieht, bricht der Kopf der Zecke ab und bleibt stecken. Die Stelle kann zu einer unangenehmen Wunde vereitern. William Daker behauptete, daß die Zigarette nur zu dem Zweck erfunden worden sei, den Körper von Zecken zu befreien. Hält man eine brennende Zigarette in die Nähe einer vollgesaugten Zecke, bewirkt das, daß diese ihren Rüssel zurückzieht, so daß sie sich dann leicht entfernen läßt.

Zeckenweibchen können sich auf ein Vielfaches ihrer Körpergröße ausdehnen, wenn sie sich mit dem Blut ihres Wirtes vollsaugen. Zum Beispiel kann ein «leeres» Tier einen Durchmesser von 2 bis 6 mm haben, doch kann es bis zu 2 cm dick werden, wenn es mit dem Blut seines Opfers vollgesaugt ist – eine Zunahme der Körpergröße auf das Drei- bis Zehnfache. Zeckenmännchen dagegen fressen entweder überhaupt nicht oder nehmen nur sehr geringe Mengen Nahrung zu sich. Viele Milbenarten leben von Vögeln. Sie bleiben im Nest und fressen nur von Zeit zu Zeit, wenn die Vögel ins Nest zurückkommen, um zu schlafen oder ihre Eier zu bebrüten. Auf diese Weise vermeiden sie, abgepickt zu werden, wenn die Vögel ihr Gefieder säubern.

Eine weitere Milbenart, die im Obstgarten und Garten eine Plage darstellte, waren die «Roten Spinnen» auf Obstbäumen, Gewächshauspflanzen und gelegentlich auch auf Gartenpflanzen. In den späteren Jahren des Obstgartens richteten sie besonders großen Schaden an.

Als die starken synthetischen Insektizide DDT und Lindan erstmals eingesetzt wurden, konnten lästige Obstbaumschädlinge wie Blattläuse, Apfelblattsauger, Blattraupen und der Apfelwickler leicht und billig bekämpft werden, doch den Milben konnten die Chemikalien nur wenig anhaben. Die Spritzmittel töteten auch die räuberischen Gliederfüßer, die die Schädlinge fraßen, und so wurde die Rote Spinne, die den Blättern den Saft aussaugte und sie austrocknete, bald zu einer ernsthaften Plage. Hochtoxische Spritzmittel, wie etwa Parathion, wurden dann eingesetzt, um die Milben abzutöten. Doch bald bildeten sich Schädlingsrassen, die gegenüber diesen Mitteln resistent waren, so daß wiederum neue Mittel gefunden werden mußten. Und so geht der Kampf weiter. Ständig müssen neue Pestizide entwickelt werden, sowie die alten ihre Wirksamkeit verlieren.

Eine neue Prozedur, die jetzt in Gewächshäusern angewendet wird, hat vor kurzem auch Bartons End erreicht. Die Tomaten wurden dort früher von den Roten Spinnen schlimm befallen, und es waren teure Spritzmittel erforderlich, um sie zu bekämpfen. Heute wird eine parasitäre Milbe eingeführt, die den Feind in Schach hält. Soviel Vertrauen in einen natürlichen Feind erfordert eiserne Nerven seitens des Gärtners, der sehr wohl weiß, wieviel Schaden die Rote Spinne anrichten kann. Sein Instinkt sagt ihm: Spritzen, sobald der Schädling gesichtet wird. Doch wenn er biologische Schädlingsbekämpfung betreiben will, muß er die Rote Spinne sich erst etablieren lassen, damit der natürliche Feind, wenn er dann eingesetzt wird, etwas zu fressen hat.

Auch viele Arten der Gallmilben (Familie *Eriophyidae*), mindestens 33, waren in Bartons End vertreten. Sie verursachten Mißbildungen im Wuchs ihrer Wirte, die von großen Bäumen über Feldfrüchte bis zu bescheidenen Unkrautpflanzen reichten. *Eriophyes fraxinovorus* befiel die Esche (verzerrtes Wachstum bei den Blüten) und *E. squalidus* die Skabiose (eine Masse seidigweißer Haare, auch auf den Blüten).

Diese Milben sind sehr klein, ungefähr 0,1 mm lang, blind und haben zwei Paar Beine. Während sie von dem Pflanzengewebe fressen, spritzen sie ein Pflanzenhormon ein, das bewirkt, daß sich eine Galle oder eine Wucherung bildet. Das seltsame ist, daß diese Substanz immer so eingesetzt wird, daß die durch sie gebildete Galle genau den Bedürfnissen des jeweiligen Tieres entspricht. Die Johannisbeerknospen-Gallenmilbe auf Schwarzen Johannisbeeren veranlaßt die Pflanze, große Knospen zu bilden. Das eingespritzte Hormon bildet diese ordentliche Kugel, die einen Durchmesser von etwa 1,15 cm hat, und nicht einfach eine Masse Wildwuchs. Die Milben gedeihen in der Behausung, die die Pflanze ihnen bereitet. Obwohl die Knospe nicht vollständig zerstört ist, kann sie keine Frucht bilden. Die Milben beschädigen nicht nur die Ernte, sondern verbreiten auch die Viruskrankheit, die als «Rückartung» bezeichnet wird, so genannt, weil die Blätter ein wildes Aussehen annehmen und man irrtümlicherweise angenommen hat, daß sie sich zu diesem Zustand zurückentwickelt hätten.

Zur Unterordnung Prostigmata gehörte die Erntemilbe *(Trombicula autumnalis)*, die auch menschliches Fleisch beißt, wenn es auf sommerlichem Rasen oder im Heufeld dargeboten wird. Schon viele Damen, die ja meist eine viel weichere Haut als Männer haben, haben es bereut, daß sie sich auf dem Rasen von Bartons End ins Gras gesetzt haben. Nicht von der Feuchtigkeit droht Gefahr, sondern von der juckenden Zuwendung der *Trombicula.*

Viele Milben aus der Unterordnung Astigmata fressen Pilze und Getreide, andere sind die Federflöhe der Vögel. Einige Astigmata sind Parasiten in den Ohren von Hunden und Katzen, und eine andere, *Sarcoptes scabiei,* wurde von Zeit zu Zeit in Bartons End auf Menschen gefunden, die an Krätze litten. Schließlich gibt es noch die Cryptostigmata, *beetle mites* genannt. Sie waren weitverbreitet im Boden, in vermoderndem Laub, unter Steinen und auf Rinde, wo sie wie glänzende Insekteneier aussehen.

Im Laufe der Geschichte des Gartens wurden auch noch viele andere Pflanzengallen, die nicht durch Milben verursacht wurden, gefunden und haben einiges Interesse geweckt. Wir wollen hier zwei verschiedene Arten näher betrachten.

Der Rosen- oder Schlafapfel (auch *Bedeguar* genannt) wird durch die Eier der Rosengallwespe *(Diplolepis rosae)* verursacht, in einer Rose, die sich noch nicht geöffnet hat, vor allem bei der Hundsrose. Wenn die Larven aus den Eiern geschlüpft sind, veranlassen sie die Rose, ihnen ein behagliches Zuhause zu schaffen und sie darüber hinaus auch noch zu ernähren. Ein solcher Wuchs kann leicht an die 50 Kammern für die Larven bilden, und das ganze wird durch eine Masse verdrehter, klebriger Fäden geschützt. Rosenäpfel wurden von Anfang an bis heute in Bartons End gefunden und lösten unterschiedliche Reaktionen bei den verschiedenen Gärtnern aus. Einige fanden sie hübsch und mochten sie, andere betrachteten sie als Schädlinge, die es zu vernichten galt. Mary Barton schätzte sie als Heilmittel; es hieß, daß ein Aufguß daraus Durchfall kurierte.

Eine andere Pflanzengalle ist der Eichengallapfel. Eichengalläpfel werden durch mindestens 17 verschiedene Gallwespenarten verursacht.[19] Die häufigste Gallwespe in Bartons End war die Eichenschwammgallwespe *(Biorhiza pallida),* ein Insekt, das das seltsame Merkmal des Generationswechsels aufwies – eine komplexe Angelegenheit.

Eine weibliche Gallwespe legt ihre Eier an der Basis einer Knospe ab, wobei sie diese fast abreißt. Dann beginnt sich der «Apfel» zu entwickeln. Er hat etwa 30 Kammern, die Larven enthalten. Die fertigen Tiere schlüpfen im Juni, wobei die Männchen und Weibchen aus verschiedenen Galläpfeln kommen. Sie paaren sich im Juli, und danach bohren die Weibchen einen Gang in die Erde und legen ihre Eier auf junge Eichenwurzeln ab. Es bilden sich dann Wurzelgallen, die jeweils nur eine einzige Larve enthalten, die sich dort bis zu 16 Monaten aufhalten kann. Die fertigen Tiere, die nach dem zweiten Winter schlüpfen, sind ausnahmslos flügellose Weibchen. Sie klettern den Eichenstamm hoch und legen ihre Eier in die Blattknospen der Äste ab, worauf sich dann alsbald wieder «Äpfel» bilden. So besteht also eine Generation aus Weibchen und die nächste aus Männchen und Weibchen.

Diese Galläpfel und jene, die von einer anderen Cynipid-Wespe *(Andricus kollari)* verursacht wurden und im Wäldchen sehr verbreitet waren, wurden in Bartons End von der Gründung des Gartens an so lange gesammelt, bis die Dunchesters das Grundstück kauften. Ihr hauptsächlicher Verwendungszweck war die Herstellung von schwarzer Tinte und einem schwarzen Färbemittel.

Wir wenden uns nun den Weichtieren zu, die in Bartons End zu finden sind. Es sind hauptsächlich Gehäuseschnecken und Nacktschnecken, die Gasteropoda. Ihre Anzahl schwankte sehr im Laufe der langen Geschichte des Gartens, doch ihre Verwüstungen bereiteten den Gärtnern oft großen Ärger. Seltsamerweise waren es einige der nachlässigsten Gärtner, wie etwa Emmanuel Burrows, die unter diesen Tieren am wenigsten zu leiden hatten. Die natürliche Nahrung vieler Arten ist verwesende Vegetation: wenn die Gartenbeete saubergehalten werden, wenn Grasschnitt und altes Laub entfernt wird, wird den Nacktschnecken ihre natürliche Nahrung entzogen, und dann wenden sie sich den zarten Teilen der kultivierten Pflanzen zu.

Das Wort «Gasteropode» bedeutet «Magenfuß» und weist darauf hin, daß Schnecken sich auf ihren Mägen bzw. Bäuchen fortbewegen. Der Körper der Schnecke besteht aus zwei Teilen, dem Eingeweidesack und dem Bauch. Der Eingeweidesack befindet sich in der Schale, und der Bauch bildet den Fuß, folglich wird seine Unterfläche «Sohle» genannt. Die Schnecke bewegt sich fort, indem sie zunächst aus Drüsen, die unter dem Kopf liegen, Schleim aussondert, sodann wird jeder Abschnitt der Sohle gehoben und ein Stück vorwärts bewegt, bevor er sich wieder senkt. Mit dieser rhythmischen Bewegung gleitet das Tier über den Boden.

Der Kopf trägt ein oder zwei Paar Tentakel, die in den Körper eingezogen werden können. An den Enden des größeren Paares befinden sich die Augen. Ein Bild registrieren die Augen kaum, doch reagieren sie sehr stark auf Veränderungen der Lichtintensität. Die Tentakel besitzen sowohl Tast- wie Geruchssinn. Wenn eine Schnecke sich sehr gestört fühlt, zieht sie bei manchen Arten den ganzen Körper in die Schale zurück und verschließt die Schale mit einem Deckel (bei Weinbergschnecken im Winter mit dem Operculum). Der Eingeweidesack der Schnecke ist in der Schale aufgerollt, und seine obere Schicht wird als Mantel bezeichnet. Der Mantel bildet die

Gartenschnecke

Schale, die im Laufe der Zeit «Wachstumslinien» aufweist. Die Schale hat zwei Schichten: die äußere, die das Pigment enthält, hat eine hornige Konsistenz, während die innere nur aus Kalziumkarbonat besteht und glatt und perlmuttartig ist. Die meisten Schnecken sind rechtsgewunden, das heißt, wenn man sie aufrecht mit der Spitze nach oben hält, ist die Mundöffnung rechts und die Windung verläuft rechtsherum. Es werden jedoch auch manchmal, allerdings sehr selten, linksgewundene Schnecken gefunden.

Die Mehrheit der Schnecken sind Hermaphroditen, das heißt, jedes Exemplar besitzt sowohl männliche als auch weibliche Organe, doch Paarung ist immer erforderlich, um die Eier zu befruchten. Diese Weichtiere haben eine Radula, eine zungenähnliche Reibeplatte, mit der sie ihre Nahrung raspeln.

Schnecken bevorzugen natürlich Feuchtigkeit, und bei heißem Wetter verstecken sie sich in den kühlsten Winkeln, die sie finden können. Diese Verstecke befinden sich meistens unter Baumstämmen, Steinen und anderen feuchten Stellen, doch manchmal findet man auch kleinere Schnecken unter den Spitzen von Grashalmen. Sie ziehen sich dorthin zurück, wenn die Sonne die Bodenoberfläche allzusehr aufgeheizt hat. Viele Gehäuseschneckenarten fallen bei einer längeren Trockenperiode in eine Sommerruhe («Ästivation» genannt). Wenn es nach einer Trockenperiode erstmals wieder regnet, kommen Schnecken in großen Mengen hervor, um zu fressen: sie sind hungrig. Im 17. Jahrhundert dachte Mark Barton, daß sie mit dem Regen herabfielen, durch «Fäulnis» in den dunklen Wolken erzeugt.

Schnecken überwintern an geschützten Plätzen. Dazu ziehen sie sich ganz in ihre Schale zurück und sondern sehr viel Schleim ab, der sich zu einem «Epiphragma» verhärtet und den Eingang versiegelt. Schnecken versammeln sich oft in Massen und kleben durch ihren Schleim aneinander.

Die zwei schädlichsten Schnecken im Garten waren die Gefleckte Weinbergschnecke (Gartenschnecke) und die Gestreifte Krautschnecke. Auch die eßbare Weinbergschnecke wurde manchmal in Bartons End gefunden, sie ist jedoch nicht die einzige, die man essen kann. Im 18. Jahrhundert wurde *wall fish* [Mauerfisch], die Gartenschnecke, von Arbeitern als Speise sehr geschätzt und eifrig eingesammelt. Während der Napoleonischen Kriege entwickelte Charlotte Munroyds Haushälterin großes Interesse für die kriegsgefangenen französischen Offiziere, die in einem nahegelegenen Lager interniert waren und regelmäßig Freigang hatten. In dem Glauben, daß diese Männer sich ausschließlich von Schnecken und Fröschen ernährten, verbrachte die Frau viel Zeit damit, die Helicidae für sie zu sammeln, damit sie nicht Hunger litten. Doch bei Fröschen hörte ihre Wohltätigkeit auf. Sie sei *une brave type*, sagten die Franzosen lächelnd, und sie schenkten ihr ein kleines Schiff, das sie aus Knochen geschnitzt hatten.

Nacktschnecken scheinen sich aus Gehäuseschnecken entwickelt zu haben. Offenbar fanden sie ein Leben, in dem sie nicht ständig ein Haus mit sich herumschleppen mußten, leichter, doch gänzlich verloren haben sie ihr Haus nicht. Im Garten gab es drei Arten von Nacktschnecken, die Graugelbe Rucksackschnecke, die Schwarze Kielnacktschnecke und die Raubschnecke.

Die Raubschnecken sind Fleischfresser. Sie haben eine kleine Schale auf dem hinteren Teil des Körpers. Die Raubschnecke hat scharfe gebogene Zähne, mit denen sie ihre Beute fest packen kann. Sie frißt andere Nacktschnecken, Gehäuseschnecken, Tausendfüßler und vor allem Regenwürmer. Bei diesen wendet sie einen Trick an. Die Schnecke fängt einen Regenwurm, wenn sich beide auf der Oberfläche befinden. Der Wurm versucht sich durch den Rückzug in seine Röhre zu retten. Die Schnecke läßt sich mit hineinziehen und kann dann dort den Wurm ungestört verzehren.

Andere Nacktschnecken besitzen eine rudimentäre Schale unter dem Mantel. Im Garten war das schädlichste Weichtier in dieser Kategorie die Ackerschnecke, und in den Anfangszeiten des Gartens wurde sie gesammelt und als Delikatesse verzehrt. Im Jahr 1777 vernichtete sie den größten Teil von George Munroyds Gartengemüse, einer umfangreichen Handpflückaktion zum Trotz.

Die Nacktschnecken verteidigen sich, indem sie große Mengen Schleim absondern, und irgendwann bemerkten die Gärtner das und entwickelten eine Methode, den Heimsuchungen der Nacktschnecke zu begegnen. Nacktschnecken, die mit einem unverträglichen Puder bestäubt wurden, wie etwa Asche, Kalk oder Kupferkarbonat, stießen das Gift mit dem Schleim ab. Sie können dies kurz danach ein zweites Mal tun, doch ein drittes Mal nicht mehr. Die Antwort auf das Problem mit den Nacktschnecken hieß dreimal hintereinander bestäuben und in dunklen Nächten von Hand einsammeln.

Die Große Egelschnecke hat eine seltsame Paarungsmethode. Das Paar erklimmt einen Busch oder den Ast eines Baumes und sondert einen sehr dicken Schleim ab. An diesem Schleim lassen sich die beiden wieder hinunter, wobei sie sich langsam umeinander winden und dabei kopulieren. Der Vorgang kann mehrere Stunden dauern.

Die Nackt- und die Gehäuseschnecken in Bartons End hatten viele natürliche Feinde. Amseln und Drosseln konnte man oft dabei beobachten, wie sie eine Schnecke gegen ihre «Schneckenschmiede» schlugen, bis die Schale zerbrach. Auch Maulwürfe, Spitzmäuse, Igel und Kröten fraßen sie.

Die Bekämpfung der Nacktschnecke ist heute einfacher, denn man hat einen Schwachpunkt in ihrer Konstitution entdeckt. Sie können dem chemischen Stoff Metaldehyd nicht widerstehen. Vermischt mit organischer Nahrung wie Kleie, Brotkrumen oder sogar Sägemehl lockt dieser Stoff Nackt- und Gehäuseschnecken an, und wie der Alkoholiker mit der Whiskyflasche ist das Weichtier nicht in der Lage, sich zu entfernen, bevor es sich das Metaldehyd nicht restlos einverleibt hat. Auf diese Weise sind die Nacktschnecken dann der Sonne, austrocknenden Winden und natürlichen Feinden ausgesetzt und ausgeliefert, die allesamt ihren Tod herbeiführen.

Das Problem mit diesen äußerst wirksamen Nacktschnecken-Ködern ist, daß sie die Tiere aus großer Entfernung anlocken. Die Schnecken im Garten werden getötet, doch das Metaldehyd zieht auch die aus den umliegenden Feldern und Wiesen an. Hat man mit dem Ködern erst einmal begonnen, muß man immer weitermachen, um den Garten zu schützen. Außerdem könnte eine Schnecke, die eine starke Dosis Metaldehyd enthält, einen Vogel töten, der sie frißt, und Schneckengiftköder können manchmal auch direkt von Vögeln gefressen werden.

9. Kapitel

Der Garten von Robert Dunchester und seinem Sohn, Robert F. Dunchester

1910–1958

Vögel und einige andere Tiere

Robert Dunchester war ein erfolgreicher Porträtmaler mit einem kleinen Privateinkommen und heiratete 1903 im Alter von 33 Jahren eine seiner Schülerinnen, die 19jährige Myfanwy Evans. Obwohl beide moderne Künstler sein wollten, waren sie durch die Umstände dazu gezwungen, konventionell zu malen. Kleinere Fabrikanten, die die Fotografie ablehnten und sich Spitzenkünstler wie Sargent und Boldini nicht leisten konnten, vergaben damals Aufträge an weniger bekannte Künstler, unter ihnen auch Robert.

Die Dunchesters wohnten in Chelsea, und ihre Arbeit erwies sich als recht lukrativ. «Ihre» Arbeit, weil auf den meisten Bildern von Robert der Hintergrund von Myfanwy gemalt war. Sie entwickelten sogar einen eigenen Stil, indem sie sich auf historische Hintergrundmotive spezialisierten, in die sie antike Wiegen, Ritterrüstungen, Empire-*Chaise-Longues* und Faltenwürfe einbauten. Gleichzeitig wollten sie die Natur malen und dokumentieren, und zu diesem Zweck verlegten sie sich auf den modischen und gefährlichen Sport des Fahrradfahrens. Im Jahr 1909 machten sie eine Fahrradtour durch den Weald von Kent und stießen dabei auf Bartons End mit seinem geheimnisvollen und überwucherten Garten. Sie baten Sarah Claridge, die am Tor ihres Cottages stand, um ein Glas Wasser. Da sie ihr keine «Besichtigungsermächtigung» der Agenten präsentierten, sah Sarah in ihnen keine potentiellen Käufer. Sie gab ihnen ein Glas Ziegenmilch und begann zu plaudern. Doch als die Radler sich umzusehen begannen, erkannte Sarah die Gefahr und versuchte daraufhin, sie mit ihrer bewährten Masche abzuschrecken. Sie hatte ja nun keine Zeit gehabt, Muscheln zu besorgen, und offenbar schien jeder Nachteil, den sie anführte, den Appetit der Dunchesters nur noch mehr anzuregen. Feuchtigkeit? Mit diesem riesigen Kamin würde man das Haus bald austrocknen können. Fledermäuse? «Wie hübsch», sagte Myfanwy, «die werden dafür sorgen, daß die Insekten nicht überhandnehmen.» Und Eulen liebte sie. Der Zehnte? «Unsinn», sagte Robert, «das ist doch keine Farm. Wenn Sie den Zehnten bezahlt haben, werden wir eine Riesensumme plus Zinsen zurückfordern.» Kaninchen? «Das Problem werden wir mit Hunden, wunderschönen Hunden, und Draht lösen.»

Robert hatte gerade etwas Geld von einer unverheirateten Tante geerbt. Er glaubte, es könne keine bessere Verwendung dafür geben, als das alte Haus und den Garten zu retten. Und was für einen herrlichen Hintergrund für seine Porträts beides abgeben würde.

Als Robert ein bescheidenes Angebot für das Grundstück machte, wurde es von Oscar Hackshaws Anwälten lakonisch an den Besitzer weitergeleitet, der sich zu der Zeit in Venedig aufhielt. Oscar, 65 Jahre alt, wollte einige Zeit in dieser Stadt bleiben, angeblich um das Grab seines Onkels Alfred zu besuchen, doch auch um festzustellen, ob die Stadt auf ihn einen ebenso starken Reiz ausübte wie auf seinen Onkel. Oscar hatte sich mit den meisten Leuten überworfen, seine Anwälte eingeschlossen, und so war er dermaßen erstaunt zu erfahren, daß man Bartons End verkaufen konnte, daß er zurücktelegrafierte, «*Yes, ha, oui, ja,* akzeptiert» – eine Kostprobe seines Pennälerwissens, womit er, wie er glaubte, seine Agenten irgendwie ärgern konnte, ohne den Verkauf zu gefährden. Robert Dunchester war überrascht, daß sein Angebot so bereitwillig angenommen wurde, und bedauerte nur, daß er nicht eine noch niedrigere Summe genannt hatte.

Die Arbeit, die die neuen Gärtner zu bewältigen hatten, war enorm, und noch viele Jahre nach ihrem Grundstückskauf blieb ihnen sehr wenig Zeit für Naturstudien. Die Zeit, die ihnen neben ihrer Porträtmalerei noch zur Verfügung stand, wurde ganz von der Gartenarbeit beansprucht. Ihre erste und wichtigste Maßnahme bestand darin, die Claridges zu akzeptablen Bedingungen weiterzuverpflichten.

Die Dunchesters beschlossen, zuallererst die Rasenflächen wiederherzustellen. Die Teile, die für Heuproduktion benutzt worden waren, ließen sich verhältnismäßig leicht erneuern. Dafür wurde ein kleiner kentischer Kipp-Pflug eingesetzt. Er besteht aus zwei im rechten Winkel zueinander stehenden Pflügen, von denen einer pflügt und der andere hochsteht. Am

Ende einer Furche wird der hochstehende Pflug heruntergekippt, und die nächste Furche wird mit ihm in die entgegengesetzte Richtung gepflügt. Auf diese Weise können auch kleine, schwierige Stellen bearbeitet werden. Das Land wurde dann geeggt, zum Teil mit Sode ausgelegt und im Oktober 1910 neu besät.

Für die Aussaat wurden damals komplizierte Mischungen verwendet. Bei der Wiederbelebung von Bartons End wurde eine aus achtzehn Sorten bestehende Mischung mit großer Aussaatstärke benutzt, während bei einer von Frazer Properties kürzlich vorgenommenen Neuaussaat eine Mischung aus Kammgras, Hain-Rispengras und Wald-Rispengras zu etwa 60 g pro Quadratmeter gesät wurde. Das war nur ein Drittel von Dunchesters Aussaatstärke, doch wurden damit ebenso gute, wenn nicht bessere Resultate erzielt.

Der andere Teil der alten Rasenflächen, der völlig vernachlässigt worden war, stellte Robert Dunchester vor erheblich größere Probleme, und er engagierte ein Spezialteam, das die Brombeersträucher, Büsche und jungen Bäume ausreißen sollte. Dieses ganze Buschwerk wurde aufgestapelt und verbrannt, dann wurden die Stümpfe sorgfältig entfernt, wozu man Schleppketten, Dampfwinden und Heber einsetzte. Erst danach konnte das Land gepflügt und mit Gras besät werden. Es war ein kostspieliges Unternehmen.

Robert beschloß, als nächstes die Auffahrt zum Haus zu verschönern und eine Allee zu pflanzen. Da die schnellwachsende Ulme in der Gegend gut gedieh, säumte er die Auffahrt mit einem Dutzend in guten Abständen gesetzten Bäumen. Als sein Sohn, der junge Robert Dunchester, 1935 Louise Cavanagh heiratete, waren sie bereits zu prächtigen Exemplaren herangewachsen.

Robert Senior verwandte so viel Zeit, Mühe und Geld auf den Garten, daß er fand, dieser müsse irgendwie zur Förderung seiner künstlerischen Laufbahn beitragen. Die Tudor- oder Stuart-Motive in seinen Porträts hatten sich im Laufe der Zeit abgenutzt, und er fand, daß ein ganz neuer Ansatz nötig war. Sollte er es mit Bogenschießen versuchen oder lieber einen Lawn-Tennis-Platz anlegen? Doch Bogenschießen erinnerte ihn zu stark an seine Tudorperiode, und Tennis war zu modern. Dann erinnerte er sich an ein Buch seines Vaters, das er auch wieder fand: *The Game of Sphairistikè* von Major Walter Wingfield, 1876 erschienen.[76] Sphairistikè war der Vorläufer des modernen Lawn-Tennis. Er beschloß, einen Sphairistikè-Platz anzulegen.

Der Platz hatte die Form einer Sanduhr, in der Mitte war er 24 Fuß [ca. 7,30 m] breit und an den Grundlinien 30 Fuß [ca. 9,15 m]. Seine Länge betrug 58 Fuß [ca. 17,70 m], und somit war er erheblich kleiner als der moderne Lawn-Tennis-Platz, der 36 mal 78 Fuß mißt [etwa 11 m mal 24 m]. Das Netz war an den Pfosten 5 Fuß [ca. 1,50 m] hoch und in der Mitte 4 Fuß [ca. 1,20 m]. Es wurden hohle Gummibälle verwendet, den modernen Tennisbällen ähnlich, und sie kosteten damals 5 Shilling das Dutzend. Nur wer den Aufschlag hatte, konnte Punkte machen, wie im heutigen Squash-Spiel. Die *Morning Post* hatte bemerkt, daß Sphairistikè ein Spiel sei, «bei dem Ladies es zu beträchtlicher Meisterschaft bringen können», wie sich dann auch tatsächlich herausstellte. Myfanwy konnte ihren Mann fast immer schlagen, aber schließlich war sie ja auch vierzehn Jahre jünger als er.

Der Platz war ein großer Erfolg. Er stieß in der Gegend auf großes Interesse, und die Dunchesters waren somit «aufgenommen». Durch die Popularität des Platzes und aufgrund seiner erfolgreichen Bemühungen, Haus und Garten wiederherzustellen, bekam Robert schließlich vom örtlichen Landadel erste Aufträge für Porträts, mehrere davon mit Sphairistikè-Motiven. Während des Ersten Weltkrieges wurde der Platz zunächst vernachlässigt und dann 1916 für Gemüseanbau umgegraben. Als erstes wurden Kartoffeln angebaut, doch mit wenig befriedigenden Ergebnissen, da sie die bevorzugte Nahrung der dort heimischen Drahtwürmer waren, der Larven des Agriotes-Käfers. Nach dem Krieg wurde das Land wieder neu besät, und es entstand ein schöner Lawn-Tennis-Platz.

Durch den Gemüseanbau befand sich der Boden in einem guten Zustand, so daß sich schnell eine dichte Narbe entwickeln konnte. Doch bald tauchten wieder die ersten breitblättrigen Unkräuter auf. Man hatte jetzt eine neue Methode, mit ihnen fertig zu werden, und die hieß *lawn sand.* Man streute eine Mischung aus Ammoniumsulfat, Eisensulfat und Sand über eine von Unkraut befallene Stelle. Das Produkt glitt von den schmalen Grashalmen herunter und sammelte sich auf den breiten Blättern der Unkräuter und versengte sie. Das Ammonium düngte das Gras, beschädigte jedoch die Unkrautblätter, und das Gras konnte nun leicht seine Konkurrenten verdrängen. *Lawn sand* hatte keine so dramatische Wirkung wie die heutige Behandlung mit Wuchsstoff-Herbiziden, doch trug er dazu bei, den Arbeitsaufwand zu verringern, der erforderlich war, um einen Rasen unkrautfrei zu halten.

Bei der Neuanlage des Gartens nach 1910 orientierte Robert sich sehr stark an den Schriften und Ratschlägen der berühmten Gärtnerin Miss Gertrude Jekyll. Er war jedoch nicht bereit, auf ihren Vorschlag einzugehen, das alte Haus abzureißen und ihren Schützling, den Architekten Edwin Lutyens, zu beauftragen, ein neues zu entwerfen, das zu dem Jekyll-Garten paßte, den sie entwerfen wollte, einem Garten, der einem Künstler wie ihm entspräche.[48] Mr Dunchester war zwar durchaus empfänglich für derart heftige Schmeicheleien, doch war er nicht reich genug, um ein solches Unternehmen durchführen zu können. Außerdem mochte er sein Tudorhaus: Motive mit diesem Hintergrund waren sein Markenzeichen. Er wollte einen Garten haben, der auf Jekyllschen Grundsätzen basierte, doch nicht direkt von Jekyll entworfen war. Die Dame war etwas zu forsch vorgegangen.

Miss Jekyll verstand sich als «impressionistische» Gärtnerin und hatte die Vorliebe, in ihre Anlagen Wildpflanzen und naturbelassene Stellen («Ökotope») einzubauen. Auf Bartons End sollte nach ihrer Vorstellung «ein glanzvolles, doch planvolles Durcheinander» geschaffen werden. Hatte man gerade eine Moosrose gepflückt, so konnte man im nächsten Moment schon eine Handvoll Johannisbeeren ernten. Der Duft von Jasmin würde sich mit dem Saft von Stachelbeeren vermengen und so fort. Solche Grundsätze ließen dem Gartendesigner jener Zeit viel Spielraum. Ungewöhnliches, was immer es auch sein mochte, konnte er so einfach als eine neue Jekyll-Kreation verkaufen.

Der Obstgarten war von den Claridges nicht so stark vernachlässigt worden wie die anderen Teile des Gartens, denn die Bäume lieferten ihnen Obst und natürlich auch die bereits erwähnte Mistel, und beides verkaufte sich gut. Robert Dunchester beschloß, sich vor allem auf Birnen zu konzentrieren, denn die Blüte dieser Obstart war besonders schön, und auch ihre Frucht schmeckte köstlich. Im Obstgarten standen bereits zwölf hochstämmige Bäume mit etwas undurchsichtigen Namen, darunter *Jargonel, Summer Bon Chrétien, Windsor, Bergamot* und *Cassolet.*

Robert wollte nicht nur gute ertragreiche Sorten anbauen, sondern auch Birnen, die andere interessante Eigenschaften hatten, und er begann sich in das Thema zu vertiefen, wobei ihm W. Robinsons Buch *The English Flower Garden*[61] eine große Hilfe war. Bis 1915 hatte er bereits eine ansehnliche Kollektion ausgepflanzt. An den Mauern die gut tragenden Sorten *Doyenne de Comice, Beurrée Dumont* und *William's Bon Chrétien;* als hohe aufrechte Bäume *Beurrée Hardy* und *Duc de Nemours;* und als breitwachsenden, hängenden Busch *Nouvelle Fulvine.*

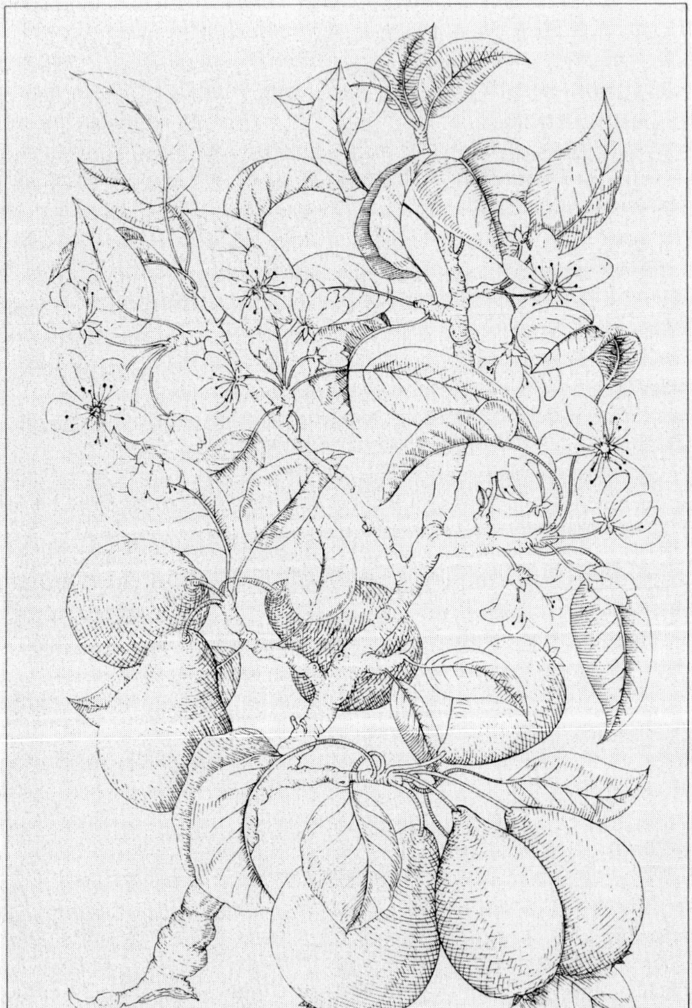

Susannahs 'Spanish Musk' - Birne mit zweiter Blüte

Er pflanzte Exemplare von *Delpierre* und einen «Japanischen Mikado» wegen der Schönheit ihres Laubes. Er pflanzte *Marie Guisse,* weil sie im Frühling als erste Knospen bildete, und *Herbin,* weil sie als letzte das Laub abwarf. Er legte auch Wert auf unterschiedliche Rinden. Da war die aschfarbene *Bési Dubost,* die violette *Beurrée Giffard,* die dunkelbraune *Bon Chrétien de Bruxelles* und der rotgesprenkelte Stamm der *Beurrée Lebrun.* Schließlich war da noch die *Poirier de Fosse,* heute ein riesiger Baum, der als Kuriosität gewissenhaft am Leben gehalten wurde. Er hat noch nie brauchbare Früchte hervorgebracht und wird es auch nicht tun – sie wurden früher zu Most verarbeitet –, doch im Frühling war er stets eine einzige wunderbare weiße Blütenwolke. Da diese Sorte hauptsächlich auf Wildbirnen-Unterlagen statt auf Quitten veredelt wurde, wurden die Bäume sehr groß.

Das große Problem bei Birnen war, wie Dunchester feststellte, sie genau im richtigen Augenblick zu essen. Birnen läßt man auf einem Regal reif werden. Zuerst sind sie hart und unansehnlich; dann werden sie fast reif, dann ideal, und kurz danach verfaulen sie. Als Robert seine Familie eines Tages darauf aufmerksam machte, sagte er: «Ein Franzose hat sogar einmal behauptet, daß es im Leben einer Birne nur eine halbe Stunde gibt, in der sie zum Verzehr geeignet ist. Vergeßt das nicht.» Der junge Robert, zwölf Jahre alt, sagte darauf: «Und wenn wir den richtigen Moment erwischen wollen, Vater, müssen wir dann jemanden haben, der sie die ganze Nacht beobachtet?» Es war, so stellten die Kinder fest, ein herrlicher Vorwand, spät ins Bett zu gehen: «Ich beobachte nur die Birnen, Mutter.»

Während des Ersten Weltkrieges, 1914–1918, wurde Robert Dunchester vom *War Office* als Konstruktionszeichner und Maler angestellt. 1939, beim Ausbruch des Zweiten Weltkrieges, meldeten sich beide Robert Dunchesters zum Dienst in der Army, der ältere für die Reserve. Der Reservist, inzwischen 69 Jahre alt, scherzte: «Schön langer Urlaub gewesen, Sarge.» Nur der Jüngere wurde angenommen.

Wieder wurde der Rasen umgegraben, und wieder richteten die Drahtwürmer große Schäden unter der ersten Kartoffelernte an. Louise Dunchester, die Frau des jüngeren Robert, war während dieser Zeit sehr aktiv und organisierte den Anbau von großen Mengen vitaminreichen Gemüses. Sie sammelte auch Brauchbares draußen in der freien Natur, vor allem Hagebutten aller Art für den Hagebuttensirup der Kinder. Ihr Most war äußerst beliebt.

1944 lag Kent auf der Route der nach London fliegenden Raketenbomben. Eine dieser Bomben fiel auf weichen Boden am westlichen Gartenrand. Es entstand ein beachtlicher Krater, doch das Haus wurde kaum beschädigt. Verbleite Tudorfenster sind etwas elastisch, und bei einer Explosion, die moderne Fensterscheiben zertrümmern würde, biegen sie sich nur. Louise beschloß, den Krater vorläufig so zu lassen, wie er war. Vielleicht ließ sich nach dem Krieg ein Wassergarten oder ein Schwimmbecken daraus machen. Nur eins verbat sie sich: er durfte nicht als Müllabladeplatz benutzt werden.

Der Krater entwickelte sein ganz spezielles Eigenleben. Viele Samen können ja über lange Perioden im Boden schlummern. So wie im Ersten Weltkrieg die Mohnblume zur vorherrschenden Pflanze auf den umgewühlten Böden von Flandern wurde, verbreitete sich im Zweiten Weltkrieg in England das Weidenröschen auf solchen Stellen sehr stark. Raupen von mindestens sechs Falterarten ernährten sich davon. Louises Neffe, Phillip Frazer (1937 geboren), war oft bei seiner Tante in Bartons End und war ganz fasziniert von dem Krater, wo er Raupen vom Weidenröschen einsammelte und sie zu Faltern züchtete. Ganz besonders freute sich der Junge darüber, daß er auch zwei Schwärmerarten auf dem Gelände fand, den recht häufigen Mittleren Weinschwärmer und den selteneren Kleinen Weinschwärmer, dessen Raupe man leicht identifizieren konnte, da sie auf ihrem letzten Segment, im Gegensatz zu den meisten Schwärmerraupen, kein Horn trägt.

Die Achateule fraß auch vom Weidenröschen, und von dort breitete sie sich auf die Erdbeeren, auf den Hopfen und auf die Tomaten im Gewächshaus aus. Phillip erhielt den Auftrag, die Raupen per Hand abzupflücken. Ihm wurde gesagt, er brauche sie nicht zu vernichten, sondern könne sie im Bombenkrater aussetzen, wo sie vom Weidenröschen fressen könnten. Es ist jedoch fraglich, ob eine Raupe, die sich vorher zum Beispiel ausschließlich von den Blättern der Tomatenpflanze ernährt hat, so ohne weiteres auf einer anderen Pflanzenart gedeihen kann.

Stark geprägt wurde die Gärtnerei in dieser Nachkriegsperiode durch die Entdeckung der selektiven Herbizide am Jealott's Hill-Forschungsinstitut. Sie bestanden aus einer Reihe von hormonartigen Substanzen, die in der Regel zweikeimblättrige Pflanzen töteten, ohne die einkeimblättrigen wesentlich zu schädigen.[a] Darüberhinaus waren es sehr potente Chemikalien, und nur kleine Mengen waren erforderlich, um die gewünschte Wirkung zu erzielen. Das bedeutete, daß ungefähr ein halbes Pfund MCPA, in Wasser aufgelöst und über ein 1 *Acre* großes Feld Getreide versprüht, aus-

Weidenröschen und Mittlerer Weinschwärmer

reichte, um alle Hederichpflanzen und ähnliche Unkräuter zu neutralisieren, ohne die Getreidepflanzen zu beschädigen, die dann das Unkraut leichter ersticken konnten. Die Wirkungsweise der neuen Herbizide stand in Gegensatz zu den bislang bekannten chemischen Unkrautvertilgungsmitteln wie Natriumchlorat oder Arsen, die die Pflanzen regelrecht vergifteten und töteten. Die neuen selektiven Herbizide wirkten als Pflanzenhormone und stimulierten vegetatives Wachstum in den gesprühten breitblättrigen Pflanzen, doch der zusätzliche Wuchs war unregelmäßig, krumm und anormal, so daß die betroffene Pflanze nicht gedieh. Die Einkeimblättrigen, die von den neuen Stoffen kaum beschädigt wurden, wuchsen und verdrängten die Unkräuter.

Chlorat und Arsen tötete jede Vegetation, und es waren beträchtliche Mengen erforderlich. Um jeglichen Unkrautbewuchs auf einem Lawn-Tennis-Platz abzutöten, mußten etwa 7 Kilo Natrium eingesetzt werden. Mit der gleichen Menge MCPA-Wuchsstoff-Herbizid könnte man ganze 32 Acres [fast 13 Hektar] Grasfläche behandeln.

Die gleichen Substanzen wurden bald auch auf Rasen benutzt. Die Chemikalien töteten die Gänseblümchen, den Wegerich, den Klee, Katzenpfötchen und ähnliche Pflanzen und hinterließen eine Narbe mit prächtig gedeihendem Gras. Man sparte enorm viel Arbeit, und der schöne grüne, unkrautfreie Rasen wurde zu einer verbreiteten Erscheinung.

Die Verwendung dieser Produkte auf Rasen wirkte sich natürlich auch auf das Leben dort aus. Zum Beispiel hatten viele Gärtner die Angewohnheit, Grasschnitt auf dem Boden ihrer Rabatten zu verstreuen, um Unkraut zu unterdrücken. Wenn jedoch das Gras kurz nach einer Behandlung mit Wuchsstoff-Herbizid geschnitten worden war, konnten die im Grasschnitt enthaltenen Rückstände empfindliche Pflanzen, wie Goldlack und Weinreben, beeinträchtigen oder sogar töten. Man mußte also darauf achten, daß man Rasenschnitt, der kurz nach einer Herbizidbehandlung geschnitten wurde, in speziellen Behältern zu Kompost vermodern ließ, der dann nur für Rasen verwendet wurde.

Natürlich wurden auch bestimmte Insekten, wie etwa die Blattläuse, die auf Rasenpflanzen, wie dem Löwenzahn und dem Wegerich, lebten, auf den neuen unkrautfreien Narben eliminiert. Im allgemeinen hatte die Anwendung dieser Herbizide zur Folge, daß die Zahl der Regenwürmer anstieg, wie auch die der Insekten, die sich von Graswurzeln ernährten, darunter Drahtwürmer und Schnaken. Zu dem Zeitpunkt, als Robert der

Jüngere starb, wurden schon alle Rasenflächen in Bartons End mit Wuchsstoffen behandelt und hatten weiches grünes Gras.

Seit eh und je macht das Wetter den Gärtnern zu schaffen. Daß das Wetter für den professionellen Gärtner eigentlich nie «richtig» sein kann, liegt daran, daß Wetterbedingungen, die für eine Pflanzenart günstig sind, für eine andere, gleichermaßen geschätzte Spezies ungünstig sein können. Zum Beispiel kann feuchtwarmes Sommerwetter genau das richtige sein für Rasen, Salat und Kohl, doch ist es fatal für Kartoffeln, ist es doch genau das richtige Klima für die verheerende Kartoffelkrautfäule.

Während des ersten Drittels des 19. Jahrhunderts erwarteten die meisten Gärtner, daß das harte Winterwetter die neuen und aufregenden Pflanzen abtöten würde, die aus Übersee eingeführt worden waren, ohne zu bedenken, daß viele von ihnen aus Ländern kamen, die noch viel strengere Winter hatten als England. William Hackshaw war angenehm überrascht, daß seine große Magnolie die harten Fröste des Winters 1837/38 unbeschadet überstanden hatte. Ein Erdbeerbaum in Bartons End hatte diese Kälteperiode auch überlebt, doch etwa 100 Jahre später erlag er der Kälte, aber da war er schon sehr alt und nicht mehr so unverwüstlich. Keine Frage, daß strenge Winter Pflanzen beschädigten, doch oft nicht so sehr, wie man erwartet hatte, und offenbar sind tote Büsche oft in der Lage, im nächsten Sommer, oder sogar noch später, aus ihren Wurzeln heraus erneut zu sprießen.

Entsprechend können die besten Exemplare durch sommerliche Trokkenheit geschwächt und getötet werden. Während Frost oft weniger Schaden anrichtet als erwartet, sind die durch Dürre verursachten Schäden oder zumindest Beeinträchtigungen an Kulturen und Bewuchs größer, als allgemein angenommen wird, das heißt, es kommt häufig zu Wasserknappheit, selbst im angeblich so regnerischen England.

Die Winter von 1708/09 und 1739/40 waren lang und streng und schwächten den Garten von Joseph Munroyd und später den vom jungen Charles Munroyd, gerade als dieser mit seiner Kampagne zur Verbesserung der gesellschaftlichen Stellung der Familie begonnen hatte. Doch sein Garten überstand die Kälte. Die Hochzeit fand statt und fiel nicht ins Wasser, obwohl der Frühling und der Sommer von 1756 fürchterlich feucht waren. Das folgende Jahr, 1757, ging in die Geschichte ein aufgrund seines sehr heißen Sommers, seiner Rekordernte von süßen Trauben im Weingarten, wegen des erstmaligen Blühens der südafrikanischen Aloen in Bartons End und der Einnahme Kalkuttas durch Clive von Indien.

Charles' Sohn, George Munroyd, erlebte den sehr strengen Winter des Jahres 1794/95 und mit ihm den Tod von einigen äußerst kostbaren Schätzen des Gartens. Etliche vielversprechende kleine Erdbeerbäume und eine Lorbeerhecke überlebten nicht. Neben dem Frost hatte der *Arbutus* noch einen weiteren Feind, den Rhododendron, dessen Sämlinge die jungen Erdbeerbäume stark bedrängten und so dessen natürliche Regenerierung verhinderten. Doch die Munroyds und ihre Nachfolger ersetzten unverzagt ihre verlorengegangenen Pflanzen und taten es nach ähnlichen Rückschlägen in den Jahren 1800, 1812/13 (als Napoleon vom russischen Winter besiegt wurde), 1917/18, 1940/41 und 1973/74 immer wieder.

Von 1873–75 gab es für den Garten drei schlechte Sommer hintereinander. Die Winter waren nicht sonderlich kalt, doch die Sommer waren naß und sonnenarm. Sie dienten als Rechtfertigung für William Dakers Vernachlässigung des Gartens. «Was kann man bei so einem Wetter schon tun?» pflegte er zu sagen.

In beiden Weltkriegen litt der Garten in Bartons End sehr unter den Winterfrösten. Der berühmte Gärtner E. A. Bowles machte eine Untersuchung über das erste dieser bedauerlichen Ereignisse.[10] Er listete auf, wie sich das Wetter im Winter 1916/17 auf etwa 1570 Pflanzenarten in 76 Gärten im ganzen Land ausgewirkt hatte. In Bartons End war der Frost schlimm. In der Zwischenwand fiel die Temperatur auf minus 7 Grad Celsius und auf dem Gras auf minus 14. In England war der Winter von 1940/41 sehr hart, und der Frost richtete wahrscheinlich größere wirtschaftliche Schäden an als Hitlers Bomben. Eis sammelte sich auf den Ästen der Bäume und auf Strom- und Telefonkabeln, und viele brachen oder rissen unter dem Gewicht. In Bartons End wurden eine ganze Menge Pflanzen zerstört, darunter eine Anzahl von besonders kostbaren Büschen, wie der *Abelia floribunda,* der Götterbaum, der Katsura-Baum, die Kalifornische Säckelblume, der Lorbeer und einige empfindliche Buddleias (*B. asiatica* und *B. auriculata*); der gewöhnliche Schmetterlingsstrauch überlebte aber. Die Rhododendren gediehen in Bartons End zwar nicht so gut, doch den Frost überstanden sie alle.

Nun wollen wir uns den Vögeln zuwenden, die im Garten während seiner ganzen Geschichte zu finden waren. Auch hier wieder lassen sich zwei Gruppen unterscheiden: die «Besucher» und die «Bewohner». Letztere waren in der Überzahl und ließen sich ihrerseits nochmals in wildlebende Vögel und domestizierte einteilen. Zu diesen zählten Enten, Gänse, Tauben und vorübergehend Falken und Pfauen.

Als der Garten einst angelegt wurde, war der Bestand der wildlebenden Vögel in jener Gegend in starkem Wandel begriffen, da die Wälder immer mehr verschwanden. Zwar wurden auch ständig neue Farmen gegründet, doch wurden Bäume in erster Linie als Brennstoff in den Eisenhüttenwerken benötigt. Die Entdeckung Amerikas und das Wachstum der Bevölkerung hatten eine ständige Nachfrage nach Werkzeugen, Waffen, Schrauben, Nägeln, Rüstung und so fort ausgelöst. Kent lieferte Eisenerz, und man benötigte Holzkohle, um es zu verhütten, also wurden die Wälder abgeholzt. Im 16. Jahrhundert vertrieben die Vögel des Waldrandes und der Wiesen, die Lerchen, Grasmücken, Amseln, Singdrosseln, Buchfinken, Kohlmeisen und andere Meisen, die Waldvögel wie Eichelhäher, Nachtigallen, Blaumeisen und Spechte.

Vögel sind flexible Tiere und bilden sehr bereitwillig neue Arten, die sich den veränderten Bedingungen anpassen können. Sehr viele Vogelarten existieren schon seit Jahrtausenden gerade aufgrund ihrer großen Anpassungsfähigkeit.

Der Vogelflug hat den Menschen schon immer fasziniert: Vögel leben ein lebhaftes Leben und sterben meist einen schnellen Tod – Eigenschaften, von denen W. H. Hudson sehr beeindruckt war:

> Gestern noch lebte er und bewegte sich, empfänglich für tausend äußere Einflüsse, spiegelte Erde und Himmel in seinem kleinen, brillanten Gehirn wie in einem Vergrößerungsglas. Er besaß auch eine vielseitige Sprache, das vererbte Wissen seiner Art und die Fähigkeit des Fliegens, die ihm erlaubte, wie ein Meteor über den Himmel zu schießen und rasch von einem Ort zum andern zu gelangen. Und das mit einer vollkommenen Beherrschung all seiner Organe, mit solch wunderbarer Sicherheit in all seinen Bewegungen, daß er es fertig bringt, senkrecht aus der höchsten Baumkrone oder der Leere des Himmels hinabzufallen auf einen zarten Zweig, fast ohne das Laub erzittern zu lassen.[41]

Vögel sind warmblütig und meistens verhältnismäßig klein. Sie haben, verglichen mit ihrer Körperoberfläche, ein geringes Gewicht, und das bedeutet, daß sie sehr viel Nahrung zu sich nehmen müssen, um sich warm zu halten. Zum Beispiel muß die tägliche Nahrungsmenge eines Vogels, der noch nicht flügge ist, so viel wiegen wie er selbst, damit er am Leben bleiben und wachsen kann. So ist es kein Wunder, daß Vogeleltern immer sehr beschäftigt sind, wenn sie Junge haben. Die Nahrung, die der Jungvogel aufnimmt, dient zum größten Teil dazu, seine Körpertemperatur zu halten, doch wenn er ausgewachsen ist, hat er bereits ein dichtes Federkleid, das den Wärmeverlust beträchtlich reduziert. Zwischen den Federn befinden sich Luftkammern, so daß das Tier gut isoliert ist, wenn es sich nicht bewegen kann. Wenn ihm kalt zu werden beginnt, plustert der Vogel sein Gefieder auf, was ihn größer erscheinen läßt. Er vergrößert damit die Zahl und das Volumen der isolierenden Luftkammern. Genau das gleiche Prinzip kommt zur Wirkung, wenn wir uns einen «wärmenden» Wollpullover überziehen.

Neben der Leichtigkeit seiner Federn weist der Vogelkörper auch noch andere gewichtssparende Eigenschaften auf. Viele seiner Knochen sind «pneumatisch», sie sind hohl und enthalten Luftkammern. Das Atmungssystem eines Vogels besteht aus der Lunge und diesen luftgefüllten Hohlräumen in den Knochen. Das System ermöglicht eine sehr schnelle Sauerstoffübertragung ins Blut, wenn das Tier sehr aktiv ist, wie zum Beispiel im vollen oder schwierigen Flug. Die Kammern haben oft auch Querstreben wie Flugzeugflügel, die zur Verstärkung des Knochens dienen. Vogelweibchen haben, trotz der vielen Eier, die sie legen können, nur einen einzigen Eierstock, was eine weitere Gewichtseinsparung bedeutet. Bei der Bildung des Eies entsteht zuerst der Dotter. Er wandert den Eileiter hinunter und wird dann mit dem Eiklar und der Schale beschichtet, die hauptsächlich aus Kalziumkarbonat besteht. Das Ei gelangt dann in die Kloake und wird ausgestoßen.

Im Innern des Eies entwickelt der junge Vogel einen harten Höcker auf seinem Schnabel, den Eizahn, der es ihm ermöglicht, die Schale aufzubrechen, so daß er schlüpfen kann. Bei einigen Vogelarten, wie etwa beim Huhn, sind die Jungen völlig ausgereift und können sich sofort selber ernähren, während die meisten Wildvögel Nesthocker haben, die eine Zeitlang von ihren Eltern gefüttert werden müssen.

Das Vogelleben hat viele eigentümliche Aspekte. Manchmal scheinen Vögel Dinge vollbringen zu können, für die wir Menschen komplizierte technische Apparaturen benötigen. Dann wiederum scheinen sie unfähig zu sein, die einfachsten Probleme zu lösen. Zum Beispiel sind die Mehlschwalben in Bartons End seit Jahrhunderten zur Winterzeit um die halbe Welt gezogen und im Spätfrühling zu ihren alten Nestern zurückgekehrt, ohne irgendwelche wissenschaftliche Instrumente zu benutzen, weder einen Sextanten noch eine Seekarte oder einen Magnetkompaß. Wie orientieren sie sich? Doch andererseits kann ein Vogel lange Zeit immer wieder gegen ein geschlossenes Fenster fliegen, ohne die geöffnete Tür hinter sich zu bemerken, durch die er leicht hinausfliegen könnte.

Die Menschen haben lange darüber gerätselt, wo bestimmte Vogelarten wie der Kuckuck und die Schwalbe im Winter blieben. Charles Munroyd (1716-64) hielt es für ratsam, eine Autorität wie Dr. Samuel Johnson nicht anzuzweifeln, der schrieb:

> Schwalben schlafen ganz gewiß den ganzen Winter hindurch. Einige von ihnen konglobieren, indem sie ständig im Kreise fliegen, und dann stürzen sie sich alle auf einmal ins Wasser und legen sich auf den Grund eines Flußbettes.[9]

Der Zauber dieses Wortes «konglobieren» schien die Tatsache zu verschleiern, daß kein einziger jemals diesen Sturz beobachtet hatte und daß niemals ein Versteck überwinternder Schwalben ausgehoben worden war. Allmählich kam man zu der Erkenntnis, daß lange Wanderungen stattfinden mußten, da Schwalben und andere Zugvögel in unterschiedlichen Teilen der Welt vorkamen. Präzise Informationen über ihre Bewegungen erhielt man schließlich dadurch, daß man Vögel, vor allem Nestlinge, mit bezifferten Ringen markierte.

Eine vollständige Erklärung für diese unglaublichen Navigationsleistungen ist immer noch nicht gefunden worden. Ziemlich klar ist, daß Vögel und andere Wandertiere Faktoren benutzen, von denen wir kaum etwas ahnen, und es ist gut möglich, daß sie viele Systeme kombinieren, um ihr Ziel zu erreichen. Darüber hinaus ist es so, daß wir zwar die Vögel, die zurückkehren, registrieren, doch nichts über jene wissen, die auf der Reise verlorengehen, sei es durch schlechtes Wetter oder Feinde – zu denen in besonderem Maße auch der Mensch gehört, in Ländern wie Italien, wo Zugvögel zu Tausenden gefangen und gegessen werden.

Der Mensch orientiert sich in der Welt, indem er ein Zwei-Koordinaten-Navigationssystem benutzt. Im wesentlichen werden zwei Bezugspunkte benötigt, und zwar der Längen- und der Breitengrad eines geographischen Ortes. Mit Hilfe eines Sextanten, eines Kompasses und eines Chronometers kann der Mensch seine Position bestimmen, sich zu einem gewünschten Ort begeben und auf beliebigem Weg zurückkehren. Eine derartige Kalkulation übersteigt die Fähigkeiten eines Zugvogels.

Zu den Faktoren, die den Vögeln möglicherweise bei ihrer Orientierung helfen, gehören Position und Bewegung von Sonne und Mond, die Wahrnehmung von Zeit, Erdmagnetismus, Trägheitsnavigation, Veränderungen im Magnetfeld, Temperaturgefälle, Geruchsveränderungen, die Nord/Süd-Abweichungen in der Stärke der Erdanziehungskraft und Erinnerungsvermögen an den Hinflug. Es lassen sich Einwände gegen jeden dieser Punkte anführen, zum Beispiel gegen die Erinnerungsfähigkeit an den Hinflug. Jungvögel können erfolgreich eine Route fliegen, die sie noch nie zuvor zurückgelegt haben, und die Jungvögel fliegen im Herbst als erste los. Was die Abweichungen in der Stärke der Anziehungskraft betrifft, so besitzen verschiedene Orte tatsächlich eine unterschiedliche Anziehungskraft, doch sind diese Abweichungen sehr gering. Falls die Vögel sie wahrnehmen können, muß das Organ, mit dem sie das tun, sehr empfindlich sein. Fest steht auf jeden Fall, daß Vögel über ein geheimnisvolles Orientierungsvermögen verfügen, das wir uns nicht vollständig erklären können.

Die domestizierten Vögel, die den Garten von Bartons End ständig bewohnten, waren von vielfältigster Art. Einmal gab es normale Hühner und Enten *(Anatidae)*, die die Bartons ganz zu Anfang einführten und die, in größeren oder kleineren Mengen, bis zum heutigen Tag dort gehalten werden. Ungewöhnlichere Vögel, aus heutiger Sicht, wurden von John Barton eingeführt. Er hielt sich ein Paar Hühnerhabichte, da er sich wegen seines bescheidenen sozialen Status einen aristokratischen Wanderfalken nicht leisten konnte.

Mary Barton begleitete ihren Mann oft, wenn er mit seinem Sperber jagen ging. Diese Sperber machten mehr Beute als die edlen Falken und Wanderfalken, die hoch über ihrer Beute in den Lüften schweben und dann mit rasanter Geschwindigkeit – die an die 200 Stundenkilometer erreichen kann[14] – auf sie herabstoßen und sie mit einem Schlag ihrer Klauen töten oder mit ihr kämpfen und dann zu Boden fallen, wo das Opfer schnell erledigt wird. Es war aufregend zu beobachten, wie der eigene Lieblingsvogel auf eine derart entschlossene Weise ein Opfer tötete, das man ihm vorher gezeigt hatte.

Die Falknerei war für die Bartons nicht nur ein faszinierender Zeitvertreib, sondern sie bescherte ihnen auch so manchen Leckerbissen für ihre Speisekammer. Lerchenpastete war ein beliebtes Gericht, und Spatzen wurden auch nicht verachtet. Waldtauben, damals noch recht selten, waren eine große Delikatesse. Gegen Haustauben ließ man die Sperber nicht fliegen, da man sich diese leichter aus dem Taubenschlag im Garten holen konnte. Doch die Haltung und Abrichtung von Sperbern war sehr zeitaufwendig, und gegen 1620 hatte man diesen Sport in Bartons End bereits wieder aufgegeben.

Zu der Zeit, als der Garten angelegt wurde, lebten noch zahlreiche Raubvögel in der Gegend. Das bedeutete, daß sich potentielle Schädlinge wie Mäuse, Ratten, Spitzmäuse, Spatzen und bestimmte Insekten nicht übermäßig vermehren konnten. Doch als Wildhüter damit anfingen, Turmfalken, Zwergfalken und Eulen zu vernichten, führte das dazu, daß sich die Zahl der Mäuse, Spitzmäuse, Grashüpfer und Käfer, die bevorzugte Nahrung dieser Vögel, drastisch erhöhte.

Eine ungewöhnliche, viel spätere Bereicherung des Gartens waren Pfauen, die Charles Munroyd als Teil seiner Kampagne zur gesellschaftlichen Aufwertung der Familie einführte. Sie seien, so behauptete er, ebenso gut wie Wachhunde, wenn nicht gar besser, denn sie veranstalteten einen Höllenlärm, wenn ein fremder Mensch oder ein fremdes Tier vorbeikam.

Charles hatte mehr Erfolg darin, seine Pfauen dazu zu bringen, ein Rad zu schlagen, als viele seiner pavophilen Nachbarn, weil seine Kollektion aus vier Hähnen und zwei Hennen bestand. Wenn nur ein einzelnes Männchen oder ein Paar da ist, findet so gut wie kein Radschlagen statt. In ihren heimischen indischen Wäldern versammeln sich die Pfauen, Hähne wie Hennen, auf einem besonderen Platz. Vor den Weibchen breiten die Männchen dann ihre Schwänze zu dem bekannten farbenprächtigen Rad aus, rütteln mit ihrem Gefieder und zittern mit ihren Flügeln. Jede Henne kann dann die Bemühungen mehrerer Männchen vergleichen und ihre Wahl treffen. Sie stellt sich vor den Auserwählten, der ihr schüchtern den Rücken zudreht. Schließlich kommt es zur Paarung. Da die Männchen mit dem ansehnlichsten Federschmuck sich am häufigsten paaren, werden bei dieser Spezies die Gene, die für diese Federn zuständig sind, gestärkt.

Doch nicht nur so farbenprächtige Vögel wie die Pfauen benutzen optische Werbesignale. Fast alle Vögel verwenden sie in geringerem oder stärkerem Maße, wobei der Auffälligkeit des Signals durch die Erfordernisse der Tarnung Grenzen gesetzt sind. Werbesignale sind für den Paarungsakt möglicherweise noch wichtiger als die eigentliche Paarbildung oder «Eheschließung», wenn man diesen anthropomorphen Begriff hier gebrauchen will. Zum Beispiel treffen die Männchen der Grasmücke, einer Zugvogelart, vor den Weibchen in Kent ein und suchen Nistplätze, um die sie wahrscheinlich kämpfen müssen, um sie sich zu sichern und zu behalten. Ein Grasmückenmännchen, das einen Platz gefunden hat, erwartet nun die Ankunft der Weibchen und verbringt seine Zeit mit Fressen und Singen. Die Weibchen treffen ein und spüren die Sänger auf. Ein Weibchen, das ein Männchen mit einem Nest gefunden hat, das ihm gefällt, adoptiert das Männchen, wobei es womöglich noch eine Rivalin vertreiben muß. Bis zu diesem Zeitpunkt werden keine optischen Werbesignale eingesetzt. Die Vögel gehen die Verbindung nur für eine Brutperiode ein, nicht für ihr ganzes Leben wie einige andere Vogelarten, etwa die Tauben.

Nach der Paarbildung und wenn das Nest fertig ist, beginnt die männliche Werbung, mit dem Ziel, das Weibchen paarungswillig zu machen. Die Grasmücken haben ein unauffälliges Federkleid, doch sie tun ihr Bestes: sie breiten die Flügel aus, spreizen den Schwanz und stellen die Federn an Kopf und Nacken hoch. Manchmal suchen die Männchen auch Nistmaterial aus und präsentieren es ihren Partnerinnen. Zu gegebener Zeit löst das Werbeverhalten bei der Henne den richtigen Hormonfluß aus, und es kommt zur Paarung. Bald danach werden die Eier gelegt. Die Gartengrasmücke, die gelegentlich in Bartons End zu sehen war, setzte das bei der Werbung verwendete Spreizen des Gefieders auch manchmal ein, um Feinde zu verscheuchen, die es auf die Jungen im Nest abgesehen hatten.

Im Garten gab es ganz zu Anfang einen Taubenschlag, der sich hoch oben auf einer langen Stange in der Mitte einer Grasfläche befand. Im Winter oder bei Nahrungsengpässen war er sehr nützlich, weil er frisches Fleisch lieferte, und in gewisser Weise könnte man ihn mit der heutigen Tiefkühltruhe vergleichen. Man konnte immer innerhalb weniger Stunden eine Taubenpastete zubereiten. Man hielt damals Felsentauben *(Colomba livia).* Es gab etwa fünf Rassen dieser Art: die Felsentaube, die auf Klippen und Felsen nistet, heute ziemlich selten; *dovecote-pigeons,* halb-domestizierte Vögel, die dem Menschen Fleisch und Dünger liefern, doch nicht in Gefangenschaft gehalten werden; Wildtauben, (eigentlich verwilderte Haustauben), die in einem freien oder herrenlosen Zustand leben und heute in großen Mengen in den Städten zu finden sind, wo sie ihre Beliebtheit bei den Menschen ausnutzen und sich auf öffentlichen Plätzen von ihnen füttern lassen; Haustauben, die unter größerer Kontrolle gehalten werden und vom Menschen selektiv gezüchtet werden, hauptsächlich für

Ausstellungszwecke; und schließlich Flugtauben, die heute sehr beliebt sind und in großen Mengen gezüchtet werden.

Robert Dunchester, der ein Gespür für Publicity hatte, hielt sich ein paar Reisetauben und pflegte jedem, der ihm Porträt saß, eine zu überreichen mit den Worten: «Nehmen Sie diesen Vogel mit nach Hause und lassen Sie ihn fliegen, wenn Sie für die nächste Sitzung bereit sind.» Das war romantischer als eine Halfpenny-Postkarte und bescherte ihm auch schneller den nächsten Auftrag, weil der Empfänger die Taube so schnell wie möglich wieder freiließ, da er nicht wußte, wie man den Vogel füttert und hält.

Vogelgesang war von Anfang an ein ganz besonderer Reiz des Gartens. Zu den Sängern zählten die melodiöse Nachtigall wie der mißtönende Star. Nachtigallen benutzten den Garten von Anfang an und sind im Sommer immer noch dort anzutreffen, doch sind sie heutzutage selten. Es sind Zugvögel aus Afrika, und sie bevorzugen Waldland mit dichtem Bodenbewuchs, wie Brombeeren und Schwarzdorn. Wenn ein Wäldchen abgeholzt wird, verlieren die Nachtigallen einen ihrer bevorzugten Lebensräume.

Seit John und Mary Bartons Zeit werden Nachtigallen wegen ihres Gesangs sehr geschätzt: sanfte flötenähnliche Triller, in einer stillen Nacht, leise beginnend und zu einem ganzen Orchester von Tönen anschwellend. Für die Gärtner hatten die Vögel auch einen praktischen Nutzen, da sie hauptsächlich Bodeninsekten fraßen, Maikäfer, Drahtwürmer und Rosenkäfer. Nachtigallen singen natürlich nicht nur nachts, sondern auch tagsüber. Als Georg Munroyd das Haus hatte (1764 – 1808), gab es viele von ihnen im Wäldchen, wo sie nachts mit ihrem Gesang ihre Reviere verteidigten, so daß Sophia sich beschwerte, sie könne nicht schlafen.

Gesang spielt eine große Rolle im Vogelleben. Vögel singen nicht zu dem Zweck, die Menschen zu inspirieren und zu erfreuen, wie viele Dichter und Schriftsteller einem weismachen wollen. Das Lied der Nachtigall besagt eigentlich nur: «Wer in mein Revier eindringt, wird's bereuen!»

Der Mensch hat so gut wie keinen Einfluß auf den Gesang der Vögel, und ob er ihr Singen reizvoll findet oder nicht, ist eine Frage des persönlichen Geschmacks. Eine gewisse Bedeutung kann es allerdings schon haben, denn wenn der Gesang dem Menschen gefällt, kann das die Überlebenschancen einer Vogelart verbessern, wenn Lebensräume bedroht sind. Des schönen Gesangs wegen können Fotografen, Rundfunktechniker und Fernsehproduzenten mobilisiert werden, um eine Spezies zu schützen, die sonst möglicherweise aus vielen Lebensräumen verschwinden würde.

Im Frühling muß bei den meisten Vogelarten das Männchen ein Revier erwerben und verteidigen und dann ein Weibchen einladen. Im Revier paaren sie sich, brüten und ziehen ihre Jungen auf. Der Gesang wird eingesetzt, um ein Revier zu erwerben und zu verteidigen. Diese Funktion wird durch David Attenboroughs Bemerkung prägnant auf den Punkt gebracht: «Unbefugte werden angesungen.» [6]

Mit Gesang werden auch Informationen übermittelt, wie etwa: «Ich bin der Hahn dieses Weges. Wäre vielleicht irgendeine Dame in Hörweite geneigt, dieses verlockende Grundstück zu besichtigen?» Ist man erst einmal zu zweit, kann das Revier leichter gehalten werden.

Für das Revier wird mit dem Reviergesang geworben, z.B. bei der Amsel, die von einem hohen Baum oder Telefonmast aus singt. Der Reviergesang muß die Spezies verkünden. Es nützt einer Amsel nichts, wenn sie ein Lied singt, das eine Drossel anlockt. Wenn das Paar sich zusammengeschlossen hat, muß der Gesang so individuell gestaltet sein, daß der Sänger identifiziert werden kann und der Partner so die Möglichkeit hat, das Nest wieder zu finden, wenn er sich verflogen hat oder verwirrt ist. Die Kohlmeisen haben einen Artgesang, und dieser wiederum weist große individuelle Vielseitigkeit auf. Musikalisch ausgedrückt, verwenden sie Variationen über ein Thema. Rivalisierende Männchen, jedes am Rande seines Reviers, singen oft energisch gegeneinander an, vor allem früh morgens, wenn die Bedingungen für Nahrungssuche nicht so günstig sind. Rivalisierende Männchen kämpfen selten bis auf den Tod. An einem bestimmten Punkt signalisiert einer der beiden Kämpfer durch ein anerkanntes Ergebungssignal, eine Gebärde oder einen Ruf, daß er aufgibt.

Natürlich wird der Gesang auch von Feinden und Schmarotzern wie etwa dem Kuckuck gehört, so daß der Vogel diesem einen Nachteil des Gesangs, der darin besteht, daß er die Position des Nestes verrät, entgegenwirken muß. So wird der Gesang oft auf bestimmte Jahres- oder Tageszeiten beschränkt, und einige Gesangsmuster sind so, daß Feinde Schwierigkeiten haben, die genaue Position des Sängers zu orten. Vogelbeobachter machen oft die Erfahrung, daß es ihnen nicht auf Anhieb gelingt, ihre Ferngläser auf einen singenden Vogel zu richten, vor allem, wenn es ein Kuckuck ist. Robert und Sloane Dunchester wußten das als Kinder. Wenn sie verstecken spielten, riefen sie «Kuckuck», weil dieser Ruf das genaue Versteck am allerwenigsten verriet.

Alarmrufe sind Bestandteil des Gesangs und dienen logischerweise dazu, andere Vögel vor einer herannahenden Gefahr zu warnen. Töne werden auch benutzt, um den Schwarm oder die Nestlinge eines Paares zusam-

Meisenmännchen verteidigt sein Revier mit Gesang

menzuhalten. Das Klucken der Henne bewirkt, daß ihre Kücken bei ihr bleiben, und sie retten sich unter sie, wenn Gefahr droht. Töne können auch benutzt werden, um Feinde zu vertreiben: der Teichrohrsänger vertreibt einen Kuckuck, der versucht, ein Ei in sein Nest zu legen, durch Schreie, während kleinere Vögel eine Eule mit ohrenbetäubendem Lärm verjagen.

Nester, Eier und brütende Vögel sind Feinden gegenüber besonders ungeschützt, und es werden verschiedene Maßnahmen ergriffen, diese Gefahr zu verringern. Nester von Buchfinken und Heckenbraunellen sind oft sehr gut in einem dichten Gestrüpp oder einer Hecke versteckt. Der Goldfink wählt gerne die Spitze eines zarten Astes aus, der das Gewicht eines Feindes nicht tragen würde. Spechte und Kleiber suchen Schutz in einem hohlen Baum. Um das Eindringen von Feinden, die gewöhnlich größer als die Beute sind, zu verhindern, verkleinern viele Vögel, wie der Kleiber, das Eingangsloch, indem sie es teilweise mit Lehm schließen. Der Zaunkönig baut aus demselben Grund ein kugelähnliches Nest, das nur einen kleinen Eingang hat.

Mehlschwalben haben von Anbeginn des Gartens an ihre Nester unter den Dachrinnen des Hauses und unter denen seiner Nebengebäude gebaut. Diese Nester werden oft von Spatzen in Besitz genommen, wenn die Mehlschwalben im Winter fortgezogen sind, und im nächsten Jahr müssen die Zugvögel eine Menge Energie darauf verwenden, neue Nester zu bauen. Es ist jedoch kein so schwerwiegender Verlust, wie es zunächst den Anschein hat. Das Nest kann voll von Federläusen sein, die auf die Rückkehr ihrer Wirte warten, und mit einem neuen Nest wird in der Brutsaison eine frühzeitige Neuansteckung durch Läuse vermieden.

Zu dem Zeitpunkt, als Robert Dunchester starb (1958), gab es im Garten vor allem Buchfinken, Rotkehlchen, Schwalben, Trauerbachstelzen, Grauschnäpper, Amseln, Heckenbraunellen, Singdrosseln, Blaumeisen, Goldfinken, Mehlschwalben, Stare, Hausspatzen und Zaunkönige.

10. Kapitel

Der Garten von Sloane Frazer, ihren Kindern und von Frazer Properties Ltd.

1958–1984

ROBERT F. DUNCHESTER starb relativ jung, im Alter von 48 Jahren. Er vermachte den Besitz seiner Frau Louise. Im Falle ihres Todes oder ihrer Wiederheirat sollten sein Neffe Phillip und seine beiden Nichten Caroline und Myfanwy Frazer, die Kinder seiner Schwester Sloane Frazer, das Anwesen erben. Louise liebte die Kinder sehr, und die beiden Damen beschlossen, das Haus und den Garten in zwei ungleiche Teile aufzuteilen. Der größere sollte für die Frazers, der kleinere für Louise sein.

Die Teilung des Hauses stellte sich als sehr schwierig heraus und wurde verschoben. Verhältnismäßig einfach war es jedoch, den Garten aufzuteilen, und so begann man damit. Die Pflege des Bombenkraters wurde Phillip anvertraut, der inzwischen 21 Jahre alt war.

Ungefähr zu der Zeit, als die Frazers 1960 ihr eigenes Haus verkauften und umfassende Umbauten und Anbauten an dem alten Farmhaus vorgenommen werden sollten, gab Louise bekannt, daß sie einen alten Verehrer heiraten und der Besitz folglich an die Kinder gehen würde. Sie sagte auch, daß sie das Testament ihres verstorbenen Mannes nicht anfechten werde, da ihr Verlobter, James Endicott, einigermaßen wohlhabend war und eine Wohnung in Paris sowie ein Haus in Worcester hatte. Sie wolle das Haus übergeben und räumen, so daß die Frazers dort jederzeit einziehen konnten. Die Frazers waren begeistert. Sloane bestand darauf, Louise eine großzügige Abfindung zu zahlen, etwa £ 10 000, und so wurde die Familienangelegenheit zu allseitiger Zufriedenheit geklärt.

1960 stand Phillip kurz vor Beginn seiner Anwaltslaufbahn. Caroline studierte Medizin und Myfanwy II Gartenbau am Wye College, heute Teil der London University. Sie konnten sich unmöglich um Haus und Garten kümmern, so daß sie den Besitz ihrer Mutter Sloane anvertrauten, die mit ihren 48 Jahren noch relativ jung war. 1961 stellte sich eine junge Amerikanerin, Desirée Barton aus Duxbury, Mass., in Bartons End vor und erzählte, daß sie den Spuren ihrer englischen Vorfahren nachgehe. Phillip Frazer bot ihr seine Hilfe an. Die beiden verliebten sich ineinander und heirateten 1962.

Es bereitete Sloane Frazer erhebliche Mühe und verursachte ziemliche Kosten, das alte Haus und den Garten instand zu halten, doch wollte sich die Familie nur höchst ungern von dem Besitz trennen, und man prüfte verschiedene Möglichkeiten, wie sich aus Bartons End ein lohnendes Geschäft machen ließ. Man hätte ein Hotel daraus machen können, einen Country Club oder Büros für eine internationale Firma, doch am Ende entschied sich die Familie für ein Seniorenheim – für gut zahlende Senioren, versteht sich. Zu diesem Zweck gründeten die drei Geschwister 1965 eine Firma, Frazer Properties Ltd., und ernannten ihre Mutter zur Geschäftsführerin. Caroline Frazer hatte ihren Doktor gemacht, interessierte sich für Geriatrie und wurde Heimärztin. Myfanwy II wurde Obergärtnerin und Phillip der Anwalt der Firma.

Es mußten umfassende Anbauten an den Gebäuden vorgenommen werden (siehe Plan S. 245). Die alte Scheune wurde in eine Versammlungshalle umgewandelt. Das Haus beherbergte Küche, Speiseraum und Aufenthaltsräume. Aus den alten Stallungen, aus Kuh- und Schweineställen, entstanden ausgedehnte Wohnquartiere für die Heimbewohner. Das alte Verwalterhaus, ein freundliches Gebäude im Baustil des 18. Jahrhunderts, behielt mehr oder weniger seine alte Funktion – es war die Residenz der Geschäftsführerin, Sloane Frazer. Es wurden auch eine Krankenstation und Personalquartiere errichtet. Aus der alten Hopfendarre wurde eine Bücherei und ein Lesesaal.

Die Teilhaber hatten beschlossen, daß die Hauptattraktion des Heims ein schöner Garten sein sollte, was an Sloane und ihre Tochter Myfanwy beträchtliche Anforderungen stellte. 1967 heiratete Myfanwy II Giles Thompson, einen Farmer aus der Gegend. Sie bekam dann bald Kinder, insgesamt drei, doch kümmerte sie sich weiterhin um den Garten von Bartons End – eine schwierige Aufgabe, da zwischen Ausgaben und Attraktivität ein ausgewogenes Verhältnis bestehen mußte. Nach wie vor gilt, daß die Schönheit eines Gartens davon abhängt, wieviel Zeit oder Geld – im Endeffekt das gleiche – auf ihn verwendet wird. Das war auch schon in der Tudorzeit so. Nicht nur die Heimbewohner und ihre Freunde mußten am Garten Gefallen finden, sondern er mußte auch, zumindest anfangs, aus Publicity-Gründen Aufmerksamkeit erregen. Myfanwy II entwickelte ganz schamlos eine Reihe von «Knüllern», wie sie es nannte, und legte Akten für sie an: «Knüller Nr. 1 – Kamillerasen», «Knüller Nr. 2 – Sphairistikè». Ihre Mutter war mit der Idee einverstanden, doch hielt sie die Bezeichnung «Knüller» für provokativ und Bartons End unwürdig und ersetzte sie durch «Neue Projekte».

Im Garten wurde auch frisches Gemüse und Obst angebaut, und hier ließen sich ebenfalls «Knüller» unterbringen. Dabei mußte darauf geachtet werden, daß keine zu hohen Arbeitskosten entstanden, und es galt, soweit wie möglich arbeitssparend zu verfahren, durch den Einsatz selektiver Herbizide, durch Pflegetechniken, die kein Umgraben erforderten, durch biologische Schädlingsbekämpfung und durch den Anbau krankheitsresistenter Sorten, wodurch auf teure Pestizide verzichtet werden konnte.

Das erste «Neue Projekt» war der Kamillerasen. Dafür wurde *Anthemis nobilis*, die Gemeine Kamille, verwendet, wobei hauptsächlich die kräftige, vielverzweigte, nichtblühende *Treneague*-Sorte angepflanzt wurde. Neben seinem Wert als «Knüller» besaß der Kamillerasen noch einige andere Vorzüge: er mußte gar nicht oder nur wenig gemäht werden, er duftete, wenn man über ihn schritt, er sah sehr reizvoll aus, wurde zum allgemeinen Gesprächsthema und wurde sogar in den Wochenzeitungen erwähnt. Ein kleiner Rasen wurde auch mit der Römischen Kamille angelegt, deren weiße, gänseblümchenartige Blüten manchmal im Sommer zu sehen waren. Myfanwy bereute es fast, daß sie diese Kamille angepflanzt hatte, denn sie gefiel den Heimbewohnern – an ihrer Spitze der pensionierte indische Botaniker Dr. Dhusti – so sehr, daß sie Gänseblümchen für den Grasrasen forderten.

> Maßliebchen auch, der Erde Blumensterne,
> Die Sonnenblume, welche nie verglüht.[66]

Es würde teuer werden, die Gänseblümchen wieder auf den Grasrasen zu bringen, und hätte zur Folge, daß man keine selektiven Herbizide mehr benutzen konnte, daß man Wegerich und Löwenzahn per Hand jäten mußte, und eine angemessene Menge Gänseblümchen mußte stehenbleiben. Wo sollte sie die Arbeitskräfte hernehmen? Und wer sollte das bezahlen? Da kam ihr Dr. Dhusti zur Hilfe. Er erklärte, daß ihm ein Rasen mit Gänseblümchen sehr gefalle, da er, bis auf seine Zeit als Cricket-Spieler, nie etwas mit Rasensport im Sinne gehabt habe, doch er wisse, daß ein Blumenrasen ein kostspieliger Luxus sei. Er werde eine Versammlung «Gänseblümchen und Rasen» einberufen und die Situation erläutern. Miss Frazer konnte auf die Verwendung von Herbizid auf dem Rasen verzichten, wenn sie, die Heimbewohner, im Sommer, auf Händen und Knien und mit Messern ausgerüstet, das Unkraut jäten würden. Wenn sie das allerdings nicht wollten, müßten sie dafür bezahlen. Zusätzlich £ 5 oder £ 10 pro Woche würde es für jeden kosten.

Eine Versammlung wurde einberufen und der Vorschlag, die Sätze zu erhöhen, schnell abgelehnt. Dr. Dhusti rief freiwillige Unkrautjäter auf. Er rekrutierte sechs Personen, so daß es nun möglich war, auf einem ziemlich großen Rasenstück vor dem Haus wieder Gänseblümchen einzuführen. Myfanwy sorgte dafür, daß ein großes D auf dem Rasen mit Herbizid behandelt wurde, zu Ehren von Dr. Dhusti. Das grüne D hob sich deutlich von den weißen Gänseblümchen ab, und so war es – zu Myfanwys Befriedigung – auch offensichtlich, daß die Gänseblümchen absichtlich dort standen und nicht aufgrund mangelnder Rasenpflege. Dr. Dhusti war sehr stolz auf sein D.

Dadurch, daß das Gras durch Kamille ersetzt wurde, kam es natürlich auch zu einigen Veränderungen im Insektenleben auf diesen Flächen. Eine auffällige Raupe, die manchmal auf dem neuen Rasen zu finden war, war die Larve des *Cucullia chamomillae* aus der Familie der Eulenfalter. Ausgewachsen war sie etwa 5 cm lang, sie hatte eine gelbgrüne Färbung mit querverlaufenden roten Bändern und schrägen olivgrünen Strichen. *Cucullus* ist das lateinische Wort für Kappe, ein Hinweis auf die Form des fertigen Falters.

Eine andere, kleinere Raupe, die man auch auf Kamille fand, war der Spanner *Rhodometra sacraria,* eine wandernde Art aus Frankreich. Spannerraupen haben nur vier Bauchbeine und nicht zehn, wie die meisten anderen Lepidopteren. Alle haben sechs Brustbeine. Bei den Spannern befinden sich zwei der Bauchbeine am letzten, dem 13. Hinterleibsglied, und zwei auf dem zehnten. Die Raupe bewegt sich fort, indem sie ihr hinteres Beinpaar an das Paar auf dem zehnten Glied heranzieht, wobei sich ihr Körper nach oben krümmt. Die Ringe 1 bis 10 werden dann vorwärts bewegt, und die Krümmung glättet sich, während die Beine am dreizehnten, Nachschieber genannt, sich fest an die Unterlage klammern, auf der sich das Tier befindet. Der Vorgang wird wiederholt, wieder bildet sich ein Bogen, während die Hinterbeine an den zehnten Ring herangezogen werden. Die Raupen heißen Spanner (englisch *geometer*), weil sie mit ihren Bewegungen den Anschein erwecken, als würden sie ständig etwas abmessen.

Das «Neue Projekt» Nr. 2 bestand in der Wiederbelebung des alten Sphairistikè-Platzes. Auf einem der Dachböden hatte man einen interessanten Fund gemacht: man hatte die alten Schläger entdeckt. Phillip Frazer spendete einen Pokal, um den jedes Jahr gespielt wurde, was ausführliche Erwähnung in der Zeitung fand.

Ein sehr erfolgreiches «Neues Projekt» waren kleine erhöhte Beete, die für jene Heimbewohner eingerichtet wurden, die gärtnern wollten, ohne sich viel bücken zu müssen. Sie wurden in Backsteinbehältern angelegt, die ungefähr 80 cm hoch, 1,20 m lang und 60 cm breit waren. Der Boden war mit groben Steinen und Kies ausgelegt, und oben drauf kam Erde. Im Behälter verlief ein Rohr nach oben, das einige Zentimeter unter der Oberfläche in einer Metallbrause endete, so daß interne Bewässerung möglich war, obwohl die Brause manchmal verstopfte. Später wurde sie durch eine poröse Tonkappe ersetzt. In den meisten Behältern war gewöhnlicher Wealdenlehm, also leicht saure Gartenerde, doch einige Beete waren auch mit anderen Erdsorten gefüllt, etwa mit säurereichem Torf für Alpenblumen, mit alkalischem Boden für ornamentale Cruciferen und andere Kalkliebhaber, und dann gab es ein sehr kalkiges Beet, als Herausforderung an einen gewissen Mr Dumbarton, einen Heimbewohner, der versicherte, er würde liebend gerne einen Kalkgarten haben. Dieser Kalkfreund nahm die Herausforderung an, doch schummelte er, indem er sein Beet großzügig mit Schwefel und Torf streute, so daß der Säuregehalt allmählich anstieg. Dann pflanzte er Pelargonien.

Es gab auch einige niedrigere Beete, die auch von Heimbewohnern im Rollstuhl gepflegt werden konnten. Diese ganze Anlage war kostspielig, doch die Heimbewohner schätzten diese Möglichkeit, ohne Anstrengung Gartenarbeit verrichten zu können, sehr. Das Projekt war ein großer Erfolg, und es wurden einige sehr spezielle Kulturen und Pflanzen gezogen. Zum Beispiel beschloß eine Miss Simmons aus Saffron Walden in Essex, auf ihrem erhöhten Beet die Pflanze anzupflanzen, für die ihre Stadt einmal berühmt gewesen war, den Safran-Krokus. Er sollte gelben Safran für Kuchen und für die echte *Paella valenciana* produzieren, die sie, nach Absprache, in der Heimküche selber zubereiten wollte. Miss Simmons hatte viele Jahre ihres Lebens in Spanien verbracht und kannte und liebte die Safranfelder um Valencia.

Safran ist eine interessante Pflanze und benötigt viel sorgfältige Pflege. Der Boden wurde umgegraben und mit gutem Kompost gedüngt, erstmals im März, dann noch einmal Anfang Juni. Mitte Juni pflanzte Miss Simmons nach dem traditionellen Verfahren die Knollen ein, die sie aus Spanien erhalten hatte. Sie hob auf der ganzen Beetlänge zwei flache Gräben aus, ungefähr 45 cm breit und 10 cm tief, und setzte eine Doppelreihe Knollen im Abstand von etwa 5 cm ein, so daß etwa 100 Knollen benötigt wurden. Der Safran-Krokus blüht im Herbst, bevor die meisten seiner Blätter erscheinen, und ähnelt so der Herbstzeitlose, die allerdings zu einer ganz anderen Spezies gehört und deren Wunder unten zur Sprache kommen werden.

Mit Spannung erwarteten die Heimbewohner die Safranblüte, und als man erfuhr, daß «zur Erntezeit viele Arbeitskräfte benötigt» würden,[46] erhielt Miss Simmons viele Hilfsangebote. Sie jedoch lehnte höflich ab und äußerte die Zuversicht, daß sie mit ihrem kleinen Beet schon alleine fertig werden würde, doch wenn es einmal soweit sei, daß sie und Mrs Thompson (Myfanwy II) mit den fünf *Acres* [etwa 1 Hektar], die sie dermaleinst anpflanzen würden, ein Vermögen machten, würde sie gerne auf das Angebot zurückkommen.

Die Safranblüte hat eine kräftige violett-rote Farbe und ist etwa 10 cm hoch. In der Mitte ist der Stempel, ein orangefarbenes Kügelchen, das ein paar Samen enthält. Aus dem Fruchtknoten wächst ein schlanker Stengel, der blaßgelbe Griffel. Er ist ungefähr 2,5 cm lang und teilt sich zu einer dreilappigen Narbe, sie ist orangerot und etwa 2,5 bis 3,75 cm lang. Die getrocknete Narbe, an der noch ein Teil des Griffels hängt, ist der im Handel übliche Safran.

Im Herbst des ersten Jahres pflückte Miss Simmons täglich ihre Krokusblüten, sobald sie sich öffneten, schnitt sofort die langen roten Narben heraus und legte sie zum Trocknen in die Sonne. Beim Trocknen krümmten sich die Teile. In diesem Zustand nannte man sie *hay* [Heu]. Endgültig getrocknet wurden sie auf einem Stück Seide, das über einen Stickrahmen gespannt war, den man dann auf eine Heizung legte, denn in Spanien, so Miss Simmons, war man der Meinung, daß ofengetrockneter Safran besser sei als sonnengetrockneter.

Miss Simmons produzierte sehr guten Safran, doch nicht viel, gerade 14 Gramm! Doch das reichte aus für eine vorzügliche Paella, die sie zusammen mit der Köchin für die begeisterten Heimbewohner zubereitete. Mit Wein von den Weinstöcken von Bartons End wurde eifrig auf «Simmons

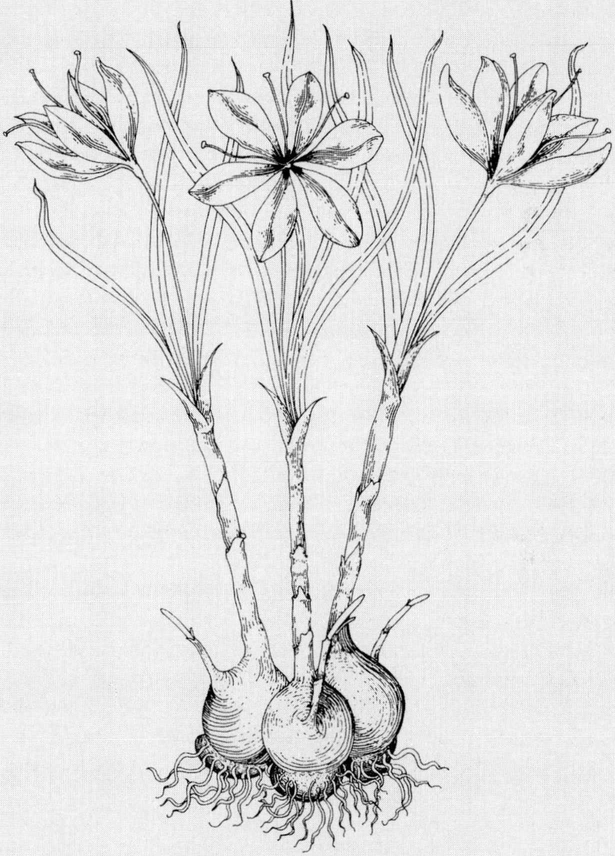

Safran-Krokus

und Safran» getrunken. Pläne wurden geschmiedet, die Safranfläche in der nächsten Saison zu vergrößern.

Inspiriert durch die Hochbeete, nahmen viele Heimbewohner das Gärtnern auf, und man wetteiferte untereinander, wer das gepflegteste Beet oder die reizvollsten und neuartigsten Pflanzen hatte. Die Begeisterung machte bei den Beeten nicht halt, und bald wurden Teile der Blumenrabatten einzelnen zur Pflege übergeben. Billige Arbeitskräfte, meinte Sloane Frazer, doch Myfanwy bezweifelte das, denn weiß der Himmel, was einige von ihnen in ihrer Begeisterung anstellen konnten. Zum Beispiel hatte erst kürzlich der alte Mr Nichols sorgfältig ein Beet abgejätet, das erst kurz zuvor mit Löwenmaul bepflanzt worden war.

Als Konkurrenz zum Safranbeet wurde ein Schwarzwurzbeet angelegt, das später bis zu einem Blumenbeet am Haus erweitert wurde. Es war eine hübsche Pflanze, die früher von den Kräutersammlern sehr geschätzt wurde. In Bartons End gab es mindestens drei Arten, *Symphytum asperrimum, S. peregrinum* und *S. officionale.* 1976 entdeckte Lawrence D. Hills vom Doubleday-Forschungsinstitut, daß bestimmte Schwarzwurzstämme große Mengen Tierfutter pro *Acre* produzieren konnten: Bocking Nr. 14 zum Beispiel erzielte durchschnittlich leicht über 85 Tonnen pro Hektar. Die Gärtner besaßen zwar kein Vieh, das zu füttern war, doch riesige Hügel Schwarzwurz ergaben einen hervorragenden dunklen Kompost. Und, als Konkurrenz zu den Safranisten, ließ sich aus Schwarzwurz ein wohlschmeckender Tee zubereiten – das behaupteten zumindest die Symphytophilen, ganz im Gegensatz zu den Safranisten, die nur darüber lachen konnten.

Die Mittelrippen der großen Schwarzwurzblätter wurden von einer Riege passionierter Damen weggeschnitten. Danach wurden die Blätter in kleine Stücke zerschnitten und auf Drahtrahmen in der Sonne getrocknet. Zur Teezeit kamen auf jeden Tisch drei Kannen mit indischem, chinesischem und Schwarzwurz-Tee. Aus Schwarzwurz ließen sich auch köstliche *Fritters* machen, in Teig gebackene Obstschnitten. Schwarzwurzspitzen wurden schließlich in die Hühnerhäuser gehängt, und die Tiere waren begeistert.

Ein weiteres Experiment an der etwas esoterischen Selbstversorgungsfront war auch der Mannabaum *(Alhagi maurorum),* eine Gemüsepflanze aus dem Balkan, die ein Heimbewohner auf seinem Hochbeet kultivierte. Der Mannabaum sondert eine klebrige Substanz ab, die zu kleinen Klumpen verhärtet und angeblich das Manna sein soll, mit dem sich die Kinder

Israels in der Wüste am Leben erhalten hatten. In Bartons End wurde der Mannabaum in Kübeln angepflanzt, da er im Winter hereingenommen werden mußte. Das Manna schmeckte ganz gut. «Doch wenn ich es zu meiner Hauptnahrung machen würde», meinte der Beetinhaber, «brauchte ich an die acht Hektar. Kein Wunder, daß die Israeliten für ihre Reise so lange gebraucht haben!»

In vielen Hochbeeten wuchsen Alpenblumen und Steinpflanzen. Ein Behälter enthielt eine Kollektion von einheimischen oder fast einheimischen Steinkräutern, und der Gärtner dieses Beets behauptete – ganz auf der Selbstversorgungswelle, die Bartons End zu jener Zeit erfaßt hatte –, daß *Sedum acre,* Mauerpfeffer, ein Ersatz für Pfeffer sei. Der Koch war allerdings nicht begeistert. Ein weiteres Steinkraut war die Rosenwurz, extra aus Schottland eingeführt – so genannt, weil die Wurzeln nach Rosen riechen. Es war eine einjährige Pflanze, und sie mußte, sollte sie nicht eingehen, gefördert werden, indem man dem jungen Sämling im Frühling genügend Platz ließ, sich zu entwickeln. Natürlich war auch die Große Fetthenne vertreten, schon lange eine beliebte Pflanze in Cottage-Gärten, und es gab auch die seltene *Sedum anglicum* und die dickblättrige *S. dasyphyllum,* die Dachhauswurz, die – nach alter Tradition – über das Bettende gehängt wurde.

Einer der versierteren Gärtner legte ein Enzianbeet an. In die Mitte pflanzte er einen großen Gelben Enzian *(Gentiana lutea)* und umgab ihm mit einigen hübschen und schwierigeren Spezies, mit dem Frühlingsenzian *(G. verna),* dem *G. gracilipes* und dem *G. sino-ornata.*

Eine etwas faulere Person machte es sich leicht und bepflanzte ihr Beet mit einer bodendeckenden Pflanze, wobei sie sorgfältig eine ungewöhnliche aussuchte, nämlich *Dryas octopetala,* die weiße tellerförmige Blüten mit acht Kronblättern hat. Für den geheimnisvollen Tod eines ganzen Beetes mit Pantoffelblumen wurde offiziell der Blitz verantwortlich gemacht und inoffiziell das Verstreuen einer Handvoll Chlorat durch eine ziemlich gehässige Mrs Edwards.

Die Hochbeete mit Torf waren beliebt und enthielten eine Vielzahl verschiedener Pflanzen. Einer hatte eine Kollektion Waldlilien, auch Dreiblatt genannt, da alles in dreifacher Ausfertigung vorhanden ist: Blätter, Kelchblätter und Blütenblätter. Eine Ansammlung von Aronstab füllte schließlich die Mitte eines Beetes, dessen Ränder mit Exemplaren der Waldlilie bepflanzt waren. Die Waldlilien galten als schwierige Pflanzen, und daß sie hier gut gediehen, konnte man fast als Triumph bezeichnen.

Das ungewöhnlichste Hochbeet, bei all diesem Wetteifer, war das von Dr. Dhusti. Da er Spezialist für tropische Botanik gewesen war, erwartete man Großartiges von ihm, doch niemand sah ihn jemals an seinem Beet arbeiten. «Vielleicht arbeite ich ganz allein, vor dem Frühstück, um es geheimzuhalten», entgegnete er dann auf entsprechende Fragen. Im Frühling begannen sich einige Sämlinge durch die ziemlich regenverspülte Oberfläche von Dr. Dhustis Beet emporzuschieben. Was könnte das sein? Man beobachtete aufmerksam. Allmählich kam die gräßliche Wahrheit ans Licht. Dr. Dhusti hatte absolut nichts an seinem Beet gemacht!

Wegen dieses beklagenswerten Zustandes zur Rede gestellt, erklärte der gelehrte Gentleman, daß das Absicht gewesen sei. Er mußte unbedingt wissen, wie die natürliche Vegetation aussehen würde. Ohne diese Information gäbe es kein Vergleichsmaß für die Bemühungen, die sie zur Kultivierung ihrer verschiedenen Parzellen unternommen hätten. Er registrierte alle Pflanzen, die hochkamen, kontrollierte ihr Wachstum, sah, welche sich behaupteten und welche versagten, prüfte, wieviel sie wogen und so fort. Er wollte einen Naturgarten im Mikrokosmos haben, und später war diese Idee Gegenstand einer ausgedehnten Korrespondenz mit der Zeitschrift *Nature.*

«Aber die Unkräuter werden sich auf alle unsere Beete ausbreiten, lieber Dr. Dhusti, ersparen Sie uns das. Und außerdem sieht es so schrecklich aus», sagte eine Sprecherin.

«Nein», sagte Dr. Dhusti, «Sie können jetzt diese wunderbaren Pflanzen aus der Nähe betrachten. Wie schön ist doch die Samenkugel des Löwenzahns. Wie hübsch das Kreuzkraut.» Schließlich versprach er, die Samen auf seinem Beet nicht reifen zu lassen und ein paar schöne indische Pflanzen für das nächste Jahr anzupflanzen, wenn er seine Aufzeichnungen beendet hatte. Die Empörung ließ nach, doch hielten sich noch einige Befürchtungen bezüglich der Pflanzen, die der Doktor auszupflanzen gedachte, da er erklärte, er erwarte einige Alraunwurzeln aus Indien. «Sie schreit, wissen Sie, während man sie aus der Erde ausgräbt. Eine hochinteressante Pflanze. Normalerweise tötet sie die Person, die sie ausgräbt, auf geheimnisvolle Weise», fuhr er fort. «In Indien läßt man das natürlich von einem Unberührbaren machen, da kommt es nicht so drauf an.» Man wußte nie, wann Dr. Dhusti etwas ernst meinte.

Tatsächlich jedoch ist die Alraunwurzel ein Nachtschattengewächs aus dem Mittelmeerraum und kommt keineswegs aus Asien, wie der indische Botaniker sehr wohl wußte. Ihr mystischer Ruf entsprang dem Umstand, daß ihre Wurzel oft gegabelt ist und entfernt einer menschlichen Gestalt ähnelt. Die Mohrrübe bildet gelegentlich auch eine gegabelte Wurzel, und das hat wiederum Voltaire zu seinem geringschätzigen Spruch veranlaßt, daß der Mensch nichts als eine «gegabelte Karotte» sei – eigentlich keine sehr große Beleidigung.

Frazer Properties Ltd. waren zwar darauf bedacht, einen Garten in Bartons End zu haben, der sich sehen lassen konnte, doch mußten sie die Unterhaltskosten in einem vertretbaren Rahmen halten, und das bedeutete, daß sie, wo immer es ging, arbeitssparende Techniken anwenden mußten. Ein oder zwei Strategien wurden schon erwähnt, wie etwa die Verwendung von Herbiziden auf Rasen und das Mulchen von Blumenbeeten mit Rasenschnitt und Kompost. Doch moderne Herbizide kann man im Garten nicht nur für die Behandlung von Rasen verwenden, und Myfanwy benutzte eine ganze Reihe von ihnen, fast alles komplexe organische Chemikalien, die sehr teuer waren. Myfanwy war neugierig, wie lange die Begeisterung der Heimbewohner für das manuelle Unkrautjäten auf dem einen Rasen anhalten würde. Sie glaubte nicht, daß sie insgesamt gesehen viel unbezahlte Arbeit leisten würden. Sie mußte die Ausgaben für chemische Unkrautvernichtungsmittel gegen die durch Jäten entstehenden Kosten abwägen. Theoretisch berechneten die Herbizidhersteller die Preise für ihre Produkte so, daß sie ein klein wenig niedriger lagen als die Kosten, die mechanische Methoden verursachten. Myfanwy wollte feststellen, ob das tatsächlich so war.

Je nach Umständen und Unkraut benutzte sie hauptsächlich folgende Produkte: Alloxidimidon-Sodium, das im Sommer Grasunkräuter zwischen Zierpflanzen tötete; Paraquat* und Diquat**, die jegliches Grünlaub, mit dem sie in Berührung kamen, töteten, die jedoch deaktiviert wurden, sobald sie in den Boden gelangten. Sie waren nicht schädlich für Büsche und Bäume mit Rinde, so daß sie hauptsächlich im Obstgarten benutzt wurden; Simazin wurde im Vorlaufverfahren angewendet und tötete einjährige Unkräuter, während sie durch den Boden hochwuchsen; es konnte für die Rabatten benutzt werden, vorausgesetzt, die Blumen waren schon kräftig genug und die Dosis war vorsichtig bemessen.

* In der BRD seit Februar 1984 nicht mehr zugelassen. [Anm. d. Ü.]
** In der BRD unter dem Namen «Reglone» bekannt. [Anm. d. Ü.]

Pflanzen, die aus dem Ausland als Gartenneuheit eingeführt wurden, sprachen auf ihre neue Umwelt besonders gut an und wurden zu lästigen Unkräutern – man nannte sie «Kulturflüchtlinge». Ein aktuelles Beispiel in Bartons End und auch in vielen anderen Teilen Großbritanniens ist der Japanische Knöterich *(Polygonum japonicum).* Das Gras wurde 1825 importiert und nur in wenigen Gärten angepflanzt, um Lücken zu schließen. Da die Pflanze nicht besonders reizvoll war, war sie auch nicht sehr populär. Es läßt sich schwer sagen, wann das Gras aus dem Garten «flüchtete», doch zu einem spürbaren Problem ist es erst vor etwa 30 Jahren geworden. Heute sieht man an Bahndämmen, Straßenrändern und Ödland riesige Büschel von Japanischem Knöterich wachsen, und er breitet sich unaufhaltsam aus.

In Bartons End tauchte das Gras zum ersten Mal 1972 im Obstgarten auf. 1975 wuchs bereits jedes Jahr ein großer Büschel, dem es nichts auszumachen schien, daß er ein- oder zweimal pro Saison heruntergeschnitten wurde. Es hatte sich bald in den Hecken und in vielen kleinen Ecken und Winkeln festgesetzt und wuchs jedes Jahr zu einer Höhe von über zwei Metern heran. «Wenn nicht bald etwas unternommen wird», dachte Myfanwy II, «werden wir hier nur noch eine Monokultur mit *Polygonum japonicum* haben.» Was konnte man unternehmen? Eine Lösung wäre, Käfer und Raupen einzuführen, die sich von dieser Pflanze ernähren, am besten ein Insekt, das nur dieses Unkraut fraß. Es wäre schwierig, ein einheimisches Unkraut mit biologischen Feinden zu bekämpfen, da so eine Pflanze zu stark und zu weitverbreitet ist, und außerdem gibt es viele gleichwertige Pflanzen, mit denen sie eng verwandt ist. Doch der Japanische Knöterich war eine eingeschleppte Pflanze, und da lagen die Dinge ganz anders.

Waren die Australier nicht auch einen Kulturflüchtling losgeworden, einen Kaktus, der Millionen *Acres* Weideland ruiniert hatte, indem sie einen Falter aus Argentinien einführten? Und ein weiteres Beispiel aus den USA, das noch nicht so lange zurückliegt, war das eingeschleppte Tüpfelhartheu, das ein lästiges Unkraut geworden war und durch den Einsatz von zwei Käferarten, einem *Agrilus* und einem *Chrysolina,* erfolgreich bekämpft wurde.

Owen S. Wilson hatte 1880 in seinem Buch *The Larvae of the British Lepidoptera* 24 Lepidopteren aufgelistet, die *Polygonum aviculare* fraßen, eine verbreitete, ganz andere Pflanzenart. Konnte man einige von denen vielleicht gebrauchen? Unkraut-Forschungsinstitute waren an dieser Herangehensweise nicht sehr interessiert. Sie waren der Meinung, daß Unkraut mit Herbizid bekämpft werden müßte. Myfanwy beschloß, einige Experimente mit Lepidopteren zu machen. Sie hatte bemerkt, daß die Unkrautblätter manchmal gefressen wurden, hauptsächlich von Nacktschnecken, wie sie meinte. Sie probierte es mit zwei Spannerarten, dem *Perconia strigillaria*, der auf manchen Ginstersorten gefunden wird, und mit dem *Sterrha subsericeata*, doch ohne merklichen Erfolg. Während sie sich mit den Faunalisten Japans beschäftigte, beschloß sie, erst einmal versuchsweise, Herbizide zu benutzen. Die Pflanze war sehr widerstandsfähig gegenüber Chemikalien. Die Wurzeln und Rhizome blieben am Leben, brachen Beton auf und verstopften die Kanalisation, doch sie entdeckte, daß Spritzen mit Bromacil* den Bewuchs im ersten Jahr der Applikation sehr schwächte und ihn im zweiten abtötete, wenn man eine zweite Behandlung folgen ließ und gleichzeitig einen Bodenwuchs von Gräsern und Ehrenpreis ermöglichte.

In der Vergangenheit hatten Gärtner stets empfohlen, Gärten gründlich umzugraben, damit die Bodenstruktur verbessert wird und Unkräuter vernichtet werden. Wenn auch das Untermischen von organischem Material, Stallmist oder Kompost, den Boden durchaus verbessern kann, ist es doch zweifelhaft, ob Umgraben per se Wesentliches für die Struktur oder die Unkrautbekämpfung leistet, es sei denn, es findet eine sorgfältige Sortierung des Bodens während des Umgrabens statt. Wurzeln von mehrjährigen Pflanzen wie Quecke und Winde müßten zum Beispiel entfernt werden – eine höchst mühselige Aufgabe. Regenwürmer sind die großen Bodenverbesserer, und gewöhnlich gibt es mehr Würmer in nichtumgegrabenem als in umgegrabenem Boden. Außerdem können Pflanzensamen lange Zeit in den tieferen Bodenschichten schlummern und durch das Umgraben an die Oberfläche gebracht werden, wo sie dann keimen. Zum Beispiel können Samen des Gänsefuß 40 Jahre lang in tiefem Boden überleben. Auf einem Boden, der mit einer etwa 5 cm dicken Mulchschicht bedeckt ist, können Samen nicht keimen, doch einige Mulche, wie etwa Rasenschnitt und Kompost, können Unkrautsamen enthalten, die natürlich die Gelegenheit wahrnehmen und keimen, wenn sie auf eine geeignete Oberfläche gebracht werden.

Wie Myfanwy feststellte, kosteten ihre Herbizide im Einzelhandel zwischen einem Penny und vier Pence pro Quadratmeter, doch konnte sie bald günstigere Bedingungen aushandeln, da sie beträchtliche Mengen benö-

* In ca. 16 verschiedenen Handelspräparaten enthalten. Wird in der BRD nicht vertrieben. [Anm. d. Ü.]

tigte. Es war letztendlich also billiger, mit Herbiziden zu arbeiten, als einen Gärtner das Unkraut mit der Hand jäten zu lassen. Doch was war mit den Heimbewohnern, die sich freiwillig zur Gartenarbeit gemeldet hatten? Konnte man von ihnen erwarten, daß sie beim Jäten nur flach hackten? Es war wichtig, daß man die Wurzeln der jungen wachsenden Pflanzen nicht beschädigte, was bei tiefem Hacken leicht passieren konnte. Irgendwie hatten ihre Gäste etwas gegen «Chemikalien». «Wir bestehen alle aus einem Haufen Chemikalien», rief sie dann. «Chemikalien sind nichts Schlimmes, wenn man sie richtig anwendet.»

Auf einigen Parzellen in Bartons End, wo es hauptsächlich Probleme mit einjährigen Unkräutern gab, wurde diese Gartentechnik des «Nichtumgrabens» recht erfolgreich angewandt. Im Frühling wurde der Unkrautbewuchs mit einer Behandlung durch Paraquat abgetötet, sodann wurden Reihen flach gehackt, Saatrillen gemacht und Samen, etwa von Erbsen oder Bohnen, gesät. Wie man feststellte, konnte man auch viel mit Herbiziden erreichen, indem man die Unkräuter direkt bespritzte und die Kultur mit Abdeckungen aus Glas oder Plastik schützte.

Wege wurden mit nichtselektiven Herbiziden behandelt. Myfanwy verwendete eine Mischung aus Aminotriazol, MCPA und Simazin, die billigste Kombination, die sie ermittelt hatte. Die Herbizide wurden entweder durch ein unter schwachem Druck stehendes Sprühgerät appliziert oder durch eine «Tröpfelstange», die auf die Tülle einer Gießkanne montiert wurde. Einige Produkte, wie etwa Propachlor, gab es in Granulatform, was die Applikation erleichterte, doch war Granulat meistens teurer als die Flüssigkeiten. Die Schönheit des Gartens von Bartons End war zum großen Teil auf die geschickte Anwendung von Herbiziden zurückzuführen.

Gegen 1970 erlitt der Garten einen Rückschlag durch das schädliche Zusammenwirken eines Insektes und eines Pilzes – die Verursacher des Ulmensterbens. Die Allee mit den großen Englischen Ulmen hatte in den 60er Jahren den Höhepunkt der Vollkommenheit erreicht und bildete eine würdige Auffahrt zum alten Haus.

Viele Borkenkäfer können das Holz nicht ohne weiteres fressen und lassen sich von einem Pilz helfen. Einige Borkenkäfer, wie der Ulmensplintkäfer *(Scolytus scolytus)* und die beiden Arten *S. multistriatus* und *S. laevis,* führen einen Pilz in das Tunnelsystem ein, das sie direkt unter der Rinde

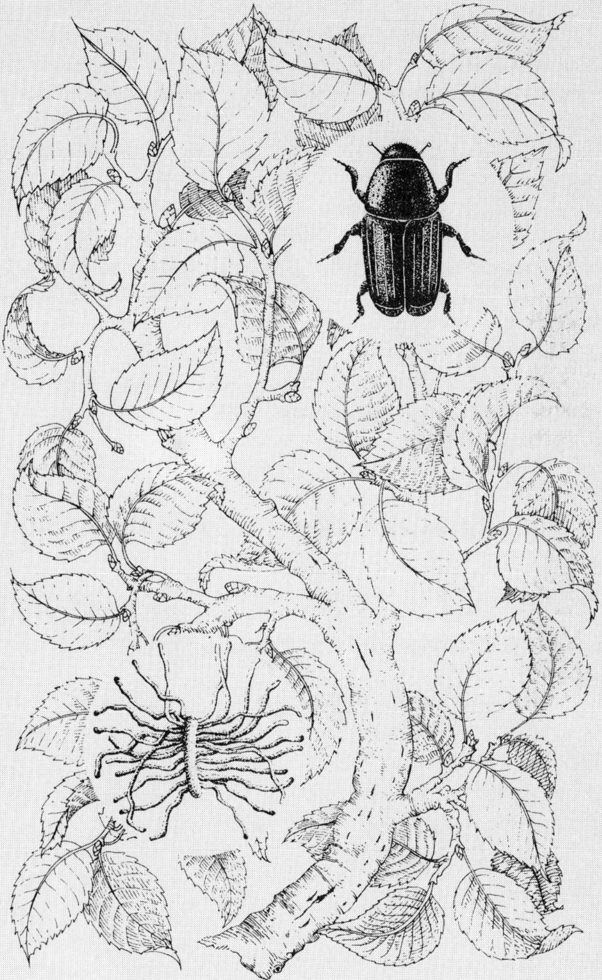

Ulmensplintkäfer

der Ulmen bohren. Der Pilz löst das abgetragene Holz auf, so daß die Insekten es fressen können. Als Gegenleistung tragen die Käfer immer ein Stück von dem Pilz in jeden neuen Tunnel, den sie eröffnen. Diese Zusammenarbeit findet schon seit sehr langer Zeit statt. Das hat von Zeit zu Zeit etwas Schaden an den Spitzen der Ulmen verursacht, war aber nicht weiter gravierend.

Doch dann emigrierten diese Partner, Käfer und Pilz, aus Europa. Eine Region, in der sie dann besonders gut gediehen, war Kanada, wo der Pilz mutierte und einen schnellwachsenden, virulenten Stamm entwickelte. Wenn diese neue Sorte erst einmal auf eine Ulme gelangte, durchdrang sie schnell ihr Gewebe und blockierte die Gefäßhohlräume des Baumes und brachte ihn zum Absterben, worauf sich der Pilz, ungeachtet seiner Verpflichtungen gegenüber dem Käfer, an einer Masse toten Holzes weidete.

Diese neue Pilzsorte wurde aus Versehen durch unzureichend entborktes Holz aus Kanada nach England eingeschleppt. Und bald starben Ulmen im ganzen Land und tun es immer noch.

In Bartons End wurden Versuche unternommen, die Ulmenallee zu retten, indem man ein organisches Fungizid in die Bäume einspritzte. Das mußte jedes Jahr gemacht werden, und es war eine schwierige Prozedur, weil das Chemikal natürlich jeden Teil des Baumes, der von dem Käfer befallen werden konnte, erreichen mußte. Mit einem Schlangenbohrer wurden um den Fuß des Stammes Löcher in den Baum gebohrt. Schläuche wurden mit einem Rohr und einer Pumpe verbunden, die die Fungizidlösung einspeisten. Doch die Verteilung des Chemikals im Baum wurde nicht in erster Linie durch den Pumpendruck bewirkt – die Saugkraft der wasserverdunstenden Blätter spielte hierbei eine viel größere Rolle. Ideal für die Behandlung war ein sonniger Tag mit einer leichten Brise nach einer Regennacht. Das Wasser in den Blättern verdunstete dann rasch, und die Blätter konnten leicht Wasser aus den Wurzeln ansaugen, die einen reichlichen Vorrat gespeichert hatten. Während das Wasser den Baum hochstieg, vermischte es sich mit dem Fungizid, das dann den bösartigen Wuchs abtötete.

Die Prozedur war mühselig und kostspielig. Myfanwy beschloß, nur die beiden Ulmen am Eingang der Auffahrt zu retten, und fällte die übrigen. Die beiden Bäume, die regelmäßig behandelt werden, leben zwar noch, aber gedeihen nicht – ein Sieg für Käfer und Pilz. In der Zwischenzeit geht die Suche nach einer Ulmenart weiter, die resistent gegen den neuen Pilzstamm ist.

Heutzutage lockt die Pflanzenzuchtindustrie den Gärtner ständig mit immer mehr neuen Pflanzen, die als größer, prächtiger und höchst außergewöhnlich angepriesen werden – und stets zu Höchstpreisen. Während schon lange etablierte Dahlien, wie etwa *Garden Wonder,* zu einem Preis verkauft werden, dem hier einmal die Indexzahl 100 entsprechen soll, werden neue Dahlien, wie die kleine *Ming Pigmy* und die große *Otto Trill,* zu einem Index von 144 angeboten. Die Preisspanne von 44 Prozent bringt dem Züchter einen erheblichen Gewinn. Zweifellos ist *Otto Trill* eine schöne Dahlie, aber ist sie denn 44 Prozent besser als *Garden Wonder?*

Bei Rosen zeigt sich die gleiche Tendenz. *Bobby Charlton* mit einer Indexzahl von 121 hat große Ähnlichkeit mit *Fragrant Cloude* (Index 100), doch möglicherweise ist die Assoziation mit dem berühmten Fußballer den 20-prozentigen Aufpreis wert, selbst wenn der billigere Busch den Vorteil hat, daß er duftet.

Myfanwy II fand, daß man viel Geld für diese Neuheitsmanie verschwenden konnte. Der Versuch, in bezug auf die neueste Ausgabe von Hunderten von Zuchtsorten auf dem laufenden zu bleiben, kommt dem Bestreben gleich, eine Briefmarkensammlung ständig auf dem neuesten Stand zu halten. Sie nahm einige wenige neue Pflanzen auf, pflanzte aber meistens die bewährten billigeren Sorten an. «Was ist gegen *Dorothy Perkins* als Kletterrose einzuwenden?» fragte sie dann und stieß auf begeisterte Zustimmung. Doch ist zu bedenken, daß eine alte Sorte wie *Dorothy Perkins* eine Viruskrankheit haben konnte, die eine neue Sorte nicht hatte, da der Bestand noch nicht infiziert war.

Neue Sorten werden durch das Kreuzen von Arten und Unterarten und durch die Verwendung von Colchicin produziert. Das ist ein Alkaloid, das der Herbstzeitlosen *(Colchicum autumnale)* entnommen wird. Es ist sehr giftig – obgleich es kleindosiert als Medikament gegen Gicht benutzt wird –, in Wasser, Alkohol und Chloroform löslich, und es zersetzt sich, wenn es Licht ausgesetzt wird. Der Stoff hat die seltsame Eigenschaft, die genetische Zusammensetzung von Pflanzen zu beeinflussen. Wenn Samen ein paar Tage lang in einer schwachen Colchicinlösung eingeweicht und dann ausgesät werden, sind die daraus resultierenden Sämlinge zwergwüchsig und mißgestaltet. Doch ihre Nachkommen haben oft die doppelte Zahl von Pollen- und Fruchtstockchromosomen, was größere und oft auch gefüllte Blüten ergibt. Viele der heute bekannten Blumen mit gefüllten Blüten sind mit Hilfe von Colchicin produziert worden, und viele Bewohner von Bartons End, die Anhänger der «natürlichen» Gärtnerei sind, betrachteten die «gefüllten» als «Monstrositäten» und sprachen empört von «Colchicinfolterung» der Pflanzen. Doch sie hatten nichts gegen eine gefüllte Rose einzuwenden, vorausgesetzt, der Duft war bei dem Prozeß nicht verlorengegangen, was gewöhnlich, wie sie behaupteten, der Fall war.

Bei vielen gefüllten Blumen, z. B. bei gefüllten Schneeglöckchen, Osterglocken, Kresse, Godetien und Ranunkel, sind die Blüten verkümmert und unbrauchbar für Zwecke der Fortpflanzung. Die Staubblätter sind durch zusätzliche Blätter ersetzt worden, die eine auffälligere Blüte bilden, die auch länger hält, eben deswegen, weil sie keine Samen produzieren kann. Doch was die Schönheit der Pflanze betrifft, so geht die Zunahme an Größe oft auf Kosten der Anmut und der Blütenform. Sie wirkt künstlich. Ranunkel sind heutzutage meistens gefüllt und können nur durch Ableger vermehrt werden, da der Samen nicht lebensfähig ist.

Rosen und Nelken sind zwei schöne Blumen, die auch gefüllt eine reizvolle Form behalten haben. Trotzdem schneiden die meisten Leute Rosen für die Vase, bevor sie sich ganz geöffnet haben, womit sie vielleicht unbewußt anerkennen, daß die Blume in ihrem einfachen Zustand attraktiver ist als in ihrem gefüllten.

Das heißt jedoch nicht, daß die Natur selbst nicht auch unbrauchbare Blüten produziert. Viele Blütenstände, wie die der Kornblume und des Schneeballs, haben auf jedem Köpfchen eine Gruppe von fruchtbaren Innenblüten, die von einem Kranz unfruchtbarer Schaublüten umgeben sind. Sie haben die Funktion, den Blütenstand auffälliger zu machen und Insekten anzulocken.

Gartensamen sind in Bartons End immer wichtig gewesen, und die große Verbesserung der Samenqualität ist ein großer Vorteil für den modernen Gärtner. In den sechziger Jahren des letzten Jahrhunderts waren Mr und Mrs Burrows skrupellosen Samenhändlern ziemlich ausgeliefert, die oft dem Material, das sie verkauften, taube Samen beimischten. Die tauben Samen konnten aus alten Beständen mit schwacher Keimfähigkeit bestehen oder aus Samen anderer Arten, die sich leicht mit den Samen, die verkauft wurden, verwechseln ließen. Bevor man sie den guten Samen beimischte, wurden sie auf jeden Fall abgetötet, gewöhnlich durch Erhitzen. Die tauben Samen keimten nicht und wurden vom Kunden nur bemerkt, wenn die Mischung eine große Menge davon enthielt. Das war in gewisser Weise das gleiche, wie wenn Zucker Sand beigemischt wurde.

Der Protest gegen schlechtes Saatgut bewirkte die Verabschiedung eines Gesetzes, der *Adulteration of Seeds Act* von 1869, das die Lage für Farmer, Handelsgärtner und Gärtner erheblich verbesserte, obwohl es in Bartons End keine unmittelbaren Auswirkungen hatte, weil dies gerade die Zeit war, in der der Garten sehr vernachlässigt wurde.

Samenneuheiten sind heute fast wieder so weitverbreitet wie zuvor, doch wird die Situation durch eine Reihe nationaler Bestimmungen und EG-Vorschriften reguliert, was manchmal zum Einzug einiger lang beliebter Sorten führt, so geschehen mit der Zwiebel *Up-to-date* und der deutschen *Black Kale.* Doch in vielen Teilen Europas sind Samen-«Schutzgebiete» errichtet worden, wo «verbotene» Sorten weiterbestehen – eine Gen-Bank für genetisches Material, aus der Pflanzenzüchter zukünftigen Nutzen ziehen könnten.

Heute erfüllt die Pflanzenzuchtindustrie eine wichtige Aufgabe, indem sie Kreuzungssaatgut zur Verfügung stellt. Hybride, Kreuzungen zwischen zwei verschiedenen Pflanzenarten oder -unterarten, besitzen oft wertvolle Eigenschaften, wie etwa größere Kraft, Resistenz gegenüber Krankheiten oder andere Qualitäten, über die keine der beiden Elternpflanzen verfügten. Der von Hybriden gebildete Samen ist nicht «sortenrein», auch wenn er nicht unfruchtbar ist. Einige Sämlinge werden wie ein Elternteil aussehen, einige wie der andere, andere werden eine Mischung aus beiden sein oder wie der Hybrid selber aussehen. Um also die durch Hybridisierung erzielten positiven Eigenschaften sicherzustellen, muß der Hybridsamen jedes Jahr neu hergestellt werden. Dies ist eine Aufgabe für den professionellen Pflanzenzüchter, und verschiedene erfolgreiche Kreuzungen wachsen heute in Bartons End, zum Beispiel die Rosenkohlsorten *Peer Gynt* und *Perfect Line,* Winterkohl *Celtic* und Tomaten *Slegford Abundance* und *Alfresco.*

Ein Großteil von Myfanwys Arbeit bestand darin, die Saatfolge festzulegen. Samenhändler orientieren sich natürlich in ihrem Angebot an den Bedürfnissen des gewerbsmäßigen Anbauers. Der Farmer will eine Rosenkohlkultur haben, bei der alle Exemplare zur selben Zeit reifen und gleich groß sind, damit sie sich mechanisch ernten lassen. Also kauft er teures F_1-Saatgut, das heißt Hybriden, mit ihrer traditionellen Vitalität. Geschmack ist nicht vorrangig. In Bartons End braucht man eine Kultur, die über einen längeren Zeitraum schmackhafte Erzeugnisse ergibt, und Myfanwy baute

Early-half-tall und *Winter Harvest* an. Wog die Einsparung der *Golden-Self-blanching*-Sellerie den Verlust bestimmter Qualitäten der arbeitsintensiven, untergegrabenen *Giant White* auf? Es war ein strittiger Punkt.

Der Garten wurde im Sommer selbstverständlich schon immer gegossen. Eine «Maschine», das heißt eine tragbare Handpumpe, mit der besonders pflegebedürftige Pflanzen besprüht und feuchtgehalten werden konnten, war 1751 von dem großen Verbesserer von Bartons End, Charles Munroyd, eingeführt worden. Zuerst wurde die Maschine nur zum Wassersprühen benutzt, doch bald sprühte man auch Tabakextrakt und Seife auf Gemüse und Blumen, um die schädlichen Insekten zu töten. 1806 hatte Charles' Sohn George bereits eine *barrow-engine* von *Messrs Chieslie and Yowle* in London erworben, eine erheblich verbesserte Konstruktion.

Die meisten Gärtner glauben zu wissen, wann Pflanzen Wasser brauchen, aber es werden trotzdem viele Fehler gemacht. Myfanwy II, die das Thema studiert hatte, bediente sich einer wissenschaftlichen Methode, der Wasserbilanz, um den Wasserbedarf ihrer Pflanzen zu ermitteln.

In Kent fällt normalerweise zwischen 50 und 75 cm^3 Niederschlag pro Jahr, das meiste davon zur falschen Zeit. Pflanzen nehmen Wasser über ihre Wurzeln auf und in seltenen Fällen extremer Luftfeuchtigkeit auch über die Blätter. Durch die Spaltöffnungen ihrer Blätter geben sie Wasser ab: sie «schwitzen». Solange die Wasseraufnahme durch die Wurzeln die Wasserabgabe durch die Blätter übersteigt oder wenn beides ausgeglichen ist, ist alles in Ordnung. Doch wenn sich das Verhältnis umkehrt, wird das Leben der Pflanzen gebremst, Wachstum kommt zum Stillstand, schließlich verwelkt die Pflanze, und der Gärtner hat einen Verlust zu beklagen. Bodenwissenschaftler wie Myfanwy II verwenden hier den Begriff «Wurzelkonstante». Sie gibt an, wie hoch das Bodenwasserdefizit sein kann, ohne daß die Pflanzenverdunstung beeinträchtigt wird.

In einer bestimmten Bodentiefe stößt man auf den Grundwasserspiegel, der je nach Jahreszeit ansteigt oder fällt. Oberhalb dieses Spiegels existiert das Wasser im Boden in zweierlei Form: in den Luftporen zwischen den Bodenpartikeln und als eine Wassermembran, die jedes einzelne Partikel umhüllt. Bei starkem Regen wird die Luft verdrängt und durch Wasser ersetzt, und wenn dieses Wasser nicht abfließen kann, der Boden also mit Wasser vollgesaugt ist, ersaufen die Pflanzen. Ein Gartenboden ist gewöhnlich wasserdurchlässig. Wäre er das nicht, gäbe es keinen Garten. Ein guter Boden muß Wasser aber auch halten können, daher ist das Vorhandensein von Humus so wichtig.

Bei Trockenheit saugen die Pflanzenwurzeln das Wasser aus den Hohlräumen ab und nehmen auch etwas von der Wassermembran, die die Partikel umgibt. Doch wenn die Trockenheit anhält, gibt der Boden schließlich kein Wasser mehr ab, und die Pflanzen verwelken. Das ist aber keineswegs schon der Punkt, wo der Boden knochentrocken ist. Es ist das Stadium, wo die Oberflächenspannung, die das Wasser an die Partikel bindet, größer ist als die Kraft der Wurzeln, die es aufsaugen wollen. Das heißt, ein Boden befindet sich in dem für gesundes Pflanzenwachstum optimalen Zustand, wenn er, nach Wasserabfluß, soviel Wasser wie möglich gegen den Zug der Schwerkraft zurückhält. So ein Boden hat dann sogenannte «Feldkapazität».

Ziel des Gärtners ist es, seinen Boden auf «Feldkapazität» zu halten. Regen hilft ihm dabei, doch gibt es auch Kräfte, die gegen ihn arbeiten: erstens die Verdunstung, zweitens das Wetter und drittens schließlich die Menge der vorhandenen Vegetation.

Um optimale Wasserbedingungen zu erhalten, muß der Gärtner zunächst den monatlichen Wasserverlust durch Verdunstung kennen und zweitens die Niederschlagsmenge (den Tau eingeschlossen). Zieht man ersteres vom zweiten ab, bekommt man das Defizit, daß durch Gießen ausgeglichen werden sollte.

Das Niederschlagmessen ist recht einfach, und Myfanwy bewerkstelligte es mit täglichen Messungen in einem Niederschlagsmesser. Wo sie schon dabei war, maß sie auch Temperatur und Sonnenscheindauer. Schwieriger war es, die Verdunstung zu messen, doch sie benutzte langfristig ermittelte Durchschnittswerte, die das Meteorologische Institut lieferte und die für Kent (in Inches pro Monat) lauteten: April, 2.00; Mai, 3.25; Juni, 4.00; Juli, 4,5; August, 3.3; September, 1.80, insgesamt 18.4 Inches. In dem heißen Sommer von 1976 verteilte sie 4 Inches [etwa 10 cm^3] Wasser über 3 Acres [etwa 1,2 Hektar] ihres Gartens zum Ausgleich des Defizits. Ein Inch [etwa 2,5 cm^3] Regen ist eine Menge Wasser: das entspricht 1017,98 Hektoliter pro Acre [etwa 4000 m^2]. In dem bewußten Jahr deckte Myfanwy II ihren Wasserbedarf aus den alten Brunnen von Bartons End. Leitungswasser wäre viel zu kostspielig gewesen.

Während einer Feuchtwetterperiode, wie im Sommer 1982, kann die Niederschlagsmenge die Verdunstungsmenge natürlich übersteigen, wogegen der Gärtner nicht viel unternehmen kann. Doch Myfanwy schuf Abhilfe, indem sie flache Kanäle ausharkte, so daß während der schweren Regenfälle das Oberflächenwasser von den Beeten abfließen konnte.

Kröten hatten sich immer gerne im Keller des alten Hauses aufgehalten und folglich auch im Garten. Sie sind immer noch dort und fühlen sich in dem ehemaligen Bombenkrater, der heute ein Wassergarten ist, besonders wohl. Gelegentlich gab es dort auch Wassermolche und Frösche. Kröten und Frösche gehören zur Klasse der Anoura und sind in zweierlei Hinsicht bemerkenswerte Tiere. Einmal, weil sie als Jungtiere Kiemen haben und als fertige Tiere Lungen – eine ziemlich außergewöhnliche Verwandlung in der Mitte eines Lebens. Zum zweiten legen sie eine große Anhänglichkeit an ihren Geburtsort an den Tag.

Bei Kriegsende war der Bombenkrater sehr zerklüftet und unordentlich, im Winter voller Wasser und im Sommer trocken, rissig und mit Weidenröschen überwuchert. Ende 1946 hatte Robert Dunchester den Einfall, daß man den Krater, als eine Art Kriegsmahnmal, zu einem schönen Wassergarten umwandeln könnte. Er kleidete die Grube mit Lehmschlag aus, der das Wasser jedoch nur für einige Jahre hielt. Die Explosion hatte Spannungen im Boden hinterlassen, und die Lehmauskleidung bekam bei trockenem Wetter Risse. Doch Mr Dunchester gab nicht auf, sondern brachte schließlich eine Unterlage aus Plastik an, die sich sehr bewährte. Eines schönen Frühlingstages warf er eine Tasse voll Krötenlaich hinein. Daraus entstanden mehrere Kröten, von denen einige im Frühling immer wieder zu ihrem heimischen Teich zurückkehrten. Sie schienen sich am Geruch ihres speziellen, heimischen Wassers orientieren zu können und fanden offenbar, daß kein anderes Wasser so gut wie ihres war.

Es kamen auch einige menschliche Besucher in den Garten zurück, so daß er zuweilen große Gewichtsmengen aushalten mußte. Bei Myfanwy Frazers Hochzeitsempfang im Juni 1967 gab es in einem auf dem Rasen errichteten Festzelt und auf dem Rasen selbst an die 220 Personen, Gäste und Personal, die zusammen an die 12 Tonnen wogen. Durch das Zelt, die Speisen und Getränke und die Tische kamen noch einmal drei Tonnen hinzu, und

Kröte

all das drückte auf eine Fläche von etwa 150 m^2. Das hört sich nach viel an, ist es aber gar nicht, im Sinne von Bodenverdichtung. Sie beträgt erheblich weniger als der Druck in einem normalen Autoreifen.

Pflanzen wachsen gut, wenn die Wurzeln einen lockeren Boden leicht durchdringen können, und das Gewicht von Myfanwys Party hatte, für sich genommen, keine besonders negative Wirkung. Anders wirkte sich jedoch das Herumlaufen der Gäste aus. Beim Laufen ist der Druck auf den Stellen, wo man auftritt, ziemlich hoch. Am Endpunkt eines Schrittes trägt der Zeh eines Fußes, mit einer Fläche von etwa 1.5 square inches, das gesamte Gewicht des Menschen, etwa 10 stone [etwas über 60 Kilo] bei einem Mann, das entspricht etwa 41 Kilo pro square, ein erheblicher Druck. Frauen, die oft leichter sind als Männer, pflegen noch mehr Druck auszuüben, weil sie kleinere Füße haben. Und das hat den Rasen beschädigt.

Der Rasen in Bartons End hat unter der Hochzeitsparty ziemlich gelitten. Die feinen Gräser wurden erstickt, und die Unkräuter mit Pfahlwurzeln, Gänseblümchen, Wegerich und Katzenpfötchen begannen sich auszudehnen. Doch das Gartenpersonal ergriff sofort Gegenmaßnahmen: Bodenbelüftung und eine Behandlung mit Wuchsstoff-Herbiziden. Zur Bodenbelüftung wird heutzutage ein kleines Gerät verwendet. In die Grasnarbe werden kleine hohle Zinken gestochen, die einen Erdpropfen extrahieren und den Boden auflockern. Das Gerät ist nicht so wirksam wie Regenwürmer. Die Wirkung ist jedoch größer, als wenn man normale Zinken benutzt, wie etwa beim Bestoßen mit einer Gartengabel, da auf diese Weise der Boden nur noch mehr verdichtet wird. Als dann noch im Herbst selektiver Unkrautvertilger versprüht wurde, war der Rasen fast vollkommen wiederhergestellt.

Heute kennen die Gärtner von Bartons End die Gefahren von Bodenverdichtung und vermeiden es, die Beete direkt zu betreten. Sie benutzen schmale, 15 cm breite Holzbrücken, die über die Beete gelegt werden und von denen aus man den Boden bearbeiten kann, ohne direkt auf die Erde zu treten. Der Druck wird so auf den Weg umgelenkt und hilft dort, das Unkraut niederzuhalten.

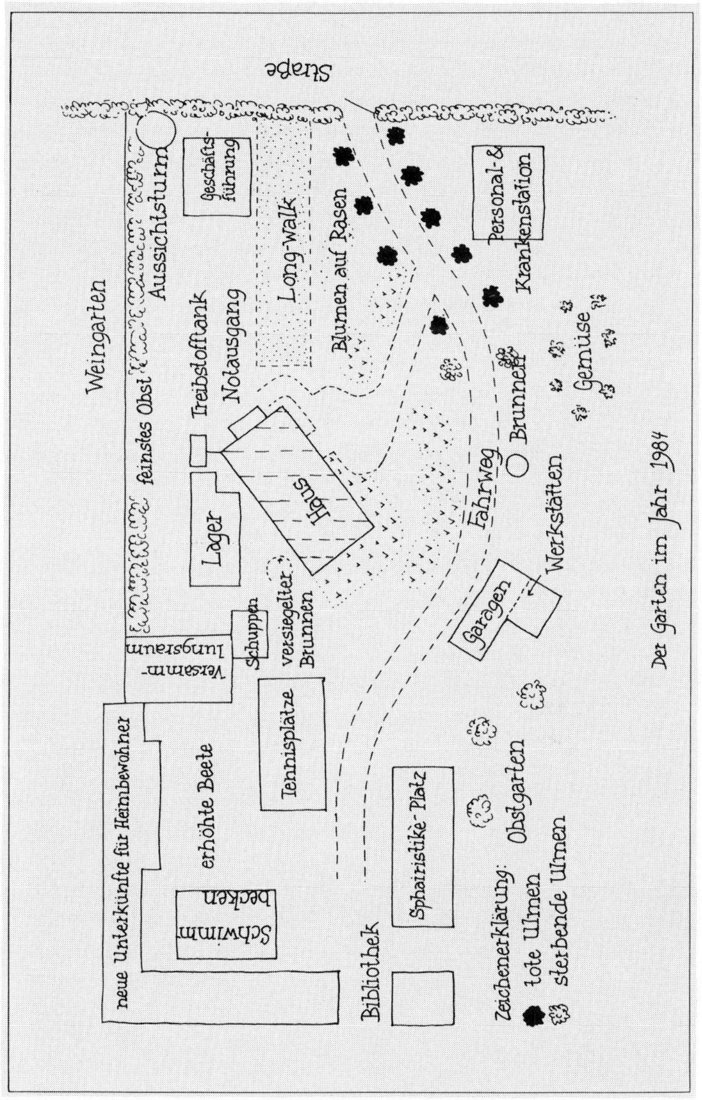

Der Garten im Jahr 1984

Myfanwy Thompson scheint ganz in ihrer gärtnerischen Arbeit aufzugehen. Ihr Mann Giles hat viel Verständnis dafür, wie es sich für einen kentischen Farmer gehört. Und der Garten ist nicht unrentabel. Myfanwys Schwester Caroline ist vom Garten fasziniert, und ihre Schwägerin Desirée bekundet, wenn auch aus der Ferne, immer noch Interesse.

Und wie sieht es mit der nächsten Generation aus? Myfanwy und Giles haben drei Kinder. Zwar ist es jetzt noch zu früh zu sagen, was für Berufe sie einmal ergreifen oder was sie aus Bartons End machen werden, doch Phillip, der Älteste, 14 Jahre alt, scheint sich für Obstanbau zu interessieren. Caroline zeigt künstlerische Veranlagung, und die elfjährige Sloane Myfanwy, nach ihrer Mutter und ihrer Großmutter mütterlicherseits so genannt, wird vielleicht Gärtnerin. Sie hat bereits ihr eigenes Beet mit Primeln, das sie sorgfältig pflegt. Die Aussichten, daß der Garten von Bartons End weiter gedeihen wird, sind gut.

11. Kapitel

Rückblick auf vier Jahrhunderte Gärtnern in Bartons End

Aus dem Garten in Bartons End, der 1556 in sehr bescheidenem Rahmen angelegt wurde, ist mittlerweile ein weitläufiger, sehr angenehmer Ort geworden. Im Verlauf seiner 428-jährigen Geschichte wandelte sich das Leben dort natürlich in mannigfaltiger Weise. Doch ist es interessant, einmal festzustellen, was sich dort nicht verändert hat.

Zunächst einmal ist die damals wie heute produzierte Biomasse pro Acre ziemlich gleichgeblieben, und viele Tiere und Pflanzen, die ursprünglich dort anzutreffen waren, sind heute immer noch vorhanden: Regenwürmer und andere Tiere der Bodenfauna, viele Bäume und Büsche und zahlreiche Wildpflanzen, die in der Mehrzahl als Unkraut gelten: Löwenzahn, Butterblumen und Kreuzkraut zum Beispiel. Auch die Tiere, die von diesen Pflanzen leben, sind die gleichen wie früher. Auf den zwei Hektar, die heute den Garten ausmachen, wird der Kampf ums Überleben genauso erbittert geführt wie eh und je. Viele Lebensformen waren, um sich erfolgreich halten zu können, auf die Hilfe des Menschen angewiesen. Ohne Pflege verschwinden die meisten Gartenpflanzen nach ein paar Generationen, doch gibt es auch einige bemerkenswerte Ausnahmen, so bei Kulturflüchtlingen wie dem Japanischen Knöterich. Andere absichtlich erfolgte Importe haben sich schon vor langer Zeit selbständig gemacht und sind mittlerweile heimisch geworden, wie etwa die Eselsdistel, die Lorbeerkirsche und die Eßkastanie, wie auch zahllose Unkräuter.

Einige Gründe, die den Menschen dazu bewogen, bestimmte Pflanzen besonders zu fördern, sind in diesem Buch genannt worden. Zunächst war es ihre Nützlichkeit. Gartenpflanzen wurden in Bartons End wegen ihrer tatsächlichen oder vermuteten Heilwirkung angebaut, dann auch wegen ihrer Eignung als Lebensmittel. Kräuter verliehen dem eintönigen Speiseplan aus Rind, Lamm und Schrotbrot zusätzliche Würze. Danach kamen Streukräuter – wohlduftende Pflanzen, mit denen man den üblen Gerüchen entgegenwirken wollte, die in der Umgebung der meisten Häuser und Farmen entstanden. Dem Menschen nützliche Pflanzen, vor allem Laxative und Heilkräuter gegen Durchfall, wurden vorgezogen und dementsprechend gefördert. Dann ging es um Schönheit. Blumen wurden populär, wie etwa die wildwachsenden weißen Veilchen, und neue und seltene Arten waren begehrt und wurden gehegt und gepflegt.

Gegen Ende des 16. Jahrhunderts waren die kultivierten Pflanzen bereits in beträchtlichem Vorteil gegenüber den wildwachsenden, und die Bartons waren dazu übergegangen, ihnen auf die eine oder andere Weise Schutz zu gewähren. Diese Entwicklung setzte sich fort und steht heute so stark im Vordergrund wie noch nie, da kaufmännisches Geschick, Wissenschaft, Colchicin und Gensteuerung eingesetzt werden, um einen ständigen Strom von Neuheiten und kostbaren F_1-Hybriden zu produzieren.

Wie kommt es, daß das Gärtnern sich in der Gesellschaft so erfolgreich und in einem derart großen Maßstab durchsetzen konnte? Die Pflanzen aus den Katalogen der Samenhändler werden heute an eine begierige Kundschaft verkauft, und ein enormes Gewicht an Vegetation wird jährlich zum Wachsen gebracht.

Es gibt verschiedene Gründe: Pflanzen sind natürlich ein unerläßlicher Bestandteil für die Herstellung von Lebensmitteln, doch dies ist nur ein Grund für das üppige Vorhandensein von Gartenpflanzen in England. Sie werden auch aus ästhetischen Gründen angepflanzt, wegen der Freude, die sie bereiten, und wegen des durch das Gärtnern vermittelten Gefühls, mit der Welt der Natur zusammenzuarbeiten. Dazu kommt die Illusion, etwas umsonst zu bekommen. Eine Handvoll Bohnensamen, in geeigneten Boden gesetzt, ergibt etwa zehn Wochen später eine prächtige Ernte, ein köstliches Gemüse, das man – wenn man es in Zeit und Geld umrechnen würde – zum halben Preis als aus Texas importierte Konserve hätte erwerben können. Doch Eigenproduktion gibt dem Gärtner heute etwas, was sich nur schwer berechnen läßt. Er oder sie hat etwas produziert, z. B. etwas, das im Handel womöglich nicht mehr angeboten wird, wie etwa die köstliche *Royal Sovereign*-Erdbeere oder die *Gourmet*-Kartoffel, die in Bartons End angebaut und *May Queen* genannt wurde, die jedoch für den Handel zu wenig ertragreich war.

Ein weiterer wichtiger Grund, aus dem Menschen sich mit Gärtnerei beschäftigen, liegt in der Popularisierung der Wissenschaft, das Bedürfnis verbreitet sich, die natürliche Welt und die Beziehungen zwischen den Lebensformen zu verstehen. Wissenschaftler haben schon immer die Welt mit diesem Ziel erkundet, und ihre Expeditionen hatten oft den für den Handel nützlichen Nebeneffekt, die Pflanzenzüchter mit Neuheiten zu versorgen.

Ein weiteres Motiv für das Gärtnern in Bartons End war seit eh und je der Wunsch, mit den Nachbarn mitzuhalten oder sie gar zu übertreffen. Gärten eignen sich äußerst gut dazu, gesellschaftliche Überlegenheit zu demonstrieren – «Also nein! Pflanzen Sie etwa immer noch diese alten *Mrs Sankeys* an? Versuchen Sie doch mal meine *Jet Set* – und *Royal Flush*-Gartenwicken, die sind ja *so viel* hübscher!»

Eine erfolgreiche Zusammenarbeit zwischen Mensch und Pflanze erfordert Opfer auf seiten des Gärtners und des Gartens. Die des Gärtners liegen auf der Hand – Zeit, Schweiß und Geld. Die Pflanzen opfern ihre Blüten, Samen, Knollen usw. und erdulden Hybridsterilität und andere vom Menschen herbeigeführte künstliche Zustände.

Insgesamt gesehen, unterliegt das Leben in einem Garten wie Bartons End durchaus Elementen des Zufalls in bezug auf das, was Erfolg hat und was nicht. Wäre Robert Dunchester an jenem Tag im Jahr 1909 mit seinem Rad an der Gabelung des Sträßchens rechts statt links gefahren, hätte er Bartons End nicht entdeckt. Der Garten wäre weiter verwildert, und aller Wahrscheinlichkeit nach hätte er sich zu Weald-Wald zurückentwickelt, und das Haus wäre irgendwann eingestürzt. Wenn der Pilz *Ceratocystis ulmi* in Kanada keinen virulenten Stamm gebildet hätte, der dann nach England eingeschleppt wurde, würde die Ulmenallee heute noch stehen.

In der Geschichte der Menschheit haben Eroberer oder Forscher seit eh und je fast immer Samen aus ihrer Heimat mitgenommen und immer seltsame und möglicherweise nützliche Pflanzen mitgebracht. Lukullus (110 – 56 v. Chr.), der Bezwinger von Mithridates, war ein großer Feinschmecker und Gartenfreund und brachte die Kirsche aus Cerasus beim Schwarzen Meer mit. Sie gedieh in Italien, wo sie begierig vom Menschen und vom Maikäfer verzehrt wurde, letzteres sehr zum Verdruß des Generals.[a]

Pflanzenimporte nach England machten während der Regierungszeit von George III (1760 – 1820) einen großen Sprung nach vorne, zu einer Zeit, als Englands Reich in Übersee besonders schnell wuchs. Es heißt, daß in dieser Zeit an die 7000 neue Pflanzen eingeführt wurden.[42] Während der zweiten Hälfte des 19. Jahrhunderts wurden noch mehr neue Pflanzen importiert als Folge wachsenden Wohlstands und aufgrund des Einsatzes von Dampfschiffen und der Ward Box, Dinge, die den Transport lebender Pflanzen sehr erleichterten.

Doch in Bartons End ging es mit der Gärtnerei nach 1825 bergab, nur nicht in den Bereichen, die unmittelbaren Nutzen brachten. Der Besitz wurde von Pachtfarmern oder Verwaltern geführt und entging so dem starken Druck der Pflanzenzuchtindustrie, die eine verwirrende Flut von Neuheiten produzierte. Als Robert Dunchester den Besitz erwarb, gab es sehr viel aufzuholen.

Im Verlauf dieses Buches habe ich ein-, zweimal erläutert, daß Dichter, die auf die Schönheit und den Frieden des Gartens hinwiesen, sich in Bezug auf den Frieden im Irrtum befanden, es sei denn, man betrachtet die Dinge von der menschlichen, anthropozentrischen Warte aus. Der Dichter hat recht: der Garten erscheint dem Menschen normalerweise schön, beruhigend und trostspendend, doch sollte der Dichter vielleicht weitergehen und bei den Pflanzen nicht nur die Schönheit, sondern auch noch einen weiteren Aspekt zur Kenntnis nehmen, nämlich ihre Nützlichkeit für den Menschen sowie die Tatsache, daß *sie* wiederum davon profitieren. Wegen ihrer Verwendbarkeit als Nahrungsmittel, ihrer Faszination oder Schönheit für den Menschen gibt es heute auf der Welt beispielsweise viel mehr Pflanzen von Weizen, Tabak, Kokain, Mohn und viel mehr Rosenarten, als wenn diese Spezies nicht ihre jeweiligen Eigenschaften entwickelt hätten.

Zu allen Zeiten seines Bestehens hat der Garten in Bartons End einer großen Anzahl von Menschen auf verschiedenste Weise enorme Befriedigung gebracht – selbst heute noch hat das Gärtnern das Leben vieler Menschen dort verbessert und verlängert. Die Hauptbefriedigung ist wahrscheinlich immer die Befriedigung kreativer Triebe gewesen. Wie der Künstler setzt der Gärtner etwas in die Welt, woran er glaubt, etwas Neues und Wünschenswertes, und der Gärtner bringt Opfer, um sein Ziel zu erreichen, und verzichtet zugunsten des Gartens auf andere Vergnügen.[b] Es gibt Gärtner, die sogar bereit sind, den Vögeln eine ganze Ernte zu opfern, weil sie ihren Gesang genießen wollen. Joseph Addison schrieb: «Mir ist ein Garten voller Amseln wichtiger als einer voller Kirschen, und dafür, daß sie singen, überlaß ich ihnen gerne die Früchte.»[2]

Das Wort «Garten» kommt aus dem Hebräischen und bedeutet «ein angenehmer Ort», und es ist dieser Garten Eden, zu dem jede Gärtnerin und jeder Gärtner, auf ihre bzw. seine Weise, so gerne zurückkehren will.

Anmerkungen

1. Kapitel

a C.E. Raven (*English Naturalists from Neckham to Ray*, CUP 1947) bemerkt: «Ein Domherr der Kirche von England sagte einmal, daß Gerard ein Spitzbube gewesen sei ... doch wie viele dieses Schlages war er ein angenehmer Geselle ... und in botanischer Hinsicht war er ... ein verhältnismäßig ungebildeter Spitzbube.»

Der Großteil von Gerards *Herball* wurde ohne Namensnennung den gesammelten Werken des großen belgischen Botanikers Rambert Dodoens entnommen. Mrs Gerard fügte hier und dort einen Absatz hinzu, damit das Werk auch bei Frauen Anklang fand. Es war ein populäres Buch.

Bemerkenswert bei dem *Herball* von 1597 ist, daß das Titelblatt Gerard mit einem Zweig der Kartoffelpflanze in der Hand zeigt, mit Blüte, Blatt und Beere: damals war sie lediglich eine Kuriosität.

b Hylls Buch wurde auch unter folgenden Titel veröffentlicht: *The Profitable Arte of Gardening (in three books), now the third time set forth ... to this annexed two Proper Treatises, the one entitled the Marvellous government of the bees ... the other the yerely Conjectures meete for the husbandman to know.* [Etwa: Die Profitable Kunst des Gärtnerns (in drei Bänden), jetzt zum dritten Mal herausgebracht ... daran angeschlossen zwei Richtige Abhandlungen, die eine betitelt Das Wundersame Regiment der Bienen ... die andere, die jährlichen Überlegungen, die zu wissen dem Landmann geziemen.] (1568) Dies ist die früheste Ausgabe aus dem Besitz der British Library, doch nicht die erste Ausgabe.

c Sir Francis Drake soll bei jener berühmten Gelegenheit, da er vom Herannahen der Spanischen Armada unterrichtet wurde, auf einem Kamillerasen Bowls gespielt haben.

d Was als Ameiseneier bezeichnet und als Fischfutter verkauft wird, sind tatsächlich Ameisenpuppen.

e Der Speiseplan war natürlich je nach Gesellschaftsschicht und Jahreszeit unterschiedlich: im Frühling und im Sommer dürften die Bartons hin und wieder einen Salat gegessen haben, und im Sommer und Herbst gab es gedünstetes und gebackenes Obst. Frisches Obst hielt man für gefährlich. Arbeiter aßen selten Rind- oder Lammfleisch; ihr «weißes Fleisch» waren Molkereiprodukte. Ab und zu leistete man sich den Luxus eines Hühnchens. Gesalzener Fisch wurde auch gegessen, doch verachtet.

2. Kapitel

a *Brewer's Dictionary of Phrase and Fable*, London, Cassell.

b Der *Cox's Orange Pippin* wurde gegen 1860 von einem Mr Cox gezüchtet, Gärtner im Dienste des Herzogs von Devonshire in Chatsworth. Mr Cox zog Hunderte von Sämlingen, indem er vielversprechende Früchte kreuzte, und produzierte schließlich den berühmten Apfel, der seinen Namen erhielt.

c Das Forschungsinstitut von East Malling hat auch eine Reihe von Apfelwurzelstökken produziert, die mit dem Präfix Merton versehen sind und die gegen die Blattlausart *Eriosoma lanigerum* resistent sind.

d Trotz ihres Namens sind die Milben eigentlich keine Parasiten sondern harmlose Kommensale. Sie leben in Hummelnestern, ernähren sich von Pollen, Ausscheidungen und Abfall und leisten eine gewisse Aufräumungsarbeit.

e Eine Tonne Kohle pro Stunde pro Bergmann gilt als eine unumstrittene Angabe. Ein 70 Kilo schwerer Mann trägt demnach $\frac{1000}{70 \cdot 3}$ kg ab, also das 4.762-fache seines Gewichts in 20 Minuten.

3. Kapitel

a Der Ausdruck *Daisy-cutter* [Gänseblümchen-Schneider] tauchte gegen 1850 auf und bezeichnete einen tieffliegenden Ball beim Cricket. Er wird heute noch benutzt, obwohl kein moderner Platzwart es zulassen würde, daß sich auch nur ein einziges Gänseblümchen auf dem Spielfeld zeigt.

b Siehe Jonathan Shell, *The Fate of the Earth* [Das Schicksal der Erde] im *New Yorker*, die Ausgaben vom 1., 8. und 15. Februar 1982. Diesem Autor zufolge würde nach einem großen Atomkrieg die verstärkte ultraviolette Strahlung jegliches Leben auf der Erde auslöschen – bis auf Gräser und ein paar Insekten. Der Existenzkampf würde dann wahrscheinlich zwischen der Quecke und dem Raygras ausgetragen. Ich gebe dem ersteren die besseren Chancen.

4. Kapitel

a Der englische Name leitet sich von einer Verballhornung des spanischen «girasol» oder «Sonnendreher» ab. Die Pflanze ist eine Art Sonnenblume, und ihre Blüten drehen sich immer nach der Sonne. Sie wurde von den Indianern im Nordosten Amerikas angebaut, daher der Name «Kanadische Kartoffel».

b Während der Eroberung Perus durch Pizarro verhungerte das Spanische Heer lieber, als daß es die Kartoffel aß. Die Blüten sehen aus wie die der Tollkirsche.

c Der Teufels Abbiß wird so genannt, weil die kurze Pfahlwurzel aussieht, als wäre sie unterhalb der Bodenoberfläche von irgendeinem geheimnisvollen Erdbewohner abgebissen worden. Viele obskure Leiden, von denen die Menschheit geplagt war, ließen sich angeblich durch diese Wurzel heilen. Dadurch erzürnt, biß der Teufel die Wurzel ab. Zum Glück vernichtete er sie nicht zur Gänze.

d William Lawsons Buch *The New Orchard and Garden* [Der Neue Obstgarten und Garten] (1618) brachte es bis 1683 zu neun Auflagen. Über den Gärtner schrieb er: «Ein solcher Gärtner wird umsichtig, ruhig und geduldig in Ihrem Obstgarten wirken, Gott wird das Werk seiner Hände mit Freuden krönen und aus den Wolken Fruchtbarkeit auf ihre Bäume herabfallen lassen. Ein solcher Gärtner wird Ihrer Liebe wert sein und seinen Lohn verdienen. Nachdem der Dienst an dem Haus erfüllet, wird gefallenes Obst, ein Überschuß an Kräutern und Weizen und Gräsern, nebst anderem Abfall und Obst, das er aus Euren großzügigen Händen noch dazu empfangen wird, seinen Lohn vermehren, und der Gewinn aus Ihren Bienen wird Sie entschädigen.»

5. *Kapitel*

a Der große Philosoph J.-J. Rousseau (1712-78) verfaßte, neben seinen politischen und philosophischen Schriften, auch ein Buch über Botanik, in dem er das auch heute noch gültige Nomenklatursystem von Linnaeus beschreibt. Als er eines Tages mit Mme de Warens in deren Garten spazierenging, bemerkte die Dame, daß das Immergrün in Blüte stehe, doch Rousseau war so kurzsichtig, daß er es nicht sah. Dreißig Jahre später, als er an seinem Botanikbuch saß, fand er das Immergrün und rief aus, «Voilà de la pervanche». Daher die Bezeichnung «Die Freuden der Erinnerung».

b Einige Jahre zuvor hatte auch Addison Baumverschnitt angegriffen. Unter dem Kürzel ‹O› schrieb er im *Spectator* (vom 25. Juni 1712, Papier IV): «Die Werke der Natur sind angenehmer als jede künstliche Schau ... Doch anstatt daß unsere englischen Gärtner der Natur entgegenkommen, ziehen sie es vor, so weit wie möglich von ihr abzuweichen. An jeder Pflanze und an jedem Busch sehen wir die Spuren der Schere ... Ich für mein Teil blicke lieber auf einen Baum in seiner ganzen Pracht, mit seinen ausgestreckten Ästen, als auf eine gestutzte und geometrische Figur.»

c Im Jahr 1657 kostete Opium 8 Shilling das [engl.] Pfund, Skammonium 12s und Rhabarber 16s (J. G. L. Burnby, ‹John Sherwen and Drug Cultivation in Endfield›, *Edmonton Historical Society*, Occasional Paper No. 2, 1973)

d John Rose, der Gärtner von Charles II., widmete sein Buch *The English Vineyard Vindicated* [Zur Verteidigung des Englischen Weingartens] (1666, London): «der Prinz der Pflanzen dem Prinzen der Pflanzer». Der König war ein großer Förderer der *plantations* (Plantagen), wie damals die Kolonien in Übersee bezeichnet wurden.

e Champagner wird meistens aus blauen Trauben hergestellt.

6. *Kapitel*

a Das letzte Glied in dieser Kette, also die unverheirateten Damen, werden Darwin allerdings nur «zugeschrieben». In seinem Werk *Über die Entstehung der Arten*, 1. Ausg. 1859, tauchen sie nicht auf.

b Der Rat, den James Hales, Lord von Winstanley, seinem Sohn gibt, veranschaulicht dieses Thema. Anfangs wurde dem Sohn empfohlen, «so viel Getreide wie möglich anzubauen, da es schnell zu Geld zu machen ist und jedes Jahr kommt.» Doch um 1610 war Hales bereits anderer Meinung und bat seinen Sohn, nicht mehr Getreide anzubauen, als er für seinen Haushalt brauchte. Er war sehr «durch die Ansprüche seiner Diener behindert worden. Es ist ihnen gleich, ob das Werk voranschreitet, sie wollen nur Fleisch, Trinken und Lohn. Wenig Gottesfurcht steckt in den Dienern.» (S. Banks, *The Memorandum Book*)

Siehe auch Shakespeare, *Was Ihr Wollt*, 2. Akt, 4. Szene. Der alte Adam, der Diener, erklärt sich bereit, Orlando ins Exil zu folgen, was den überraschten Orlando zu der Bemerkung veranlaßt: «O guter Alter, wie so wohl erscheint / In dir der treue Diener der alten Welt ... / Du bist nicht nach der Sitte dieser Zeiten, / Wo niemand mühn sich will als um Beförderung.»

7. Kapitel

a John Curtis (1791–1862) war ein fähiger Entomologe, Maler und Graveur und lebte zeit seines Lebens in Armut. Er war einer der ersten professionellen Wissenschaftler Englands und lieferte einen großen Beitrag zur Schädlingsbekämpfung in Gärten und auf Farmen.

b Miss Eleanor Ormerod war eine wohlhabende Frau, das jüngste von zehn Kindern eines reichen Kohlebergwerkbesitzers, der auch ein Anwesen in Gloucestershire besaß. «Seine Ausdehnung», um Miss Ormerod zu zitieren, «war nicht sehr groß, nur etwa 320 Hektar.» Sie wurde eine Autorität für Schädlingsbekämpfung und veröffentlichte dazu viele Bücher sowie einen jährlichen Bericht auf eigene Kosten.

8. Kapitel

a Der Ausdruck *Whisky money* rührte von einer Änderung der Gesetze her, die das Betreiben und die Öffnungszeiten von *Public Houses* regelten. In den 90er Jahren des letzten Jahrhunderts behaupteten die Liberalen, daß zu viele Pubs täglich zu lange geöffnet seien. Es wurden neue Gesetze verabschiedet, aufgrund derer einige *licenced houses* geschlossen und die Zeiten reguliert wurden, in denen Alkohol verkauft werden durfte. Die Brauer und die Brennereien beklagten sich natürlich über diese Bedrohung ihres Geschäfts, und man stimmte dafür, sie mit einer Million Pfund zu entschädigen. Doch bevor die Entschädigung ausgezahlt wurde, stellte man fest, daß nach Inkrafttreten des Gesetzes genausoviel Alkohol verkauft wurde wie davor, und da die Brauereien bei kürzeren Öffnungszeiten weniger Gasthäuser betreiben mußten, stiegen ihre Profite enorm an. Die Regierung wagte es dann nicht mehr, diese Entschädigungssummen auszuzahlen, und beschloß, diesen peinlichen Geldbetrag loszuwerden, indem sie ihn für technische Ausbildung ausgab, das meiste davon in der Landwirtschaft, daher die Bezeichnung *Whisky money*.

9. Kapitel

a Einkeimblättrige Pflanzen, wie Gräser und Knollen, treiben als Sämlinge ein Keimblatt, und zweikeimblättrige zwei, die gewöhnlich eine Nahrungsreserve enthalten, die dem Sämling hilft, sich zu etablieren. Bohnen sind ein Beispiel hierfür.

11. Kapitel

a Ein Grund, aus dem es mir schwerfällt, an eine Landung von Europäern in Amerika *vor* Kolumbus zu glauben, ist der, daß etwaige Entdecker es doch sicher nicht versäumt hätten, Weizen, Hafer und Gerste mitzunehmen, und andererseits Mais, Kartoffeln und Artischocken zurückzubringen, alles Pflanzen, die vor Kolumbus auf die östliche bzw. westliche Seite des Atlantiks beschränkt waren.

b Die Kunst des Gärtnerns: «Hierbei hat der Künstler, der die Arbeit gestaltet und ein Kleid für ein Stück Boden erfindet, das Vergnügen, sein Werk leben und Stunde um Stunde wachsen zu sehen; und während es wächst, kann er daran feilen, schneiden und schnitzen, hier und dort etwas auffüllen, hoffen und lieben.» *Albert, Prinzgemahl von England*

Bibliographie

1 ABEL, W., *Agrarkrisen und Agrarkonjunktur*. Eine Geschichte der Land- und Ernährungswirtschaft Mitteleuropas seit dem hohen Mittelalter, (1966) Hamburg, Berlin, Paris

2 ADDISON, J., *Spectator*, 477, (1712)

3 ALFORD, D. V., *Bumblebees* [Hummeln], (1975), London, Davis-Poynter, S. 90–92

4 ANON, *The Black Book* [Das Schwarze Buch], (1820) London, Fairburn, S. 425–445

5 ARNOLD, G., ‹Les variations annuelles dans l'effet de groupe chez l'abeille ...›, *Insectes Sociaux*, (1978) Paris, 25. 1, S. 39–51

6 ATTENBOROUGH, D., ‹Bird Song› [Vogelgesang], BBC Radio 4,30. 3. 1981

7 AUSTEN, R., *A Dialogue between the Husbandman and Fruit Trees* [Ein Dialog zwischen dem Landmann und Obstbäumen], (1676) London

8 BOLAND, M. und B., *Old Wives' Lore for Gardeners*, (1980) London, Bodley Head

9 BOSWELL, J., *The Life of Samuel Johnson* [Das Leben des Samuel Johnson], (1826) Oxford, Talboys and Wheeler, Bd. II, S. 46

10 BOWLES, E. A., ‹The effects of the frosts of the winter of 1916–17 on vegetation› [Die Auswirkungen des Frosts im Winter 1916/17 auf die Vegetation]; *Journal of the Royal Horticultural Society*, Feb. 1919, London, Bd. XLIII, S. 388–461

11 BRAMBELL, F. W. R., ‹The reproduction of the wild rabbit› [Die Vermehrung des Wildkaninchens], *Proceedings of the Zoological Society*, London, (1936), Bd. 114, S. 1–45

12 BRISTOWE, W. S., *The Comity of Spiders* [Über die Höflichkeit der Spinnen], (1941) London, Ray Society

13 BUFFON, G. I. L., ‹Histoire naturelle, générale et particulière› [Naturgeschichte]

14 BURTON, P. S. K., GILLMOR, R., GINN, H., PARMENTER, T. W., PARSLOW, J., WALKER, C. A. und WALLACE, D. I. M., *Field Guide to the Birds of Britain* [Praktischer Führer zu den Vögeln Großbritanniens], (1981) London, Reader's Digest

15 CAVENDISH, MARGARET, HERZOGIN VON NEWCASTLE, ‹Hampton Court›, *Poems and Fancies*, (1635) London

16 CHAUVIN, R., ‹Les sociétés animales. De l'abeille au gorille›, (1963) Paris

17 CORREA DE SERRA, J., ‹Notes respecting several Vegetables used as Esculents in North America› [Anmerkungen bezüglich verschiedener Gemüsearten, die in Nordamerika als Nahrungsmittel Verwendung finden], *Trans. Horticultural Society*, 4, LXVII, 17. Juli 1821, S. 443–446

18 CULPEPPER, N., *Complete Herbal and English Physician* [Das vollständige Kräuterbuch und der englische Arzt], Nachdruck der Ausgabe von 1826, Manchester, J. Gleave, London, Harvey Sales, (1981)

19 DARLINGTON, A., *Pocket Encyclopaedia of Plant Galls* [Taschenlexikon der Pflanzengallen], (1968) London, Blandford, S. 150

20 DARWIN, C., *On the Origin of Species by Means of Natural Selection* [Über die Entstehung der Arten durch natürliche Zuchtwahl], (1859), London, Murray.

21 DARWIN, C., *The Formation of Vegetable Mould Through the Action of Worms with Observations of their Habits* [Bildung der Ackererde durch die Tätigkeit der Würmer mit Beobachtung über deren Lebensweise], (1981), London, Murray

22 DAWKINS, R., *The Selfish Gene* [Das egoistische Gen], (1976) OUP, S. ix

23 DICKSON, T., ‹Observations on the Disease in the Potato, generally called the Curl; pointing out the most probable method of preventing it; with an account of the results of a few experiments made on the subject› [Beobachtungen über den gewöhnlich als Blattrollkrankheit bezeichneten krankhaften Befall der Kartoffel; mit Hinweisen auf die geeignetesten Methoden, diesen zu verhindern; mit einer Beschreibung der Ergebnisse einiger hierzu durchgeführter Experimente], *Mems. Caledonian Horticultural Society*, (1814), Edinburgh, Bd. I, S. 49–59

24 DZIERZON, I., ‹Über die Fortpflanzung der Bienen›, *Eichstadt Bienenzeitung*, (1845), Bd. I, S. 113

25 EDWARDS, R., *Social Wasps* [Soziale Wespen], (1980), Rentokil, East Grinstead, S. 46

26 EMERSON, R. W., *Essays*, (1883), London, Macmillan

27 ERASMUS, D., *Convivium Religiosum*, (1664), Leyden und Rotterdam, Hackiana

28 ERNLE, LORD, *English Farning Past and Present* [Landwirtschaft in England – Vergangenheit und Gegenwart], (1961), 6. Ausgabe, London, Heinemann

29 EVANS, A. C., *Proceedings Zoological Society of London*, (1948), S. 118, 156

30 EVERLYN, J., *Sylva, or a Discourse of Forest Trees* [Sylva, oder ein Diskurs über Waldbäume] ... Calendarum Hortense, (1664), London

31 FITZHERBERT, SIR A., *Boke of husbandrie* [Buch des Landbaus], (1552), 5. Ausgabe, London, John Waller

32 FORSYTH, A. A., ‹British Poisonous Plants› [Die giftigen Pflanzen Großbritanniens], *Bulletin No. 161, Ministry of Agriculture, Fish, Food*, (1954), Neuauflage 1956, HMSO, London, S. 51, 93

33 FOSTER, JOHN, *England's Happiness Increased, or a sure and Easie Remedy against all succeeding Dear Years: by a plantation of the Roots called Potatoes* [Englands Glück Vermehrt, oder ein sicheres und leichtes Mittel gegen alle nachfolgenden Jahre des Mangels: durch ein Pflanzen der Wurzel mit Namen Kartoffel], (1664), London

34 FRISCH, K. VON, ‹Tanzsprache und Orientierung der Bienen› (1965) Berlin, Heidelberg

35 GERARD, J., *Herball, or a general Historie of Plantes* [Kräuterbuch, oder eine allgemeine Geschichte der Pflanzen], (1597), London

36 HADFIELD, MILES, *A History of British Gardening* [Die Geschichte der Gärtnerei in Großbritannien], (1960), bearb. Ausgabe, London, Hamlyn

37 HAMILTON, W. D., ‹The evolution of altruistic behaviour› [Die Evolution altruistischen Verhaltens], (1963), *Amateur Naturalist*, 97, S. 354–356

38 HAWES, S., *Passetyme of Pleasure, or Historie of graunde Amoure and la belle Pucelle* [Zeitvertreib des Vergnügens, oder die Geschichte der graunde Amoure und la belle Pucelle], (1554), London

39 HILLS, L. D., *Comfrey* [Schwarzwurz], (1976), London, Faber

40 HORSLEY, J. W., *Our British Snails* [Die Schnecken unserer Heimat], (1915), London, Society for the Promotion of Christian Knowledge

41 HUDSON, W. H., *Birds in a Village* [Vögel in einem Dorf], (1921), London, Dent

42 HYAMS, E., *The English Garden* [Der Englische Garten], (1966), London, Thames & Hudson, S. 111

43 HYLL, THOMAS, *A most Briefe and Pleasante Treatyse* [Ein höchst kurzes und erfreuliches Traktat], (1563), London, John Day

44 HILL, THOMAS, *The Profitable Arte of Gardening (in three books), now the third time set forth ... to this annexed two Proper Treatises, the one entitled The marvelous government of the bees*

... and the other the yerely conjectures, meete for the husbandman to know [Die profitable Kunst des Gärtnerns (in drei Bänden), jetzt zum dritten Mal herausgebracht ... daran angeschlossen, zwei Richtige Abhandlungen, die eine betitelt Das Wundersame Regiment der Bienen ... die andere die jährlichen Überlegungen, die zu wissen dem Landmann geziemen], (1563), London, Marsh
45 Hyll, Thomas, *Anti-prognosticon contra inutiles astrologorum praedictiones Nostrodami*, (1566), London
46 Ingram, Jean S., ‹Saffron (*Crocus sativus L.*)› [Safran], *Tropical Science*, (1969), XI. 3, S. 177–184
47 James der Erste, König, *A Counterblast to Tobacco* [Gegen den Tabak], (1604), London, English Reprints, (1871), Southgate
48 Jekyll, G., *Wood and Garden* [Wald und Garten], (1899), Faksimile-Ausgabe 1981, Woodbridge, Suffolk, Baron
49 Kirby, W. und Spence, W., *An Introduction to Entomology* [Eine Einführung in die Entomologie], 5 Bände, (1818), 3. Ausgabe, Longman, London
50 Lawson, W., *The New Orchard and Garden with the Country Housewifes Garden* [Der neue Obstgarten und Garten sowie der Garten der Hausfrau auf dem Land], (1618), London, Jackson
51 Mackintosh, N., ‹Learning› [Lernen] in: *The Oxford Companion to Animal Behaviour* [Tierverhalten], Hg. D. McFarland, (1981) OUP
52 Matthews, L. H., *British Mammals* [Die Säugetiere Großbritanniens], (1968), 2. Ausgabe, London, Collins
53 Mellanby, K., *The Mole* [Der Maulwurf], (1971), London, Collins
54 Nielson, O., *Natura Jutlandica*, Bd. 4, (1949)
55 Ordish, G., *The Living House* [Das lebende Haus], (1959), London, Hart-Davis, New York, Lippincott
56 Ordish, G., *The Constant Pest* [Die ständige Plage], (1976), London, Peter Davies
57 Peloille, M., ‹Hypomycetes prédateurs de nématodes dans un prairie de Lomosin›, *Entomophaga*, 26. 1. 1981, S. 91–98
58 Phillips, H., *Pomarum Britanicum*, (1823), London, Henry Colburn, S. 283
59 Plinius Secundus, *Die Geschichte der Welt*
60 Pope, A., *The Guardian*, Nr. 173, 29. Sept. 1729
61 Robinson, W., *The English Flower Garden and Home Grounds* [Der Englische Blumengarten], (1907), 10. Ausgabe, London, Murray
62 Rose, John, *The English Vineyard Vindicated* [Zur Verteidigung des Englischen Weingartens], (1666), London
62 Rousseau, J.-J., *Botanik für Frauenzimmer*. In Briefen an die Frau L.
63 Russell, Sir John E., *The World of the Soil* [Die Welt des Bodens], (1971), 5. Ausgabe, London, Collins, S. 111
64 Savory, T., *Arachnida*, (1977), 2. Ausgabe, London, Academic Press
65 Scot, Reynolds (Reginald); *A Perfite Platforme of a Hoppe Garden* [Ein vollkommenes Modell für einen Hopfengarten], (1574), London, Henrie Derham
66 Shelley, P. B., ‹The Question›, *Oxford Book of English Verse*
67 Smee, A., *The Potatoe Plant, its Uses and Properties together with the Cause of the Present Malady* [Die Kartoffelpflanze, ihre Verwendungen und Eigenschaften, sowie die Ursache ihrer gegenwärtigen Krankheit], (1846), London, Longman, Brown, Green

68 Southern, H. N., *The Handbook of British Mammals* [Handbuch der Säugetiere Großbritanniens], Neuauflage 1965, Oxford, Blackwell, S. 71
69 Turner, W., *New Herball* [Neues Kräuterbuch], (1551), London
70 Tusser, T., *Five Hundreth good Pointes of Husbandry, united to as many of good Housewifery* [Fünfhundert gute Ratschläge für den Landmann, verbunden mit ebensovielen für gute Haushaltung], (1573), London
71 Ward, N. B., *On the Growth of Plants in Closely Glazed Cases* [Über das Wachstum von Pflanzen in dicht verglasten Behältern], (1836), London
72 Wheeler, James, *The Botanist's and Gardener's New Dictionary* [Das Neue Lexikon des Botanikers und Gärtners], (1763), London, S. 50
73 Wilde, O., *The Importance of Being Ernest*, (1899), London, 3. Akt
74 White, Gilbert, *The Natural History of Selborne* [Die Naturgeschichte von Selbourne], (1822), London, J&A Arch, 35. Brief
75 Wilson, Owen S., *The Larvae of the British Lepidoptera* [Die Raupen der Lepidopteren Großbritanniens], (1880), London, Reeve
76 Wingfield, W., *The Game of Sphairistikè* [Das Spiel Sphairistikè], (1876) 5. Ausgabe, London, Harrison
77 Wordsworth, W., ‹Lines written in early spring›, *The Golden Treasury*, (1924), OUP, S. 282

Register der Pflanzen

Deutscher Name	*Wissenschaftl. Name*	*Bedeutung*	*Englischer Name*
Abelie	Abelia floribunda	Dr. Abels vielblütige Pflanze	Abelia
Ackermennig	Agrimonia eupatoria	erlauchte Ackerpflanze	Agrimony
Ackersenf	Sinapis arvensis	die kohlähnliche Pflanze der Felder	Charlock
Akelei, Gemeine	Aquilegia vulgaris	die gewöhnliche Adlerkralle	Granny's bonnet
Akelei, Kanadische	Aquilegia canadensis	die kanadische Adlerkralle	Columbine
Alant, Echte	Inula Helenium	Helenas Pflanze	Elacampane
Aloe	Aloe africana	die afrikanische Aloe	African aloe
Alpenaurikel	Primula auricula	die erste Ohr-Blatt-Pflanze	Auricula
Alpenveilchen	Cyclamen	die runde Pflanze	Cyclamen
Europäische A.	Cyclamen europaeum	die runde europäische Pflanze	Common cyclamen
Rundblättrige A.	Cyclamen coum	die runde Pflanze von Kos	Round-leaved cyclamen
Alraunwurzel	Mandragora officinalis	die Laden-Mandragora	Mandrake
Ampfer	Rumex ssp.	der Ampfer	Dock
Anemone	Anemone	die Windblume	Anemone
Gartenanemone	Anemone hortensis	Das Windhaus der Gärten	Star anemone
Waldanemone (Buschwindröschen)	Anemone nemorosa	das Windhaus der Haine	Wood anemone
Apfel	Pyrus malus	der Birnenapfel	Apple
Apfelsine, Orange	Citrus sinensis	die chinesische Orange	Orange
Aronstab	Arum maculatum	die gefleckte feurige Pflanze	Common wild arum
Aufrechter Augentrost	Enophrasia officinalis	die lichtbringende Ladenpflanze	Eyebright
Aukube	Aucuba japonica	die japanische Aukube	Spotted laurel

Baldrian, Gemeiner	Valeriana officinalis	Dr. Valerius' Ladenpflanze	Valerian, Allheal
Bartnelke	Dianthus barbatus	die göttliche Blume mit Bart	Sweet william
Bedeguar (siehe Rosenapfel)			
Benediktinerkraut (Bitterdistel)	Cnicus benedictus	die gelobte Färberdistel	Blessed thistle
Bergahorn	Acer pseudo-platanus	die harte falsche Platane	Sycamore
Birne	Pyrus communis	die gewöhnliche Birne	Pear
Blumenkohl	Brassica botrytis	der Traubenkohl	Cauliflower
Blutjohannisbeere	Ribes sanguineum	die blutrote Beere	Flowering (American) currant
Bohne			
Feuerbohne	Phaseolus coccineus	das rote kleine Boot	Runner bean, French bean
Saubohne	Vicia faba	die klammernde Bohne	Broad bean
Bohnenkraut	Satureja hortensis	das Garten-Knabenkraut	Savory
Winterbohnenkraut, Kölle, Bergminze	Saturega montana	das Berg-Knabenkraut	Savory
Braunelle	Prunella vulgaris	die gewöhnliche Heilung für Mandelentzündung	Self-heal
Brennende Liebe	Lychnis chalcedonica	die chalkedonische Lampe	Jerusalem cross
Brombeere	Rubus fruticosus	die rotfruchtige Pflanze	Blackberry
Buchsbaum	Buxus sempervirens	der immergrüne Buchsbaum	Box
Butterblume	Ranunculus	in Froschgebiet lebende Pflanze	Buttercup
Chrysantheme			
Gartenchrysantheme	Chrysanthemum coronarium	die gekrönte Goldblume	Garden chrysanthemum
Dahlie	Dahlia ssp.	Herrn Andreas Dahls Pflanze	Dahlia
Dill	Anethum graveolens	die starkriechende nach oben wachsende Pflanze	Dill

Diptam	Dictamnus albus	die weiße Pflanze vom Berg Dikte	Dittany, Fraxinella, Burning bush
Disteln			
Acker-Kratzdistel	Cirsium arvense	die schädliche Ackerpflanze	Creeping thistle
Eselsdistel	Onopordon acanthium	die Pflanze von Acanthium, die von Eseln gefressen wird	Scotch thistle
Gänsedistel	Sonchus arvensis	die Felddistel	Sow thistle
Kugeldistel	Echinops bannaticus	die igelähnliche Pflanze aus Banat	Globe thistle
Dreiblatt (Waldlilie)	Trillium ssp.	die Dreifache	Trillium
Dreimasterblume (Gottesauge)	Tradescantia virginiana	John Tradescents Virginia-Pflanze	Spiderwort
Edelkastanie (Eßkastanie)	Castanea sativa	die angepflanzte Kastanie	Sweet chestnut
Efeu	Hedera helix	der windende Efeu	Ivy
Efeusommerwurz	Orobanche hederae	der Efeuwürger	Broomrape
Ehrenpreis	Veronica ssp.	die Veronica-Pflanze	Speedwell
Eibe	Taxus bacchata	die fruchttragende Eibe	Yew
Eibisch, Echter (Samtpappel)	Althea officinalis	die heilende Ladenpflanze	Hollyhock
Eiche	Quercus pedunculata	die Eiche mit gestielten Blütenständen	Oak
Eisenhut, Blauer	Aconitum napellus	rübenwurzeliger Speer	Aconite, Monkshod
Enzian	Gentiana ssp.	König Gentians Pflanze	Gentian
Frühlingsenzian	Gentiana verna	König G.s Frühlingspflanze	Spring gentian
Erbse	Pisum sativum	die angepflanzte Erbse	Pea
Erdbeere	Fragaria	die Erdbeere	Strawberry
Chileerdbeere	Fragaria chiloensis	die chilenische Erdbeere	Chile strawberry
Walderdbeere	Fragaria vesca	die schwache Erdbeere	Wild strawberry
–	Fragaria elatior	die größere Erdbeere	Hautbois strawberry
Erdbeerbaum	Arbutus uredo	der rauhfruchtige Iß-eins-Baum	Strawberry tree

Erdbirne (Topinambur)	Helianthus tuberosus	die knollige Sonnenblume	Jerusalem artichoke
Esche	Fraxinus excelsior	die höhere Esche	Ash
Felsensäulenkaktus	Cereus jamacaru	die Wachspflanze von Jamacarú (Brasilien)	Torch thistle
Fenchel	Foeniculum vulgare	die gewöhnliche nach Heu riechende Pflanze	Fennel
Fetthenne	Sedum ssp.	die heilende Pflanze	Sedum
	Sedum telephium	Telephus' heilende Pflanze	Orpine
Fingerhut	Digitalis purpurea	der violette Finger eines Handschuhs	Foxglove
Flachs	Linum usitatissimum	die sehr nützliche Flachs-Pflanze	Flax
Flammenblume	Phlox ssp.	die brennende Blume	Phlox
Flieder	Syringa vulgaris	die gewöhnliche röhrenartige Pflanze	Lilac
Flockenblume	Centaurea ssp.	die Pflanze des Zentaurs	Cornflower
	Centaurea moschata	die Moschuspflanze des Zentaurs	Sweet sultan
Forsythie (Goldglöckchen)	Forsythia suspensa	Forsyths hängende Pflanze	Golden bells, Forsythia
Fuchsschwanz			
Dreifarben-Fuchsschwanz (Ganges-F.)	Amaranthus tricolor	die nichtwelkende dreifarbige Blume	Amaranthus
Gänseblümchen (Tausendschön)	Bellis perennis	das andauernde Schöne	Daisy
Gänsefuß, Weißer	Chenopodium album	die weiße Pflanze mit Gänsefuß-Blättern	Fat hen
Garbe	Achillea eupatorium	Achilles' kaspische Pflanze	Caspian
Gartenraute	Ruta graveolens	die starkriechende Raute	Que
Geißblatt	Lonicera ssp.	Herrn Lonicers Pflanzen	Honeysuckle
Geißklee (Bohnenstrauch)	Cytisus ssp.	die buschigen Pflanzen	Broom
Glattblattaster	Aster ericoides	die heide-ähnliche Sternpflanze	Michaelmas daisy
Glockenblume	Campanula glomerata	die geknäulte Glokkenblume	Campanula

Rundblättrige Glockenblume	Campanula rotundifolia	die rundblättrige Glockenblume	Bluebell
Gloxinie	Gloxinia maculata	Herr Gloxins gefleckte Pflanze	Gloxinia
Goldlack	Cheiranthus cheiiri	Cheiris Handblume	Wallflower
Goldregen	Laburnum vulgare	der gewöhnliche Laburnum	Laburnum
Kanadische Goldrute	Solidago canadensis	der kanadische Heiler	Aaron's (golden) rod
Götterbaum	Ailanthus altissima	der sehr hohe Ailanthus	Tree-of-heaven
Chinesischer Götterbaum	Ailanthus moluccana	der molukkische Ailanthus	Chinese tree-of-heaven
Gras			
Kammgras	Cynosurus cristatus	der kammförmige Hundeschwanz	Crested dog's tail
Quecke	Agropyron repens	das kriechende Feldfeuer	Couch grass
Roter Schwingel	Festuca rubra	der rote Halm	Fescue
Straußgras	Agrostis tenuis	die dünne Pflanze der Felder	Common bent grass
Englisches Raygras (Dtsch. Weidelgras)	Lolium perenne	die ausdauernde lolchartige Pflanze	Perennial rye-grass
Knolliges Rispengras	Poa bulbosa	das knollige Gras	Bulbous meadow-grass
Gemeines Rispengras	Poa trivialis	das gewöhnliche Gras	Rough-stalked meadow-grass
Hainrispengras	Poa nemoralis	das Haingras	Smooth-stalked meadow-grass
Niederliegendes Straußgras	Agrostis stolonifera	die Ausläufer tragende Feldpflanze	Creeping bent
Gurke	Cucumis pepo	die gurkenähnliche Pflanze	Marrow
Gurkenkraut (Borretsch)	Borago officinalis	die rauhblättrige Ladenpflanze	Borage
Hahnenfuß, Asiatischer	Ranunculus asiaticus	die asiatische froschähnliche Pflanze	Bachelor's buttons
Hauswurz	Sempervivum tectorum	die ewiglebende Dachpflanze	House-leek
Haselnuß	Corylus anellana	der Anellana-Helm	Hazel
Himbeere	Rubus idaeus	die rote Himbeere	Raspberry
Hirtentäschel	Capsella bursa-pastoris	das Hirtentäschchen	Shepherd's purse

Hopfen	Humulus lupulus	die schleppende wolfähnliche Pflanze	Hop
Huflattich	Tussilago farfara	Farfaras Hustenheilmittel	Coltsfoot
Hyazinthe	Hyacinthus orientalis	die östliche Hyazinthe	Hyacinth
Immergrün	Vinca major	der große Binder	Periwinkle
Jakobskraut	Senecio jacobaea	der nackte Greis	Ragwort
Jasmin	Jasminum ssp.	die Ymyn- (arabische) Pflanze	Jasmin
Jasmin, Falscher	Philadelphus coronarius	Philadelphus' kronenartige Pflanze	Mock orange
Johannisbeere, Schwarze	Ribes nigrum	die schwarze Beere	Black currant Squinancy berry
Johanniskraut (Tüpfelhartheu)	Hypericum perforatum	die perforierte Heidepflanze	St. John's wort
Julienne de Mahon	Malcolmia maritima	Malcolms Seepflanze	Virginia stock
Kaffee	Coffea arabica	die arabische Kaffeepflanze	Coffee
Kaladie	Dieffenbachia seguine	Dr. Dieffenbachs Schierling	Dumb cane
Kamille	Anthemis nobilis	die edle Kamille	Camomile
Kapuzinerkresse, Große	Tropaedum majus	die kletternde helmartige Pflanze	Nasturtium
Katsura-Baum	Cercidiphyllum japonicum	der japanische Baum mit Blättern wie der Judasbaum	Katswa-tree
Kerbel	Anthriscus cerefolium	der wachsblättrige Anthriscus	Chervil
Kermesbeere	Phytolacea americana	die amerikanische rote Pflanze	Red-ink plant
Kirsche	Cerasus vulgaris	der gewöhnliche Baum von Cerasus	Cherry
Klappertopf	Rhinanthus christagalli	die nasenähnliche Hahnenkamm-Pflanze	Yellow rattle
Klee, Weißer	Trifodium repens	der dreiblättrige Kriecher	Wild white clover
Knabenkraut, Kleines	Orchis morio	die hodige Narr	Spotted orchid
Knöterich, Japanischer	Polygonum cuspidatum (Polygonum japonicum)	die vielgliedrige spitze Pflanze	Japanese knotgrass

Kohl	Brassica capitata	der kopfförmige Kohl	Cabbage
Kohlportulak	Portulaca oleracea	der gemüseähnliche Portulak	Purslane, Purcelaine
Koka	Erythroxylum coca	die rotholzige Kokapflanze	Coca
Königskerze, Kleinblüte	Verbascum thapsus	die haarige Pflanze aus Thapsus (Tunesien)	Verbascum Shepherd's club Mullein
Koriander	Coriandrum sativum	die angepflanzte Wanzengeruch-Pflanze	Coriander
Kornblume	Centaurea cyanus	die blaue Zentaurenpflanze	Cornflower
Kreuzkraut	Senecio cruentus	die blutrote Greispflanze	Mountain cineraria
Gemeines Greiskraut	Senecio vulgaris	die gewöhnliche Greispflanze	Groundsel
Kreuzkümmel	Cuminum cuminum	Kümmel Kümmel	Cumin
Krokus (Safran-Krokus)	Crocus sativus	der angepflanzte Faden	Saffron crocus
Küchenschelle	Anemone pulsatilla	die zitternde Windpflanze	Pasque flower
Kürbis	Cucurbita maxima	der größte Kürbis	Pumpkin
Lauch	Allium porrum	der knoblauchähnl. Lauch	Leek
Lavendel	Lavandula officinalis	die Waschpflanze des Ladens	Lavender
Levkoje, Weißlichgraue	Matthiola incana	Piero Matthiolis aschgraue Pflanze	Night-scented stock
Lilie, Weiße	Lilium candidum	die weiße Lilie	White lily
Lobelie	Lobelia linnaeoides	Matthias de Lobels Pflanze wie Linnaeus	Lobelia
Lorbeer	Laurus nobilis	der edle Lorbeer	Laurel (Bay)
Löwenmaul	Antirrhinum ssp.	die schnauzenähnliche Blume	Snapdragon
Löwenzahn	Taraxacum officinale	der nächtliche Störer des Ladens	Dandelion
Lupine	Lupinus ssp.	die Wolf (Zerstörer)-Pflanze	Lupin
Luzerne	Medicago sativa	die angepflanzte Heilpflanze	Purple medick

Magnolie	Magnolia grandiflora	Magnols große Blume	Magnolia
Maiglöckchen	Convallaria majalis	die im Mai blühende Talpflanze	Lily-of-the-valley
Majoran	Origanum onites	die Onites-Pflanze vom schönen Berg	Marjoram
Malve	Malva ssp.	lindernde Pflanze	Mallow
Krause Malve	Malva crispa	die gerollte lindernde Pflanze	Curled mallow
Moschus-Malve	Malva moschata	die duftende lindernde Pflanze	Musk mallow
Rundblättrige Malve	Malva rotundi	die rundblättrige lindernde Pflanze	Round-leaved mallow
Mannabaum	Alhagi maurorum	der Alhagi der Mauren	Alhagi
Margeriten	Felicia pappei	das großväterliche Glücksfrauchen	Marguerites
Mauerpfeffer	Sedum acre	der scharfe Pfeffer	Wallpepper
Melde			
Garten-Melde	Atriplex hortensis	die schwarzgewebte Gartenpflanze	Orach
Milchstern	Ornithogalum umbellatum	die doldige Vogelmilchpflanze	Star of Bethlehem
Mimose	Mimosa pudica	die schamhafte Mimose	Mimosa
Minze	Mentha ssp.	Minze	Mint
Mistel	Viscum album	die weiße Mistel	Mistletoe
Mohn	Papaver ssp.	Mohn	Poppy
Klatschmohn	Papaver rhoeas	der granatapfelartige Mohn	Wild poppy
Schlafmohn	Papaver somniferum	der schlafherbeiführende Mohn	Garden (Opium) poppy
Möhre	Daucus carota	die rotwurzelige Karotte	Carrot
Mondviole	Lunaria annua	die jährliche Mondpflanze	Honesty
Mutterkraut	Chrysanthemum parthenium	die Goldblume von Parthenium	Feverfew
Nachtkerze	Oenothera biennis	die zweijährige weinhervorbringende	Evening primose
Nachtviole, Trübe	Hesperis tristis	der traurige Abend	Melancholy gentleman
Narzisse	Narcissus pseudonarcissus	Narziß falscher Narziß	Daffodil Lent lily

Nelken	Dianthus ssp.	göttliche Blume	Carnation
Gewürznelke	Dianthus caryophyllus	göttliche Taubenblume	Clove carnation
Karthäuser-Nelke	D. carthusianorum	die göttliche Karthäuserblume	German Carthusian
Nelkenschwindling	Marasmius oreades	der Pilz der Nymphe Oreas	Fairy ring fungus
Niesgarbe	Achillea ptarmica	niesenhervorrufende Achillea	Sneezewort
Nieswurz (Schnee-, Christrose)	Helleborus niger	das schwarze Mittel gegen Wahnsinn	Hellebore Christmas rose
Grüne Nieswurz	Helleborus viridis	das grüne M. g. W.	Native hellebore
Stinkende Nieswurz	Helleborus foetidus	das stinkende M. g. W.	Stinking hellebore Bear's foot
Pfaffenhütchen	Euonymus europaeus	die europäische Pflanze mit gutem Ruf	Spindel tree
Pantherwürger (Gemswurz)	Doronicum pardalianches	der Doronigi-Pantherwürger	Leopard's bane
Pantoffelblume	Calceolaria ssp.	die Schuhmacherpflanze	Calceolaria
Päonie (Pfingstrose)	Paeonia officinalis	Dr. Paeons Ladenpflanze	Paeony (Lenten rose)
Papaya	Carica papaya	der Papaya von Carica	Pawpaw
Pappel	Populus albus	der weiße Baum des Volkes	Poplar
Pastinak	Pencedanum sativus	der angepflanzte Pastinak	Parsnip
Pelargonie	Pelargonium ssp.	die Storchpflanze	Pelargoniums
Petersilie	Petroselinum crispum	die krause Steinpflanze	Parsley
Pfefferminze	Mentha piperata	die pfefferähnliche Minze	Peppermint
Pferdeteppich	Smyrnium olusatrum	der Helfer des Menschen	Alexander
Phlox	Phlox maculata	der gefleckte Phlox	Phlox
Platterbse	Lathyrus ssp.	Gemüse	Yellow-purple vetch
Polei-Minze	Mentha pulegium	die flohvernichtende Minze	Pennyroyal
Pomeranze (Bitterorange)	Citrus aurantium	goldene Orange	Bitter orange
Primel (gelbe Schlüsselblume)	Primula ssp.	die Erstblühende	Primrose

Quitte	Cydonia vulgaris	die gewöhnliche Pflanze von Cydon	Quince
Rainweide	Ligustrum vulgare	die gewöhnliche bindende Pflanze	Wild lovage
Rapunzel	Campanula rapunculus	die kleine Rüben-Glockenblume	Rampion
Rebe	Vitis vinefera	die weinmachende Rebe	Vine
Rhabarber	Rheum ssp.	Rhabarber	Rhubarb
Pontischer Rhabarber	Rheum rhaponticum	die Volga-Rhabarberpflanze	True rhubarb
Rhododendron (Alpenrose)	Rhododendron ponticum	der Rosenbaum von Pontus	Rhododendron
Dahurische Alpenrose	Rhododendron dauricum		
Rittersporn (Gartenrittersporn)	Delphinium ajacis	Delphinkopf mit AIAI-Zeichen	Delphinium (larkspur)
Rose	Rosa ssp.	die Rose	Rose
Damaszener Rose	R. damascena	die Damaskus-Rose	Damasque rose
Essigrose	R. gallica	die französische Rose	French rose Apothecary's r.
Flatterrose	R. turbinata	die kreiselförmige Rose	Frankfurt rose
Heckenrose (Hundrose)	R. canina	die Hundrose	Pink dog rose
Hundertblättrige Rose (Zentifolie)	R. centifolia	die 100-blättrige Rose	Provence (Cabbage) rose
Immergrüne Rose	R. sempervirens	die ewigblühende Rose	Evergreen rose
Weiße Rose	R. alba	die weiße Rose	White rose of York
Rosenapfel (Schlafapfel, Bedeguar)	Diplolepis rosae	die doppelschuppige Rose	Bedeguar
Rote Beete	Beta vulgaris	die gewöhnliche Beete	Beet
Roter Hornstrauch	Cornus sanguinea	das blutige Horn	Black dogwood
Rübe, Weiße	Brassica rapa	der Raps-Kohl	Turnip
Ruhmkrone (Prachtlilie)	Lilium speciosum	die prächtige Lilie	Gloriosa superb lily
Säckelblume, Kalifornische	Ceanothus thyrsiflorus	der straußblütige Ceanothus	Californian lilac
Safran, Echter	Crocus sativus	der angepflanzte Faden	Saffron

Salbei	Salvia officinalis	die rettende Pflanze der Läden	Sage
Sammetblume	Tagetes patula	Tages ausgebreitete Blume	French marigold
Aufrechte Sammetblume	Tagetes erecta	Tages aufrechte Blume	African marigold
Schafgarbe	Achillea millefolium	Achilles' 1000-blättrige Pflanze	Yarrow
Schlüsselblume	Primula officinalis	die erstblühende Ladenpfl.	Cowslip, Paigle
Schmetterlingsstrauch	Buddleia asiatica	die asiatische Pflanze des Reverend Buddle	Buddleiha Butterfly bush
	Buddleia auriculata	die ohrähnliche Pflanze des Reverend Buddle	
	Buddleia davidii	der David des Reverend Buddle	
Schneeball	Viburnum opulus	der üppige Schneeballbaum	Guelder rose
Schneeglöckchen	Galanthus nivalis	die schneeweiße Milchblume	Snowdrops
Schnittlauch	Allium schoenoprasum	der scharfe Lauch	Chives
Schwarzwurz (Beinwell)	Symphytum asperrimum	der sehr rauhe Heiler	Comfrey
Schwertlilie	Iris ssp.	die Regenbogenpflanze	Iris
Seifenkraut	Saponaria officinalis	die Seifenpflanze der Läden	Soapwort
Silberwurz	Dryas octopetala	die achtblättrige Waldnymphenpflanze	Dryas Mountain avens
Skabiose	Scabiosa ssp.	die Krätze heilende Pflanze	Scabious
Sonnenblume	Helianthus annuus	die jährliche Sonnenblume	Sunflower
Sonnentau	Drosera ssp.	tauige Pflanze	Sundew
Spargel	Asparagus officinalis	die stachelige Pflanze des Ladens	Asparagus
Speik, Weißer	Achillaea clavannae	Achilles' Keulenpflanze	Silver milfoil
Spinat	Spinacea oleracea	die gemüseartige stachelige Pflanze	Spinach
Spindelstrauch	Euonymus japonicus	die japanische Pflanze mit gutem Ruf	Spindle tree

Stachelbeere	Ribes grossularia	die rauhe saure Pflanze	Gooseberry
Stechginster	Ulex europaeus	der europäische dornige Busch	Furze
Stechpalme	Ilex aquifolium	die spitzblättrige eichenliebende Pflanze	Holly
Steinbrech	Saxifraga spaturlaris	der löffelförmige Steinbrech	St. Patrick's cabbage None-so-pretty
Stiefmütterchen	Viola tricolor	das dreifarbige Veilchen	Pansy Heart's ease
Stockmalve	Althea ficifolia	die heilende feigenblättrige Pflanze	Fig-leaved (Antwerp) hollyhock
Sumach (Perückenstrauch)	Rhus cotinus	der wilde olivenähnliche Rhus	Sumach Fustic
Süßholz	Glycyrrhiza glabra	die glatte Süßwurzel-Pflanze	Liquorice
Tabak	Nicotiana tabacum	Jean Nicots Tabak	Tobacco
Taubenbaum	Davidia involucrata	Abt Davids umhüllte Pflanze	Pocket-handkerchief tree
Taubnessel	Lamium album	die weiße Kehlblume	Dead nettle Adam and Eve in the bower
Teufels Abbiß (Abgebissene Skabiose)	Scabiosa succisa	die abgebissene krätzeheilende Pflanze	Devil's bit
Thymian	Thymus ssp.	die parfümierte Pflanze	Thyme
Tomate	Lycopersicum esculentum	der eßbare Wolfspfirsich	Tomato
Trollblume	Trollius europaeus	die europäische runde Blume	Globe flower
Tulpe	Tulipa ssp.		Tulip
Waldtulpe	T. silvestris	die Waldtulpe	Wild tulip
	T. clusiana	Clusius' Tulpe	Lady's (Clusius's) tulip
Kreiseltulpe	T. turcica	die türkische Tulpe	Narrow leaved tulip
Türkenbund	Lilium martagon	Turbanlilie	Turk's cap
Ulme	Ulmus campestris	die Feldulme	Elm

Veilchen	Viola ssp.	das Veilchen	Violet
Hundsveilchen	Viola canina	das Hundsveilchen	
Duftveilchen	V. odorata	das süßduftende Veilchen	
Vergißmeinnicht	Myosotis ssp.	die mausohrige Pflanze	Forget-me-not
	M. caespitosa Schultz	die knäuelige m. Pfl.	The tufted forget-me-not
Kriechendes Vergißmeinnicht	M. repens Don	die kriechende m. Pfl.	The creeping forget-me-not
Sumpfvergißmeinnicht	M. palustris	die m. Pfl. der Sümpfe	Water forget-me-not
Buntes Vergißmeinnicht	M. versicolor	die bunte m. Pfl.	Yellow and blue forget-me-not
Frühes Vergißmeinnicht	M. collina Hoffm.	die auf dem Hügel wachsende m. Pfl.	Early forget-me-not
Ackervergißmeinnicht	M. arvenis Hill	die m. Pfl. des Ackers	Field forget-me-not
Waldvergißmeinnicht	M. sylvatica Hoffm.	die m. Pfl. des Waldes	Wood forget-me-not
Wacholder (Heidewacholder)	Juniperus communis	der gewöhnliche Wacholder	Juniper tree
Wachsblume, Große	Cerinthe major	die große Wachsblume	Honeywort Wax plant
Waldlilie (Dreiblatt)	Trillium ssp.	Dreifach	Painted wood-lily
Wasserblatt	Hydrophyllum virginianum	das virginische Wasserblatt	Shavanese salad
Wegerich	Plantago ssp.	die flachblättrige Pfl.	Plantain
Weidenröslein, Zottiges	Epilobium hirsutum	haarige Schoten	Epilobium
Weidenröschen	Epilobium angustifolium	die schmalblättrige Auf-der-Schote-Pflanze	Rosebay willow herb
Weinrose	Rosa rubiginosa	die rostige Rose	Eglantine Sweet briar
Weißdorn, Eingriffeliger	Crataegus oycanta	der starkholzige Dorn	Common hawthorne, May tree
Wicke, Wohlriechende	Lathyrus odorata	das wohlriechende Gemüse	Sweet pea
Wiesen-Ferkelkraut	Hypochoeris radicata	die unterwurzelige elegante Pflanze	Cat's ear
Winde	Convulvulus ssp.	die Windende	Bindweed
Zinnie	Zinnia elegans	Prof. Zinns elegante Pflanze	Zinnia

Zitrone	Citrus limonis	die orange Zitrone	Lemon
Zucker	Saccharum spontaneum	die spontane Zuckerpflanze	Sugar
Zwiebel	Allium sativum	die angepflanzte knoblauch-ähnliche Pflanze	Onion

Register der Tiere

GLIEDERFÜSSER, INSEKTEN

Deutscher Name	*Wissenschaftl. Name*	*Bedeutung*	*Englischer Name*
Achateule	Phlogophora meticulosa	der schüchterne Flammenträger	Angle shades moth
Admiral	Vanessa atalanta		Red Admiral butterfly
Ameisen			
Knotenameisen			
–	Myrmica laevinodis	die linke Ameise	
–	Myrmica scabrinodis	die kratzende Ameise	Red ant
Langdornige rote Gartenameise	Myrmica ruginodes	die rötliche Ameise	Red-brown ant
Grosse rote Waldameise	Formica rufa	die rote Ameise	Wood ant
Schwarze Wiesenameise	Lasius niger	das schwarze Haar	Garden ant
Braune Wiesenameise	Lasius umbratus	das schattige Haar	Lawn ant
Gelbe Wiesenameise	Lasius flavius	das gelbe Haar	Yellow lawn ant
Apfelblattsauger	Psylla mali	der Apfelfloh	Apple sucker
Apfelwickler	Cydia pomonella	die Apfel-Cydia	Codlin moth
Biene (Honigbiene)	Apis mellifera	die honigmachende Biene	Bee (hive bee)
Blattläuse			
Grüne Apfelblattlaus	Aphis pomi	das verschwenderische Apfeltier	Apple aphid
Hopfenblattlaus	Phorodon humuli	der Hopfenträger	Hop aphid
Bläuling, Schwarzgefleckter	Maculinea arion	Arions geflecktes, gerändertes Tier	Large blue butterfly
Borkenkäfer	Scolytus ssp.	die verkürzten Geschöpfe	Beetle borers
Brackwespe	Apanteles ssp.	von den Allesgreifenden	Apantales fly
Büschelkäfer	Lomechusa cava (L. strumosa)	das gefranste Höhlentier	Lomechusa beetle
Eichenschwammgallwespe	Biorhiza pallida	die blasse Wurzelleber	Oak apple wasp

Eichenwickler	Tortrix viridiana	der grüne Dreher	Green oak moth
Erdfloh (Erdflohkäfer)	Phyllotreta	der Blatt-Durchstekker	Flea beetle
Frostspanner	Cheimatobia brumata	das ungeheuerähnliche Wintertier	Winter moth
Fruchtfliege	Drosophila	die Tauträgerin	Vinegar fly
Fuchs, Kleiner	Aglais urticae	Aglais der Nesseln	Small tortoiseshell butterfly
Hummel	Bombus ssp.	dumpfer Ton	Bumble bee
Kohlweißling, Großer	Pieris brassicae	der Kohl-Pieris	Large cabbage white butterfly
Kleiner	Pieris rapae	der Rüben-Pieris	Small cabbage white butterfly
Luzernefloh	Sminthuris viridis	der grüne Apollo	Yellow springtail
Maikäfer	Melolontha ssp.	der Maikäfer	Cockchafer
Mehlwurm	Tenebrio obscuris	der dunkle Liebhaber der Finsternis	Mealworm
Pfauenauge	Nymphalis io	der nymphenähnliche Io	Peacock butterfly
Ringelspinner	Malacosoma neustria	das weichmundige geäderte Tier	Lackey moth
Rosenkäfer	Cetonia aurata	der goldene Seton	Rose chafer
Runkelrüben-Blattwespe	Athalia rosae	das welkende Tier	Turnip sawfly
Schnake	Tipula paludosa	die Sumpf-Schnake	Crane fly
Riesenschnake	Tipula maxima	die größte Schnake	Daddy-long-legs
Spanner	Acidalia ornata	das saure verzierte Tier	Lace border
	Eupithecia distinctaria ssp constricta	der mannigfaltige Eupithecia	Wild thyme pug
	Rhodometra sacraria	der heilige Rot-Messer	Vestal moth
Springschwanz	Collembola	der Klebemacher	Springtail
Stachelspinner	Abraxus grossulariata	der Rasierer der Stachelbeere	Magpie moth
Wachsmotte, Große	Galleria mellonella	der Honigtunnel	Wax moth
Weinschwärmer, Kleiner	Deilephila porcellus	das gottliebende Schwein	Small elephant hawk moth
Mittlerer	D. elpenor	der gottliebende Elefant	Common elephant hawk moth
Wespe	Vespula vulgaris	die gewöhnliche Wespe	Wasp
Zitronenfalter	Gonepteryx rhamni	der Rhamnus-Winkelflügel	Brimstone butterfly

SÄUGETIERE

Abendsegler	Nyctalus noctula	das schläfrige Nachttier	Noctule bat
Dachs	Meles taxus	der Eibisch-Dachs	Badger
Eichhörnchen, Graues	Sciurus carolinensis	das Carolina-Eichhörnchen	Grey squirrel
Eichhörnchen, Rotes	Sciurus vulgaris	das gewöhnliche Eichhörnchen	Red squirrel
Feld-Waldmaus	Apodemus sylvaticus	das Körpertier der Wälder	Field mouse
Fuchs	Vulpes vulpes crucigera	der quälende Fuchs-Fuchs	Fox
Hausmaus	Mus musculus	die kleine Maus-Maus	Domestic mouse
Hermelin	Mustela erminea stabilis	das beständige Hermelin-Wiesel	Stoat
Hund	Canis familiaris	der Haushund	Dog
Igel	Erinaceus europaeus	das europäische Sumpftier	Hedgehog
Kaninchen	Oryctolagus cuniculus	das grabende Kaninchen-Tier	Rabbit
Katze	Felis maniculata	die kleinhändige Katze	Cat
Maulwurf	Talpa europaea	der europäische Maulwurf	Mole
Mensch	Homo sapiens	der weise Mann	Man
Pferd	Equus caballus	das Pferd-Pferd	Horse
Siebenschläfer (Bilch)	Glis glis	Bilch-Bilch	Edible dormouse
Spitzmaus	Sorex ssp.	Spitzmaus	Shrew
Wühlmaus (Erdmaus)	Microtus agrestis	das kleine Landtier	Vole
Zwergfledermaus	Pipistrellus pipistrellus	Fledermäuschen-Fledermäuschen	Pipistrelle bat

WEICHTIERE

Graue Ackerschnecke	Deroceras agreste	die Land-Feldfeile	Grey field Slug
Große Egelschnecke	Limax maximus	die sehr große Feile	European Giant Garden Slug
Gestreifte Krautschnecke	Hygromia rufescens	das rotmachende feuchte Tier	Strawberry Snail
Graugelbe Rucksackschnecke	Testacella haliotidea	der Atem, Gehäuse	Shelled Slug

Große Weinbergschnecke	Helix pomatia	der Frucht-Dreher	Edible Snail
Gefleckte Weinbergschnecke	Helix aspersa	die rauhe Dreherin	Garden Snail

REPTILIEN, SCHLANGEN, AMPHIBIEN

Kröte	Bufo vulgaris	die gewöhnliche Kröte	Toad
Molch	Lissotriton toenatus	der rasselnde glatte Triton	Newt
Viper	Vipera berus	die Viper von Beroe	Adder

WÜRMER

Regenwürmer	Lombricus terrestris	der Erdwurm	Earthworm
	Allolophora longa	das lange andere Tier	
	A. nocturna	das andere Nachttier	
Wiesennematode (Älchen)	Pratylenchus pratensis	das Wiesen-Tier	Eelworm
Spulwurm	Amoebo-tania	die gestaltverändernde Tania	Tapeworm

GLIEDERFÜSSER, ANDERE

Hundertfüßler	Geophilus longicornis	der langhornige Erdliebhaber	Centipede
Milben			
–	Blattisocius tarsalis	der Faltergefährte von Tarsus	Parasitic mite
–	Eriophyes fraxinus	der Eschen-Wollmacher	Ash mite
–	Eriophyes squalidus	der rauhe Wollmacher	Scabious mite
Erntemilbe	Trombicula autumnalis	die Herbst-Schüchterne	Harvester mite
Hühner- oder Vogelmilbe	Dermanyssus galinae	die Hautleber von Hühnern	Red poultry mite
Johannisbeer-Knospen-Gallenmilbe	Eriophyes ribis	der Johannisbeer-Wollmacher	Currant big bud mite
Krätzemilbe	Sarcoptes scabiei	der rauhe Fleischfresser	Mange mite

Mehlmilbe	Acarus siro	die Kornkammer-Milbe	Grain mite
Obstbaum-Spinnmilbe (Rote Spinne)	Panonychus ulmi	die Netzmacherin der Ulme	Red spider mite
–	Parasiticus fucorum	der Schmarotzer der Bienen	Bee mite
–	Ptilonyssus hirsti	der Spatzenflügel-Stecher	Sparrow mite
Spinnen			
Gartenkreuzspinne	Epeira diademata	die kühne Diadem-Trägerin	Garden spider
Kugelspinne	Theridion ssp.	das kleine wilde Tier	Large garden spider
Tausendfüßler	Blanjulus pulchellus	das schöne sanfte Tier	Millipede
Weberknecht	Opiliones	Hirten	Harvestman

VÖGEL

Amsel	Turdus merula	die Amsel-Drossel	Blackbird
Blaumeise	Parus caeruleus	die blaue Meise	Blue tit
Buchfink	Fringilla coelebs	der einzelne kleine Fink	Chaffinch
Eichelhäher	Garrulus glandarius	der geschwätzige Eichelsucher	Jay
Ente	Anas ssp.	Ente	Duck
Eule	Asio ssp.	Eule	Owl
Feldlerche	Alauda arvensis	die Lerche der Felder	Skylark
Felsentaube	Colomba livia	die bleifarbene Taube	Rock pigeon
Gartengrasmücke	Sylvia borin	Sylvias Nord-Tier	Garden warbler
Goldfink	Carduelis carduelis	Distelbenutzer	Goldfinch
Grauschnäpper	Muscicapa striata	die gestreifte Fliegenfängerin	Spotted flycatcher
Heckenbraunelle	Prunella modularis	die gemessene kleine Pflaume	Dunnock
Huhn	Gallus gallus domesticus	die Haus-Henne-Henne	Domestic chicken
Kampfläufer	Philomachus pugnax	das kampfliebende wilde Tier	Ruff
Kleiber	Sitta europea	der europäische Kleiber	Nuthatch
Mehlschwalbe	Delicon urbica	das Vergnügen der Stadt	House martin

Misteldrossel	Turdus viscovorus	die mistelfressende Drossel	Mistle thrush
Mönchsgrasmücke	Sylvia atricapilla	Sylvias Haar-Zimmer	Blackcap
Nachtigall	Luscinia megarhyn-chos	die großschnabelige Lucina	Nightingale
Pfau	Pavo cristatus	der büschelige Pfau	Peacock
Ringeltaube	Colomba palumbus	die Waldtaube	Wood pigeon
Singdrossel	Turdus philomelos	die singende Drossel	Song thrush
Spatz	Passer domesticus	der Haus-Spatz	Sparrow
Specht	Dendrocopos ssp.	Specht	Woodpecker
Sperber	Arcipiter nisus	Nisus' Habicht	Sparrow hawk
Star	Sternus vulgaris	der gewöhnliche Plapperer	Starling
Teichrohrsänger	Aerocephalus scirpa-ceus	das Kopf-in-die-Luft-Tier des Rieds	Reed warbler
Trauerbachstelze	Motacilla albayarrel-lii	Yarells weißer Schwanzbeweger	Pied wagtail
Turmfalke	Falco tinnunculus	der beglockte Falke	Kestrel
Zaunkönig	Troglodytes troglo-dytes	Höhlenbewohner	Wren

Illustrationen

Inhalt

Zu dieser Ausgabe

insel taschenbuch 1143
George Ordish, Geschichte eines Gartens

Der Text folgt der Ausgabe: George Ordish, Geschichte eines Gartens. Vom 16. Jahrhundert bis zur Neuzeit. Aus dem Englischen von Matthias Müller. Mit 33 Zeichnungen von Alison Claire Darke. © 1987 Benziger Verlag Zürich, Köln. Lizenzübernahme mit freundlicher Genehmigung des Benziger Verlags, Zürich.

George Ordish arbeitete lange Jahre als Entomologe für die UNO in Mexiko und Rom und für das Überseeministerium in London. Er lebt in Cornwall und beschäftigt sich mit Fragen der Ökologie und Sozialgeschichte.

Umschlagabbildung: Englischer Garten in Kent. Foto: Robert César-Top.